JN016335

医療組織の サービス・マネジメント

監修―宮原勅治
編著―藤岡昌則

東京 白桃書房 神田

はじめに

　医療に携わる者は「医療の質」を高めることに日夜努力しています。そして，医療の質は A. ドナベディアンのいうように「構造」「プロセス」「アウトカム」で測定・評価できることも，医療従事者はよく知っています。それゆえ，患者満足のアンケートを毎年行い，いくつもの臨床指標を設定し，測定しながら PDCA を回して，医療の質を高めようとしています。PDCA についても，医療従事者は耳が痛くなるほど聞かされています。医療サービスは PDCA を回しながら，医療の質を改善・向上させるのだ，ということもよく理解しています。「医療の質」の改善には，病院という組織において行う場合と，患者さんという個人に対して行う場合の両方に，同じ考え方で臨むことができます。

　その前に，ここで「医療の質」についての定義を，もう一度確認しておく必要があります。ISO9000 シリーズの品質の定義である「種々の本質的なひとまとまりの特質が要求事項を満たしている度合い」という考え方をそのまま医療の質に当てはめることができます。つまり，医療の質とは「患者さんの要求事項を満たしている度合い」と読み換えると納得できるのです。この点を最初にとらえ違いをしてしまうと，変なことになります。例えば「医療の質とは最先端の設備を持ち，よその病院ではできないような先進治療ができること」のように考えてしまうと，患者さんの要求からずれてしまって，医療提供側（病院側）がやりたいことを並べ立てることになってしまいます。良い設備や良いスタッフを揃えれば，おのずから客（患者）は集まるだろう……という「プロダクツ・アウト」の考え方になってしまうのです。あくまでも「患者さんの要求」に向かってなされる「マーケット・イン」の考え方が基本になっていなければ，医療の質の定義を満たせないのです。患者さんの要求を真正面にとらえ，患者さんに「価値」を提供するための具体的な手法(プロセス)が，医療サービス・マネジメントということになりましょう。

　医療サービスはプロジェクトマネジメントや IT サービス・マネジメントの考え方とも高い親和性があります。例えば，1 人の患者さんの入院から退

院までの診療プロセスは，まさに PMBOK® (Project Management Body of Knowledge; ISO21500 制定の際の参照元) のプロジェクトの定義（プロジェクトとは始まりがあり，終わりがあり，その期間中に独自性のあることを実行する）にぴったりと一致しますし，IT のアジャイル開発などは，まさに患者さん個人に対する治療プロセスにそっくりなのです。そして IT サービス・マネジメントのベストプラクティス集である ITIL® (Information Technology Infrastructure Library; ISO20000 の基になっている）は，医療サービスを医療組織全体で行うときのフレーム・ワークとして援用できるのです。詳細な具体例は他の機会に譲りますが，これまで，いろいろな分野の先人たちが，それぞれの領域で知恵と経験を集約し，目に見える形にまとめてくれた知識体系を医療の分野に応用できる楽しさは，この書籍のいたるところにちりばめられていると思います。そして，種々の分野の先人たちの知恵の集大成を紐解きながら，医療の世界のあまたの事ごとに当てはめてみて，比較し，共通点を見出し，考え方の類似性に驚き，感動すら覚えながら，もう一度，臨床現場で行われている診療という医療サービスを見つめなおしてみる機会を，この書籍がお届けできればと願っています。

2022 年 11 月 26 日

宮原勅治

目　次

はじめに

1 サービスとは：定義と特徴 ……………………………… 001

1-1　サービスの定義 ……………………………………… 001
1-2　一般的サービスの特徴 ……………………………… 004
1-3　医療・介護サービスの特徴 ………………………… 006
1-4　顧客コンタクトの程度 ……………………………… 008
1-5　標準化・個別化の程度 ……………………………… 010
1-6　感動サービス ………………………………………… 011
1-7　ホスピタリティ・サービス ………………………… 013
1-8　医療・介護サービスの分類 ………………………… 014

2 サービス・マネジメント ………………………………… 017

2-1　サービス価値 ………………………………………… 017
2-2　サービス・マネジメント・システム ……………… 021
2-3　サービス・プロフィット・チェーン ……………… 024
2-4　ロイヤリテイのマネジメント ……………………… 025
2-5　サービス品質の評価尺度 …………………………… 028
2-6　顧客満足の取り組み：ホテル業界事例 …………… 030
2-7　サービス・ドミナント・ロジック（S-DL） ……… 032

3 サービス・プロセスの設計 ········ 036

3-1 サービス・プロセスの概念設計 ············ 036

3-2 サービス・プロセスの詳細設計 ············ 038

3-3 サービス基準の設定とメジャメント ········ 041

3-4 サービス・プロセスの再設計 ··············· 043

4 サービス価値の確立と改善のマネジメント ········ 046

4-1 サービス価値の確立 ·············· 046

4-2 QMS と品質のとらえ方 ············· 048

4-3 PDCA：改善のマネジメント・サイクル ······ 050

4-4 QMS の原則:プロセス管理 ··········· 052

4-5 QMS のモデル ···················· 054

4-6 QMS 認証の有効活用 ·············· 056

4-7 サービス価値の再構築 ············· 058

4-8 コーゼーションとエフェクチュエーション ···· 059

4-9 マネジメントの改善(1)：苦情処理と顧客満足 ··· 063

4-10 マネジメントの改善(2)：TOC とホテルの事例 ···· 065

4-11 マネジメントの改善(3)：TOC と Hadssah 病院の事例

········· 068

5 サービスにおける人の役割 ············ 072

5-1 真実の瞬間 ····················· 072

5-2 スカンジナビア航空の再建 ··········· 074

5-3 真実の瞬間のアセスメント ··········· 076

5-4 顧客接点の管理 ·················· 079

5-5 真実の瞬間とおもてなし ··········· 082

5-6 サービス表現と人の熟達 ··········· 083

5-7 医療専門職の熟達プロセス ……………………………………… 086

5-8 正統的周辺参加と知識・技能の習得 …………………… 087

6 働く人の動機 ……………………………………………………… 090

6-1 サービス・マネジメントにおける人的資源 …………… 090

6-2 モチベーション理論 ……………………………………… 093

6-3 モチベーション理論の現場での実践 ………………… 099

6-4 その他のモチベーション理論 ………………………… 104

6-5 医療専門職の特徴 ……………………………………… 107

7 組織のマネジメント ……………………………………………… 117

7-1 ヘルスケア組織の組織構造 ………………………… 117

7-2 リーダーシップ ………………………………………… 127

7-3 ヘルスケア組織のデザイン ………………………… 138

7-4 組織学習 …………………………………………………… 143

8 医療情報システム ……………………………………………… 147

8-1 デジタル化推進の動向 ………………………………… 147

8-2 データヘルス改革 ……………………………………… 148

8-3 医療情報システムの発展の歴史と全体像 ……… 151

8-4 医事会計システム ……………………………………… 152

8-5 オーダエントリーシステム …………………………… 153

8-6 電子カルテシステム …………………………………… 155

8-7 部門システム …………………………………………… 158

8-8 患者安全に関するリスク・マネジメント ………… 160

8-9 プライバシーと情報セキュリティ ………………… 163

8-10 ICT 活用の意義とサービス品質向上 …………… 165

9 ICT を活用した医療品質向上とサービス再設計 ········ 168

9-1 病院内完結型から地域サービスの向上へ ····················· 168

9-2 地域医療ネットワークの事例 ···················· 171

9-3 医療情報共有による遠隔医療 ···················· 173

9-4 進化する ICT 技術の活用とサービス品質向上 ············· 175

9-5 サービス現場の身近な DX ···················· 180

9-6 先端 ICT 技術を活用した新たな期待 ···················· 183

9-7 サービス・マネジメント向上のための改善活動 ········· 185

9-8 ICT を活用したサービス・マネジメント：製造企業の事例

········· 193

10 医療現場の業績管理・評価 ···················· 197

10-1 医療現場における業績とは ···················· 197

10-2 経営分析における業績管理システムの姿 ················ 198

10-3 業績管理ツールとしての財務会計と管理会計 ········· 199

10-4 バランスト・スコアカード（BSC）とは ··············· 208

10-5 経営戦略と BSC ···················· 215

10-6 BSC の導入効果と課題 ···················· 217

11 メイヨー・クリニックの事例 ···················· 221

11-1 メイヨー・クリニックの概要 ···················· 221

11-2 患者第一主義：The needs of the patient come first

········· 224

11-3 チーム医療 ···················· 227

11-4 デスティネーション医療 ···················· 230

11-5 医師・管理者のリーダーシップ ···················· 235

11-6 手がかり管理：患者のサービス体験 ···················· 237

11-7　ブランドの構築 ・・・ 242

12　地域医療 ・・・ 245

12-1　地域医療問題とは ・・・・・・・・・・・・・・・・・・・・・・・・・・・・・・・・・・・ 245
12-2　国の施策：「地域医療構想」と「地域包括ケアシステム」
・・ 252
12-3　地域医療問題への理論的アプローチ ・・・・・・・・・・・・・・・ 257
12-4　地域医療問題の事例：マネジメントの観点からの考察
・・ 262

おわりに
参考文献
事項索引・人名索引

1

サービスとは：定義と特徴

　本章では，一般的なサービスの定義・特徴を理解すると同時に，特に医療・介護に着目したサービスの特徴について説明します。また，医療・介護現場におけるサービスとして重要となる相互作用について，接触度や標準化/個別化の度合いにより医療・介護サービスをさらに掘り下げ，医療・介護現場における感動サービスやホスピタリティ・サービスについて解説します。最後に，顧客の接触度や個別化を軸とした Maister（1996）の分類を紹介します。

1-1

サービスの定義

　サービスという言葉を聞くと皆さんは何を想像するでしょうか。Googleを検索すると，「誰かのために何かを行うこと，他者の助けになること」という説明を目にします。また顧客視点では，「お客様に満足して頂くために，自分の持てるものを活用し何かをして差し上げる事」と表現されている場合もあります。日本では，一般的にサービスという用語は，「奉仕」，「無料・無償」，「値引き」，「おまけ」といったような意味で使われる場面が多く見受

けられます。しかし，世間一般で使われているサービスの用語は，サービス・マネジメント理論で扱っているサービス概念とは少し異なっています。この点を誤解なく理解するために，学問としてのサービス概念を，その範囲と内容について明確化していきましょう。

　まず，範囲についてですが，サービスが対象とする範囲の大きさでいくつかのレベルに分けることができます。社会的レベルで見た場合，Smith（1789）によると，社会の貯えである資本は，生産的労働によって生み出されるモノ生産物と，不生産的労働によって生み出される家事使用人の労働などのサービスに分けられ，後者は富ではないと捉えられていました（邦訳109頁）。当時このようなサービスは，生産と消費が同時に行われることから，財産とはいえないという見方が優勢でした（Marshall, 1980，邦訳151頁）。産業レベルでは，Fisher（1945）は，経済活動を第一次産業である農業・鉱業，第二次産業は様々な物質を加工する工業，第三次産業はサービスを提供する運輸や商業からレジャー活動などきわめて幅広い活動から成り立っている，と見ていました。もう少し範囲を狭めて，ある種の仕事のまとまりとしてサービスとする見方もあります。例えば，衣服のクリーニング，機械設備のメンテナンス，ホテルのルームサービス，などが挙げられます。また，特定の産業や仕事のまとまりとは関係なく，活動や行為を単位とすることで産業や仕事の種類に関係なくサービス自体を共通化し，一般定義とする考え方があります。例えば旅館，ホテルやレストランなどの接客場面では「おもてなし」である「ホスピタリティ（Hospitality）」が重要なサービスであると考えられています。酒井ほか（2019）によれば，このホスピタリティの語源は，「Hostis（見知らぬ者）」と「Pets（力を持つ者）」の合成語であるラテン語の「Hospes」で，家を開け放して敵意ある見知らぬ人を受け入れ，力を示すこととされています（93頁）。また，西尾（2014）によると「京都花街で提供される『おもてなし』は，見たり聞いたり，計測可能な尺度を用いて品質をチェックすることは出来ない。具体的な形は無いが，しかし人の心には確実に響く。まさに五感全てに訴えかけ，さらに顧客の心を満たすようなサービスである」（210頁）と，されており活動や行為を単位として分類することで，おもてなしもサービスの範囲に含めることができま

す。今日では，このようなマクロ，メゾ，ミクロの観点から「サービスは，活動，行為，パフォーマンス（目的的な活動）」であるというとらえ方が共通認識となってきており，世間一般で使われているサービスの意味とは異なって，その範囲が定義されています。

　次に，サービスの内容についてですが，サービスが活動や行為であると考えた場合に問題となるのは，これらは単独で意味を成さないことです。すなわち，サービスの内容から考えて，ある目的を持った一連の活動や行為がサービスであるとする考え方が合理的であり，今日の多くの研究者はサービスの定義に「過程（プロセス）」を含めています。サービスの定義は一様ではありませんが，本書における「医療・介護サービス（医療サービス）」の定義は，近藤（2012）を援用して「医療・介護サービスとは，人，モノ，情報といった特定の対象に働きかける価値生産的な変換の活動またはプロセスそのものである」（21頁）として議論を進めることにします。

　ここでいう，「特定の対象に対する」とは，それが主体である対象領域への，目的を持った特別な働きかけであることを示しています。また，「価値生産的な活動」とは図1-1に示すように，あるものをインプットし変換してアウトプットを増加させる生産性概念そのものとなります。例えば病院の場合，病人である患者をインプットして医療サービスで患者を変換し，患者のベネフィットを増進させる活動，つまり広い意味でのソリューション創造を行うことを表しています。最後に，「活動またはプロセス」では，目的性

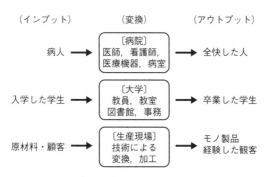

図1-1　サービス生産のインプット・アウトプット

出所：近藤（2012），25頁を筆者修正

（例えば，患者を回復させる）を持った活動は，1回だけではなく反復継続した連続性の中で展開されますので，そのプロセスは医療提供者と医療対象者の間において相互作用が起こることを想定しています。

　病院や大学の例ではサービスの生産ということになりますが，対象に働きかけてある変換をもたらす活動ととらえると，図1-1下段の生産で示しているモノ製品も同様の論理が働いていることがわかります。このことを明確に意識したうえで，コンピテンス（専門的な知識と技能）を適用して変換する機能そのものがサービスであると考えた時，モノ生産もサービス生産と同様となり，サービスが経済単位生産の基本原理であると主張したのが，Vargo & Lusch（2004）のサービス・ドミナント・ロジック（以下，S-DL）です。S-DL については，第2章で詳しく説明することにします。

1-2

一般的サービスの特徴

　前節では，サービスの範囲と内容について明らかにしたうえで，医療・介護サービスを定義しました。しかし，医療・介護サービスを分類していくうえではサービスの特徴を基にしてサービスの操作的定義[1]を明らかにしていく必要があります。Looy et al.（2003）によると，サービスには IHIP と呼ばれる4つの特徴があることが主張されています（邦訳15-22頁）。IHIP とは，①無形性（Intangibility），②異質性（Heterogeneity），③同時性（不可分性：Inseparability），④消滅性（Perishability），を指し，以下にその内容を要約して簡単に説明します。

①　無形性：サービスの無形性とは，モノとサービスの違いについて書かれた文献などで良く指摘される特性で，モノは生産されるのに対し，サービスは活動もしくはプロセスなので購入しても家に持ち帰ることができず，家に持ち帰ることができるのは，サービスの効果だけであるとしたものです。しかし，あらゆるサービスが完全に無形であるこ

とも少なく，実際にはモノおよびサービスの有形性と無形性が一体となって備わっています。

② 異質性：サービスの異質性とは，サービス品質において差異が生じ得ることを意味しています。サービスは活動でありプロセスなので，サービスを提供する医療・介護従事者，患者，物理的環境，さらには提供時間といった条件によって差異が生じるリスクがあることを意味しています。

③ 同時性（不可分性）：サービスの同時性とは，モノが生産後に消費されることに対し，サービスは生産と消費が同時に行われることです。医療現場で考えると，予防注射を打っている医師は医療サービスを生産していますが，腕に注射を受けている患者は，同時にそのサービスを消費しています。つまり，サービスを提供する医師と，サービスを消費する患者との間で相互作用が起きる不可分な特徴が現れます。そして，このような生産と消費の同時性の特徴は，生産と消費が同時でなくてはならないためにサービス生産において時間と場所が特定されることを意味します。救急車が救急患者の受け入れ先の病院を探して走り回るのは，医療サービスの生産が，原則として，特定の場所で特定の時間にしかできないからということになります。

④ 消滅性：サービスの消滅性とは，サービス自体が活動やプロセスであるから，モノのように在庫とすることができず，生産するそばから消滅してしまう特徴をいいます。サービスが在庫にできないという特徴を持つため，需要変動があった場合，需要と供給をバランスさせるマネジメントがより一層重要となります。例えば，新型コロナワクチンを提供するサービスを考えた場合，ワクチン供給量と予約や問診などのプロセスを経てワクチンを投与される需要量を適切に管理しないと，ワクチン自体が無駄に廃棄されてしまうという問題に繋がります。

1-3

医療・介護サービスの特徴

　一般的なサービスの特徴として，IHIP を説明しましたが，IHIP はサービス生産者の立場に立ってサービスの特徴を纏めたものとなっています。医療現場のサービスを考える時，サービスの受容者である患者・被介護者の立場を加味して，サービスの特徴を整理・検討する必要があります。この観点で考えた時，近藤（2012）が主張するサービスの特徴は，医療現場においても適合すると考えられます。表 1-1 にサービスの特徴とその課題と対応策を示します。表 1-1 のリストには「消滅性」は無く，新たに「④結果と過程」および「⑤共同生産（co-production）」を付加し，5 項目となっています。消滅性が省かれているのは，消滅性自体が無形性から直接的に導かれた特徴であるからです。

　付加された特徴（表 1-1 ④⑤）の第 1 である「結果と過程」は，サービスでは患者の経験には結果と過程の 2 つの側面があり，両方が患者に重大な影響を与えるという事実を，特徴として取り上げています。詳細は，第 2 章および第 4 章のサービス品質で説明しますが，病院に入院して退院するまでのプロセスを考えてみましょう。病院に入院して病気を治そうとした場合，病気が治った状態が結果ですが，途中，診察や手術，薬の投与などは過程となります。患者にとっては，結果のみならず過程の両方の経験内容が関心事項となります。

　付加された特徴の第 2 である共同生産は，前述の同時性の派生的特徴ではありますが，患者が受け身でその役割を遂行するという場面（例えば，点滴が終わるまで体を動かさない）に限ってしまえば，サービスにおける共同生産が持っている重要性を低く評価してしまうことになります。医療関係者と患者が対話を進めながら対処方法を決めていくように，サービスにおける多様な患者の役割としてとらえると，同時性から分離して共同生産を特徴の 1

表1-1 サービスの特徴，課題，反応，対応策

サービスの特徴	課　題	反　応	対応策
①無形性	1．在庫にできない 　　（需要と共有の不一致） 2．見せられない 3．特許等で保護できない 4．価格設定が難しい	提供前の不安感 提供リスク 品質評価の困難性	1．物的な要素の強調 2．内容の十分な説明 3．強力な組織イメージの醸成 4．サービス保障 5．原価計算によるコスト構造の理解 6．需要変動への対応の工夫
②同時性	1．時間と場所の特定性 2．対応関係者の訓練	入手コストが高い	1．複数の立地 2．カスタマイゼーションの推進
③異質性	1．標準化と品質管理の困難性	品質への不安感	1．標準化の工夫 2．対応医療関係者の訓練
④結果と過程	1．結果への過度の集中	過程品質への 無関心に対する不満	1．過程品質の改善
⑤共同生産	1．患者の共同参加への推進 2．他の患者の参加患者	希望の反映 参加満足	1．患者の訓練 2．参加方法の工夫

出所：近藤（2012），45頁を筆者修正

つとして付け加える意義があると考えられます。S-DLでは，受身的な参加を共同生産（co-production），積極的な参加を共同創造（co-creation）と呼び，区別しています。表1-1のサービスの5項目と，その課題と対応策について説明していきます。

① 無形性に関する医療関係者の反応には，品質評価が困難であることが挙げられていますが，それに対する対応策としては，サービス提供内容の十分な説明を例示しています。どのような医療プロセスを提供するのか，十分な説明（インフォームド・コンセント）を図ることで品質レベルを理解してもらい，患者に過度の期待を抱かせないことで品質を担保することが重要になります。

② 同時性では，生産と消費が同時に行われるため，場所と時間を特定する必要があるという課題があります。対応策として，立地を複数にす

ることで選択肢を増やすことができますが，入手コストが高価になるという問題があります。Web を使った遠隔医療では，場所の制約条件が無くなりますので，より選択肢を広げ入手コストを低減できる可能性があります。

③ 異質性では，標準化や品質管理が困難となるため，患者としてはサービス品質のばらつきに対する懸念が生じます。医療業務の ICT 化や IoT・AI を使った標準化を推進することや医療関係者の訓練により高品質なサービスを安定的に提供することが重要となります。そのうえで，患者との相互作用により事前に希望を表明してもらい，よりカスタマイズした対応を取ることで患者の満足度を高めることができます。

⑤ 結果と過程では，医療サービスを提供する側が結果を出すことのみに集中するため，サービスの提供過程が軽視される傾向があります。対応策として，医療サービスの提供側視点を受容側視点へと変換することで，患者のサービス提供過程での経験の質が向上します。これは，結果と過程の総和である顧客価値全体を高めるうえで重要となります。

⑥ 共同生産では，患者が医療サービス提供に何らかの形で参加することが考えられます。医療・介護サービスのプロセスの一部を患者が担いますので，その分コストを引き下げることが可能となります。また，患者が自分で選択する場面で自分の好みや能力が使えるため，自己充足感が生まれることにも繋がります。

1-4

顧客コンタクトの程度

　顧客とサービスとの直接相互作用が行われるひと区切りごとの時間単位は，サービス・エンカウンターと呼ばれています。図 1-2 に示すように，

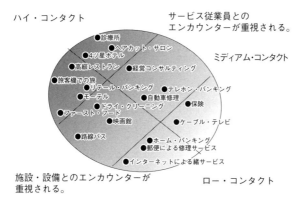

ハイ・コンタクト　　　　　　　　サービス従業員との
　　　　　　　　　　　　　　　　エンカウンターが重視される。

● 診療所
　● ヘアカット・サロン　　　　　　　　ミディアム・コンタクト
● 4ツ星ホテル
● 高級レストラン　　● 経営コンサルティング
● 旅客機での旅
　● リテール・バンキング　● テレホン・バンキング
● モーテル　　　　● 自動車修理
　● ドライ・クリーニング　　● 保険
● ファースト・フード
　　　　　● 映画館　　　　　● ケーブル・テレビ
● 路線バス
　　　　● ホーム・バンキング
　● 郵便による修理サービス
　　● インターネットによる緒サービス

施設・設備とのエンカウンターが　　　　　ロー・コンタクト
重視される。

図 1-2　顧客コンタクトの程度

出典：Lovelock & Wright (1999)，邦訳 59 頁

サービス・エンカウンターで行われる顧客コンタクト（顧客接触）の程度
は，①ハイ・コンタクト・サービス，②ミディアム・コンタクト・サービ
ス，③ロー・コンタクト・サービス，の３つに分類され，医療現場のサービ
スの場合は，患者と医療関係者とのハイ・コンタクト・サービスが中心と
なっています。しかし，医療現場のサービスにおいても，ミディアムや
ロー・コンタクト・サービスを視野に入れることで，サービス・プロセス全
体を改善することができれば，患者満足を維持しつつサービス提供コストを
低減できる可能性があります。この視点で，３つの顧客コンタクトの概要に
ついて以下にその内容を要約し簡単に説明します。

　①　ハイ・コンタクト・サービス
　　　通常，顧客がサービス施設を本人自ら訪れるようなサービスを指し，
　　顧客はサービス提供中，サービス組織やサービス従業員と積極的なか
　　かわり合いを持つものをいいます。例えば，診療所や高級ホテルのよ
　　うなサービスはこの領域に該当します。
　②　ミディアム・コンタクト・サービス
　　　顧客が，サービス施設を訪れるかあるいは自宅にデリバリーを受ける
　　ことが可能なサービスを指し，サービス提供期間中居続けるわけでも
　　なく，またサービス従業員ともごく控えめなコンタクトしか持たない

ものをいいます。例えば，経営コンサルタントやクリーニングなどの
サービスはこの領域に該当します。

③　ロー・コンタクト・サービス

顧客とサービス組織との間に直接のコンタクトが存在しないか，たとえあったとしても非常に少ないコンタクトを伴うものをいいます。コンタクトは，電子的なチャンネルか物理的なチャンネルを通じて遠隔的な形で行われます。例えば，インターネットを介した，買物，食事配達，などのサービスが該当します。

　以上が，顧客コンタクトの視点から導かれたサービスの特徴ですが，今日では多くのハイ・コンタクト・サービスがロー・コンタクト・サービスに形を変えてきています。ロー・コンタクト化が進む要因として，まず，ICT技術の進歩が挙げられます。また，同時にコスト・ダウンによる経済的メリットが考えられます。他方で，患者とのコンタクトを減らすことで省人数化運営，感染症リスクの低減などが考えられます。今後，IoT や AI などが活用され，よりロー・コンタクト・サービス化が進められるものと考えられます。

1-5

標準化・個別化の程度

　図 1-3 に示すように，サービスを階層的にとらえた場合，通常サービスの土台が標準サービスとなり，その土台の上にワン・トゥ・ワンサービス（One to One Service）と呼ばれる個別化されたサービスが存在する形になります。このワン・トゥ・ワンサービスには，感動サービスやホスピタリティ・サービスなどが含まれていますが，標準サービスであっても配慮が行き届いていて，トレーニングされたサービスは感動することもあり，ホスピタリティを感じることもあります。この標準サービスをしっかり運営するためには，マニュアルの作成や従業員トレーニングが重要となります。

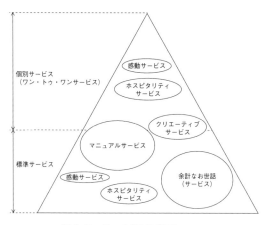

図1-3　サービスの階層

出所：北城・諏訪（2009），39頁

　マニュアルは，マニュアル作成者のセンスや能力が高いと，サービス品質の高い優れたサービスを実現することができ，作り方を工夫すればマニュアルによって個別的な要求であっても，サービス品質を高めることが可能となります。一方，マニュアル作成において，現場を十分知らずに机上検討だけで作ると，余分なプロセスが入り，プロセス自体も複雑となり，「余計なお世話」が多くなりやすいことにも注意が必要です。

1-6

感動サービス

　介護サービスは，個別サービスであり介護の程度により接触度（顧客コンタクトの程度）が高いサービスと接触度が低いサービスに分類することができます。介護での個別サービスは，サービス活動の対象が介護者自身であるので提供されるサービスは被介護者自身の体験となります。個別サービスの中でも，サービスの質を向上させるために何をすべきかといった問題は，換言すれば介護サービス体験の質をどのように改善し，感動を与えられるサー

ビスとして評価してもらえるか，という課題に置き換えて考えることができます。

　このように考えると，介護サービス自体が活動のプロセスを体験することで有るために，被介護者は，そのプロセスでとりわけ問題を感じないことが当たり前として受け取られる傾向にあります。特に，以前経験している介護サービスについては，過去のプロセスを覚えているために，問題が無くて当然，逆に何か少しでも失敗や手抜きがあると被介護者はすぐにそのことに気付いてしまいます。したがって，介護サービスのような体験型のサービスでは，一旦設定したサービス水準を下げることが困難になるという特徴があります。

　この体験という視点で，レストランでのサービスを例に取って考えてみましょう。我々は，レストランに，どのような目的を持って行くのでしょうか。食欲を満たすためだけでしょうか，いや，それだけでは正解したとはいえないでしょう。正確には，「食事をするという経験」を買いに行くということです。もちろん，通常だれもが考えるように，レストランでの料理は顧客の満足度に大きな影響を与える要因ですが，満足感を左右するのは料理の味だけではありません。例えば，店内が清潔で，係員の対応が良く，室内が落ち着いていて，他の顧客も楽しげで，そして料理の味が期待水準以上の時に満足します。

　そう考えると，レストランが提供しているのは料理だけではなく，顧客にとって充実した食事の経験を作り出すために準備された，レストランの様々な活動が生み出す顧客の体験であると言い換える事ができます。つまり，レストランが提供しているのは，料理という物的な要素を1つの道具とした食事という経験を提供する感動サービスであるととらえることができます。このことに気付かず，料理の内容と価格にのみ関心を集中するレストランでは，真の意味でのレストランになり切れないといえるでしょう。

　介護サービスも同様に，被介護者の立場に立って，どのような要因が被介護者の体験に影響を与えるのか，その体験が被介護者にどのような感動を与えるのかについて分析し，日々の活動を改善・工夫することで介護サービスの質をより高めることができ，被介護者の満足を高めることができると考え

られます。

ホスピタリティ・サービス

　医療・介護サービスの中でも，高接触型サービスで行われている相互作用は，言葉による明示的なものと，医療提供者と患者が互いに暗黙的な共有知識（コンテクスト）を背景として価値共創するものとがあります。特に，後者の高コンテクスト・サービスはホスピタリティ・サービスと呼ばれ，例えば地域医療のように，長期にわたる医療提供者と患者との関係によってサービスが形成され，それが，取捨選択された結果，高度に構造化された形として現れます。

　ホスピタリティ・サービスの例として，日本の「おもてなし」，「気づき」「長期信頼関係」が現れる，旅館，料亭や茶道のようなお稽古事を考えてみましょう。小林ほか（2014）によると，顧客とサービス提供者が互いを評価し高めあうこと，この評価，高め合いのプロセスを通じて新しい知を創造すること，このような動的・共生的な関係に特徴があり，一般に，高コンテクスト性のあるサービスは，模倣することが困難なため，その価値が毀損しにくく，定着すると継続し易い反面，異なるコミュニティや地域間での活用においては，共通となるコンテクストや価値観が異なるため，大規模化や国際化が困難になるとされています（8-9頁）。しかし，コンテクストや価値観等の文化的資本を共有する地域においては，わずかな投資で容易に差別化が可能であり，多くのサービス・メニューを提供することも可能となります。

　例えば旅館では，ホスピタリティ・サービスの内容を事前に確定するのではなく，顧客と相互作用をする中でサービスを確定していき，どのようなサービスを行うかをサービス提供場面で再設計し，顧客に満足を与えようという目的が設定されます。最終的に顧客満足を作り出すことだけが決まっていて，具体的にどのようなサービスを提供するかは事前に決まっていない，

というサービス提供がなされています。旅館での顧客対応は，まず，顧客を「かまう」か，あまり「かまわない」か，の区分から始まります。新婚旅行の顧客をあれこれかまう必要はありませんが，中年夫婦のカップルであればその目的に応じて，対応を変えていく必要があります。ベテランの女将や仲居であれば，容易に状況を見極めるでしょう。また，一人旅であれば顧客自身がどのような時間を過ごすのかについて明確な意識を持っていないことも多いでしょう。このような顧客に対しては，旅館内だけではなく，旅館近くの飲食店などをサービス資源として，その場で新規サービスを提供することがなされています。

1-8

医療・介護サービスの分類

　サービスを分類するためには，適切な分類軸が必要となります。医療・介護サービスでは，病院のプロフェッショナル・サービスと介護施設などそれ以外のサービスとを分類することが必要となります。分類軸は，唯一絶対の

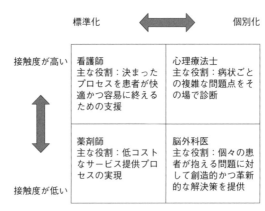

図1-4　マイスターのサービス分類

出所：Looy et al.（2003），邦訳28頁／出典：Maister（1996）

ものはありませんが，マイスター（Maister, 1996）が示している，患者との接触（コンタクト）の度合いと，個別化（カスタム化）の度合いを中心にして分類軸を設定し分類していきましょう。

　マイスターの分類は，病院のプロフェショナル・サービスを想定して，患者との接触度の度合い，およびプロセスの個別化の度合い，という観点から医療現場のサービスを分類したものです。図1-4に示すように病院のサービスは，①薬剤師，②看護師，③脳外科医，④心理療法士の4種類に分類することができます。

① 薬剤師

　この領域に属するサービスの場合，厳しい技術標準に従いつつ最低限の費用でサービスを提供されることを患者は求めています。仕様に合致していることが重要なため，プロセスは標準化され患者との接触度は限られます。この種のサービスの場合には，革新性や創造性よりも，工業的アプローチ，すなわち確立された手順やシステムや技術に根づいたアプローチが求められます。

② 看護師[2]

　この領域に属するサービスは，薬剤師と同様に標準化の度合いが高いことから，確立されたサービスと見られがちですが，顧客との接触が重要な鍵となります。コストを削減するために，工業化された最低限の治療を提供するだけでは，たとえそれが純粋に医療的観点から適切であったとしても，患者の満足を得ることができません。

③ 脳外科医

　この領域に属するサービスは，個別化と創造性・革新性の度合いが高く一方で，患者との相互作用の度合いは比較的低いことが特徴として挙げられます。ここで提供されるサービスは，患者の抱えている複雑な問題を解決するためのスキルが中心で，患者は専門的なことはわからないので解決策を得るまでの技術的プロセスには参加しないのが一般的です。

④ 心理療法士

　この領域に属するサービスは，専門家としての必要な技術がサービス

提供者に求められるのと同時に，患者との相互作用の度合いも高くなります。サービス提供プロセスには，患者自身が参加する必要があり，解決策を得るまでの過程に留意する必要があります。

このように，マイスターの分類からわかることは，病院のプロフェッショナル・サービスといってもどのようなサービス提供者になるかで，サービス・マネジメントの押さえるべき重要ポイントが変化します。特に，患者との接触による相互作用や，個別化の程度が重要な役割を果たしていることがわかります。

【注】
1. サービスの操作的定義
  操作的定義とは，「幸せ」を測定するのに，「生活水準」を基準にするというように，具体的に対象を把握するための指標となる変数概念を指します。サービスの操作的定義は，これまで主にサービスの特徴を基にして行われてきました。サービスの特徴は，IHIP の４つの特徴（本文中記載）が広く知られています。しかし，今日インターネットを活用したサービスやセルフ・サービスのような技術は，従来の IHIP で十分扱うことができ無いため，近藤（2012）において再検討を行っており（32 頁），本書で取り扱う医療・介護サービスの特徴は，近藤が示す特徴を援用しています。

2. 看護師のサービス
  看護師は所定の（あるいは完成された）サービスを提供するため高い革新性は不要です。しかし，薬剤師のサービスと異なり，薬を調剤する能力だけではなく（もちろんそれも重要ですが），患者の相談に乗って助言を与える能力も重視されるという側面があります。患者は看護師に対して，助言者役と看護師役の両方を求めているのです。例えば，「状況を説明して欲しい」，「治療の内容と理由を説明して欲しい」，「意思決定のプロセスに参加させて欲しい」，「選択肢について教えて欲しい」，「治療が終わるまで，ずっとそばにいて励まして欲しい」，などが考えられます。

2

サービス・マネジメント

　サービス・マネジメントとは，組織の目的達成のために資源である人，モノ，資金，情報，を活用し，経営がその手段を担うことを意味します。本章では，医療・介護現場における，サービス価値とは何かを理解し，基本的なサービス・マネジメント・システムの構成や，サービス・プロフィット・チェーンの意義について解説します。また，患者満足を高める方法として，満足度の測定方法や他業界の取り組み事例としてホテル業界の事例を取り上げ，サービスの発展的な議論としてサービス・ドミナント・ロジックについて学びます。

2-1

サービス価値

　価値とは何でしょうか。一般的には，「幸福」，「愛」，「平和」，「正義」といった，人間が生きていくうえで大切にしていて，それによって出来事の良し悪しが判断され得るような観念を指しています。我々は，こうした価値の総量を少しでも大きくしようとして日々生活をしています。例えば，日常の

消費生活において，モノやサービスを購入する場合の経済的価値判断は，①そのモノや，サービスが持っている効用や効果の大きさと，どれほどそれらを必要としているかという自分の欲求の強さ，そして，②そのために支払わなければならない費用の大きさ，について，①の獲得するものと②の支払うものとの対比によってメリットの有無（価値の大小）が決まってきます。このことを，医療現場に当てはめて考えてみると，患者がどれほどのサービス提供を期待しているかという欲求の強さや患者の数，そのために支払われる費用との関係でメリットが決まってきます。患者側から見ると，提供されるサービス価値がそれを受け取るための費用を上回っていれば，受け入れ可能なサービスとなります。これが，サービス価値の等式となります。

医療現場は営利企業と違って，収益を得ることが最終目標ではありませんが，投入されるコストに対してサービス価値をいかに大きくしていくかは，医療現場の生産性を高めるうえで重要な課題となります。この点を考慮して，本書では医療サービスの生産性の測定にハーバードの公式を取り上げます。この公式は，米国のサービス研究の重要な拠点であるハーバード・ビジネススクールの研究者が，主に企業を念頭において作ったものですが，医療現場においてもサービス価値を広くとらえ計測する指標とすることができると考えられます。

図2-1に2つの公式を示します。第1の公式は，患者にとってのサービス価値について記したものです。この公式によれば，サービス価値は，まず，患者があるサービスを購入するに当たって，分母である「支払った総コスト」と分子である「獲得した効用」を比較することによって決まります。つまり，分子であるアウトプットを分母であるインプットで割った生産性概念として表現されています。この公式を理解するうえで重要な点は，サービス価値は患者が知覚した価値であるということです。これは，サービスを提供する主体が企画・設計したものではなく，患者が主観的に感じ評価したものであるということです。つまり，サービス価値は個々の患者からの評価で決まり，医療関係者が評価した価値では決まらないということです。このことを理解していないと，サービス品質，価格，利用コストも客観的な事実となりそれに囚われてしまいます。単に経済的視点から発想すると，サービス品

$$1.\text{サービス価値} = \frac{\text{サービス品質(結果+過程)}}{\text{価格 + 利用コスト}}$$

$$2.\text{サービス品質} = \text{サービス実績} - \text{事前期待}$$

図2-1　ハーバードの公式

出所：近藤（2007），57-60頁

質を向上させるには人を多く雇う，設備の追加投資を行う，といった発想に陥りがちですが，サービス価値自体が主観的なものであることを理解すれば，より効果的な方法を考えることが可能となります。例えば，診療費用が上がったとしても，医療機関からより良いサービスを提供してもらえるのであれば，値段が安いと感じてもらうこともできるはずです。

　第1の公式を少し詳しく見ていきましょう。分子にあるサービス品質は，(1)そのサービスの結果についての品質，(2)サービスを体験する過程での品質，の2つから構成されています。結果品質は，医療サービスで病気が完治したとか，タクシーに乗って無事に時間通り目的の医療機関に到着した等，期待通りの結果が得られたかどうかによって判断されます。一方，過程品質は，活動としてのサービスを体験している患者が，そのサービス提供過程でどのように感じたかによって左右されます。対応してもらった看護師の態度は親切かつ適切だったか，患者からの質問に的確に答えてもらえたか等が挙げられます。医療機関では，サービス提供者が人である場合が多いと考えられますが，人の場合には態度要素が媒介変数として評価を左右する要素となります。また，医療機関に設置されている検査機械やリハビリ機械などがサービス提供する場合には，その機械の使い勝手や説明の適切さが，評価を左右する要素となります。

　第1の公式の分子であるサービス品質に関連するので，第2の公式についてもここで紹介しましょう。これは，自分が実際にサービス提供を受けた実績部分と，事前に期待した部分との差がサービス品質の評価になるという見

方です。しかし，医療の専門家と患者の間には情報の非対称性の壁があるのも事実で，インフォームド・コンセントなどでこの壁を低くすることも重要となってきます。患者の欲求や期待は，一人ひとり異なっていますから，サービス品質の評価は患者が決めるまったく主観的なものとなっています。患者の期待は，本人の過去の経験，医療に関する知識，サービスの種類，宣伝や評判，そして時と場所によって影響を受けます。そこで第1に必要なことは，結果と過程のサービス品質を充実することですが，第2には，患者の期待の内容を理解し可能であれば期待を条件づけることで，知覚されるサービス品質を上手くコントロールする必要が生じます。例えば，医療現場で患者に医療サービス提供内容を丁寧に説明するインフォームド・コンセントは，患者の期待を適切にコントロールすることに繋がるので，患者の満足を生み易くなります。また，病院の待ち時間を，今何番の札を持った患者に対応しているかを示せば，その情報によって待っている患者の期待を適切にコントロールすることができます。適切な期待形成という意味で，宣伝や広告は有効な手段ですが，現実の医療サービスから乖離した宣伝は，過度の期待を抱かせるという意味でかえってマイナスになることがあります。達成できない期待を持たせれば，多くの患者のサービス評価は結局低くならざるを得ず，再来院は見込めないことになります。

　第1の公式に戻って，分母である患者が支払わなければならない費用である価格と利用コストについて考えてみましょう。医療機関に支払われる価格は，加入保険のレセプトと呼ばれる診療報酬点数請求額と患者負担額により決まります。つまり，支払われる価格は医療機関では動かしようがないことになります。しかし，このような価格は医療関係者の労働力を背景として決められているという側面があるので，プロセスを合理化し省力化することができれば下がる可能性が生まれます。一方で，利用コストはどうでしょうか。例えば，来院するためには，歩いて行くか，何らかの交通機関を使います。自分の車で行くにしても，ガソリン代，労力，時間がかかっています。ICT技術の進歩により，遠隔診療設備を導入することができれば，このような経費から解放され利用コストを下げる可能性が生まれます。このように，サービス品質を高め，合理化・省力化することで価格を下げ，ICT化

を進めて利用コストを下げることで，サービス価値を高めることができます。

　従来から，医療の質を科学的・定量的に測定するために，米国の A・ドナベディアン博士が提唱した3分類がしばしば用いられており，「ストラクチャー（構造）」→「プロセス（過程）」→「アウトカム（結果）」の3つの流れで表現されています。しかし，アウトカムについては医療の質である結果のみならず，その過程についてもサービス価値として広くとらえていく必要があると考えられます。

2-2

サービス・マネジメント・システム

　Normann（1991）は，フランスのレストランや米国の薬局・薬店の事例を基にサービス全体を俯瞰した「サービス・マネジメント・システム」を提唱しています（邦訳83-86頁）。このサービス・システムの構造は，医療組織のサービス・マネジメントを考えるうえにおいても基本となります。図

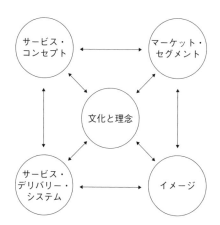

図2-2　サービス・マネジメント・システム
出典：Normann（1991），邦訳83頁

2-2に，サービス・マネジメント・システムの概念的枠組みを示し，5つの構成要素について，以下にその内容を要約し，ヘルスケア組織にあてはめながら簡単に説明します。

① マーケット・セグメント

全体的なサービス・システムをデザインする際に，前提とするところの特定のタイプの患者を意味します。例えば，総合病院，専門病院，小児科や産婦人科などでは患者のタイプが異なってきます。

② サービス・コンセプト

これは，患者に提供しようとするベネフィットにかかわるもので，しばしば，複雑な価値のセットにより構成されています。医療機関の場合，ベネフィットは，身体的なものであり，ある時には，心理的・感情的なものになります。またある部分は，他の部分より重要で，コア・サービスと呼ばれ，一方で，ほかの部分は，周辺的な性格を持つサービスとなります。それぞれのセグメントに適合し，的を得たサービス・コンセプトを持つことが重要となります。

③ サービス・デリバリー・システム

サービス・デリバリー・システムは，ⅰ）人材，ⅱ）患者，ⅲ）医療技術と物的要素，の3つの要素で構成されています。

ⅰ）人材：医療現場は，エキスパートの集団でありその職務分担や責任は比較的明確になっています。成功を収めている医療機関では，人材に焦点を当て，その潜在的可能性を伸ばす教育を積極的に行っています。机上の知識だけでは対応することが困難な問題でも，指導者（メンター）や徒弟制度のような仕組みで実践的知識・技能の伝承が図られています。また，様々な職務に対応する明確な役割モデルを構築し，人材のモチベーションを高めるよう工夫されています。

ⅱ）患者：患者は，医療機関の組織において複雑な役割を担っています。患者は単に医療機関からサービスを受け，そのサービスを消費するだけではなくサービスの生産や提供過程において構成要素となっています。例えば，患者から貰ったヒントによって経費のかかる活動を「しなくて済むようにし」，またあるものは患者からの要望に基づいて

「できるように」すること，などが挙げられます。このように，患者はサービスの消費者であると同時に，生産者でもあります。

ⅲ）医療技術と物的要素：医療現場におけるサービス提供は，労働集約的で大量の資本や設備が必要な場合も少なくありません。しかし，近年のICT（Information and Communication Technology），IoT（Internet of Things），人工知能（AI：Artificial Intelligence），ロボット技術（robot technology），など医療情報技術の進展は著しく，このような技術を積極的に取り入れることは，サービスにおける生産性を改善することに繋がります。例えば医療現場では，電子カルテ，遠隔診療，AI診断システム，ロボットを使った手術，などが適用されています。

④　イメージ

サービス・マネジメントにおけるイメージは，Albrecht & Zemke（2002）によると，「企業が行うビジネスに関する，顧客の視点を前提にした管理された認知」と定義されています（邦訳131頁）。簡単にいいますと，医療機関がどのようなサービスをどのような患者に提供するかというイメージですが，このイメージは提供されるサービスの特性，組織，文化，組織成員，そしてサービス利用者などによって最終的に決定されます。そして熟達した医療経営者は，イメージと現実との間の乖離を見極め，優れたサービス・プロセスの構築を行っています。

⑤　文化と理念

これは，患者へのサービスと便益の伝達を生み出す社会過程を統制し，維持し，発展させる諸原理を包含した概念です。一旦優れたサービス・デリバリー・システムとサービス・コンセプトが作り上げられれば，医療機関が寄って立つ価値観が重要となります。例えば，1982年に起こったジョンソン・エンド・ジョンソン社の「タイレノール事件」では，鎮痛剤を服用したシカゴ周辺の人々が次々に亡くなるという事件が起こりました。この時，当時のCEOであったジェームズ・パーク氏は，顧客を守るために鎮痛剤を全量回収し，原因究明のため

に必要な情報をすべて開示し，顧客の信頼と業績を回復させました。
このような対応は，同社の企業理念である「Credo（我が心情）」に
基づいた行動として知られています。

2-3

サービス・プロフィット・チェーン

　図 2-3 は，Heskett et al.（1994）が「サービス・プロフィット・チェー
ン」として提唱した概念で，従業員の満足が顧客満足に繋がり顧客ロイヤリ
ティを向上させるという研究があります。この研究は，顧客のサービスに対
する満足と，従業員の職務に対する満足とは明確な関連性があるとした研究
に基づいています。サービス従業員が自身には能力があり，仕事を楽しんで
おり，雇用主からも十分に処遇されていると感じる。こうした従業員の感覚
が強ければ強いほど，従業員は長期にわたってサービス組織にロイヤリティ
を持ち続け，仕事を容易に辞めなくなります。ロイヤリティを持った従業員
は，新しく雇用された従業員より生産性が高いと考えられます。なぜなら
ば，顧客のことを良く知っており，より品質の高いサービスを提供すること
ができるからです。このように，サービスを受け取る側に着目するだけでは

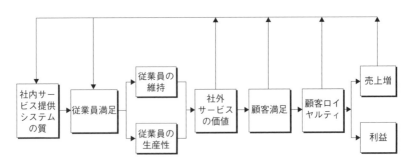

図 2-3　サービス・プロフィット・チェーン
出所：Lovelock & Wright（1999），邦訳 155 頁を筆者修正／出典：Heskett et al.（1994）

なく，サービスを提供する側にも着目する必要があります。サービスを提供するのは従業員であり，従業員の満足がなければ顧客満足や顧客ロイヤリティの向上は望めないと考えられます。これらの研究はマーケティング分野のものではありますが，医療分野においても類似したことがいえるのではないでしょうか。つまり，医療従事者の満足無しに医療従事者が直接接する患者の満足や患者ロイヤリティは得られない，と思われます。患者満足をとらえるためには，サービスを受け取る患者側からサービス品質を測定すると同時に，サービス・プロフィット・チェーンの考え方に沿ってサービス提供側である医療従事者の側から満足度を併せて測定し，外面と内面の両側から多面的に顧客満足を評価することが重要となります。

2-4

ロイヤリティのマネジメント

　医療機関における患者のロイヤリティは，患者の満足度の変化に対して再度その医療機関を選択するかどうかの関係を定量化したものです。このロイヤリティが高い患者ほど，再度その医療機関を選択する可能性が高まります。ロイヤリティの優劣を決めるのは，特定の患者に対して的確なレベルで筋の通ったサービスを提供できるかにかかっています。医療機関のサービスは一般のサービスとは異なって，結果品質や過程品質において的確性や信頼性を強く求める傾向があります。

　Albrecht & Zemke（2002）によれば，「医師は，様々な可能性を比較検討し，その中から治療法を1つ選んで指示しなければならない。盲腸がどれもみな同じようで，手術後の生存率が95％なら，治療は容易でコストもかからず，自動化すら可能かもしれない。だが実際はそうではない。治療には，的確な判断力と大局的かつ集中的な診断と技術が不可欠なのだ。」（邦訳101頁）としています。また，「たとえば医師や看護師，そのほかの病院スタッフに，入院時に患者が重要だと考える要因は何かと尋ねてみたとしよう。お

そらく，優れた医学的ケアや親しみやすく丁寧なスタッフ，快適な環境，美味しい食事等々，言い古された言葉を並べ立てるであろう。同じ質問を患者にしてみれば，別の答えが返って来る。『私の家族や友人が医者や看護師を呼んだり，何か質問をしようとしたりした時，どのような対応を取ってくれるか』，『私が病状について学習しようとした時に支援し，退院後も継続的にケアしてくれるか』，『自分の治療法について，私が意思決定する権利を認めてくれるか』，『私の治療に関係するほかの提供者たちと，うまく調整してくれるか』」（邦訳 102 頁）などが挙げられます。このように患者の声からは，価値に関する要因の違いが信頼であることがわかります。

このように，患者が治療を受けるうえで影響を受ける感情や態度の組み合わせを考え，患者を心理的スタイル別に指導するモデル[1]を開発し，個々の患者が受け取る価値の知覚を良い方向に向けるために，病院スタッフを個々の患者の違いに対応できるようにするトレーニング・プログラムなどが作成されるようになってきています。

ロイヤリティを評価するためには，患者のロイヤリティのみならず，患者満足度や新規患者の紹介などの測定が必要となります。これは，患者満足が患者のロイヤリティに影響を与え，このロイヤリティが新規患者の紹介に繋

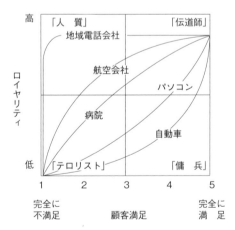

図 2-4　顧客満足とロイヤリティ

出所：Lovelock & Writz（1999），邦訳 119 頁
出典：Jones & Sasser, Jr.（1995）

がると考えられているためです。サービス・マーケティングの研究例ですが，図2-4に，顧客満足とロイヤリティの関係を2×2のマトリックスで表し，中心部分の尺度3で水平・垂直線を引き，第1象限を「伝道師」，第2象限を「人質」，第3象限を「テロリスト」，第4象限を「傭兵」と表現し特徴を区別している。地域電話会社の場合は，顧客満足が低くてもロイヤリティは高い値を示しています。この結果は，顧客が地域電話会社のサービスに不満を抱いたとしても代替手段が無いため，再購買などのロイヤリティが高くなっていると解釈できます。一方で，自動車の場合は，よほど顧客満足が高くないと再購買などのロイヤリティが高くなりません。裏返していうと，顧客満足が高くても離反の可能性があるという解釈になります。それでは，医療機関の場合はどうでしょうか。図2-4の病院の例を見る限り，患者満足とロイヤリティは，ほぼ相関していると見えますので顧客満足の評価がほぼロイヤリティの評価と考えて良いでしょう。

　次に，具体的に患者満足をどのように測定するかですが，患者に対してアンケートを実施することが一般的に行われています。その場合，①関係に対する満足度と，②やり取りに対する満足度を，区別する方が好ましいといわれています。①の関係に対する満足度とは，医療機関全体に対して患者が感じる，より広い意味での満足度を言います。②のやり取りに対する満足度は，直近の医療関係者の行動に関して医療サービスの中核部分に焦点を当てた満足度を指します。

　例えば，ビジネス・スクールでは，「総合的に見て当校にどのくらい満足しましたか」といった質問で関係に対する満足度を測ることができます。また，「授業にどれくらい満足しましたか」といった質問でやり取りに対する満足度を測ることができます。当然ながら，これら①，②の2つの満足度は相関関係がありますが，多くの場合，平均的な学生はビジネス・スクールに満足しているとの結論は出せても，不満を覚え離反した学生について知ることはできないので，全体的な満足度だけを測るのではなく，多面的に質問し評価することで真のロイヤリティの姿が見えてきます。

2-5

サービス品質の評価尺度

前述の通り，サービスにおける顧客価値，すなわちサービス品質は，結果品質と過程品質の和で表されていますが，これらの品質を通して顧客が感じる満足度は顧客価値に直接影響を与えます。マーケティング研究では，サービス品質の評価尺度として Parasuraman et al.（1985）により Servqual モデルが提唱されています。Looy et al.（2003）では，「Servqual モデルは，当初『信頼性』，『反応性』，『能力』，『利用性』，『礼儀正しさ』，『コミュニケーション』，『信用性』，『安全性』，『顧客理解』，『有形性』の 10 要因を，品質評価尺度としました。その後，コミュニケーション，能力，礼儀正しさ，信用性，安全性は，深い相関関係があるとして 1 つに纏め『確実性』と名付けました。さらに，利用性，顧客理解も深い相関関係があるとして 1 つに纏め『共感性』と名付けました。Servqual モデルは最終的に，以下の 5 項目に纏められています」（邦訳 188-191 頁）と説明しています。

(1)有形性：サービス企業などの施設，従業員，提供時に用いられる用具や設備，コミュニケーション・ツールなどの外観や体裁。

(2)信頼性：サービスの品質に一貫性があり信用できること。つまり，顧客が期待するサービスを最初から提供し，約束を履行すること。

(3)反応性：従業員が顧客に進んで手を貸し，迅速にサービスを提供すること。

(4)確実性：従業員が知識と礼儀を身に付けており，顧客に信頼感と安心感を与えること。

(5)共感性：顧客一人ひとりに気を配ること。

医療機関では，Servqual モデルをさらに修正した形で使われています。核医学クリニック外来の例を表 2-1 に示します。

この例では，Servqual モデルに「利便性」の尺度を追加し 7 点尺度で評

表 2-1　核医学クリニックにおける Servqual モデルに基づいたサービス品質

尺度とその項目	患者の知覚の平均値と標準偏差 (SD)
有形性・確実性	
最新設備が整っている	5.99 (SD=1.04)
施設の外観が立派である	4.88 (SD=1.60)
スタッフの身なりが整っている	6.13 (SD=0.91)
施設とサービス品質が呼応している	5.17 (SD=1.49)
患者の問題を解決しようとする心からの配慮が感じられる	5.99 (SD=1.07)
スタッフが信頼できる	5.95 (SD=0.99)
スタッフと安心して接することができる	6.08 (SD=0.93)
信頼性	
約束が果たされる	5.50 (SD=1.38)
約束した時間にサービスが提供される	5.35 (SD=1.56)
反応性	
いつサービスが受けられるか教えてくれる	4.68 (SD=1.88)
サービスが迅速に提供される	4.65 (SD=1.83)
スタッフが常に進んで手を貸してくれる	5.77 (SD=1.44)
忙しくても患者の頼みに対応する	4.61 (SD=1.83)
共感性	
患者ひとりひとりに配慮している	5.01 (SD=1.68)
スタッフが親身になって患者に接している	5.35 (SD=1.52)
スタッフが患者のニーズを理解している	5.03 (SD=1.57)
利便性	
診療時間が適切である	5.65 (SD=1.41)
患者の利益を最優先する	5.90 (SD=1.40)
分析対象外項目	
スタッフが最初から適切な対応をする	
記録をきちんと保存している	
スタッフが常に礼儀正しい	
スタッフが大学病院から適切な支援を得ている	

出所：Looy et al.（2003）

出典：Stefanie De Man, Paul Gemmel, Peter Vlerick, Peter Van Rijk & Rudi Dierckx（2002）"Patients' and personnel's perceptions of service quality and patient satisfaction in nuclear medicine", *European Journal of Nuclear Medicine and Molecular Imaging*.

価されています。患者が最も高く評価したのは有形性・確実性と利便性で，診療時間の適切さと患者に対するスタッフの配慮が共に高い評点を獲得しています。評点が低いのは，いずれも反応性に属する項目です。サービスの提供が迅速に行われない，また，サービスがいつ提供されるのかが明確でないとの評価が与えられています。待ち時間の長さは，病院の外来で患者が感じ

る問題点の1つとなっています。このように，サービス品質を計測すること
で医療機関のサービスでどのような点に問題があるのかを把握し，その点を
改善することで顧客満足を高めることができます。この顧客満足の改善は，
顧客ロイヤリティの改善に繋がり，最終的に医療機関の評価を高め患者の再
来院を促すことに繋がります。

2-6

顧客満足の取り組み：ホテル業界事例

　顧客満足を高めて成功している他業種のうち，ホテル業界の事例として，
星野リゾートと The Ritz-Carlton を取り上げます。顧客の苦情をどのよう
にとらえ，どのような手順で処理を行っているのでしょうか。これらのホテ
ルが行っている顧客満足への取り組みは，医療現場においても参考にするこ
とができると考えられますので，両者の事例を見ていきましょう。

2-6-1　星野リゾート

　星野リゾートは，旅館・ホテルの運営会社として長野県軽井沢市で創業
し，4代目の経営者である星野佳路社長が顧客満足度アップと収益力向上
の両立を掲げて会社を成長させています。星野社長は，軽井沢の老舗企業
から，全国でリゾート施設を運営する企業へと変身を遂げさせました。日
本各地でリゾートの運営を引き受け，業績を向上させるのと同時に，軽井
沢や京都などで高級旅館「星のや」の展開も進めています。

　お客様に対応するスタッフのミスに関連して星野社長は，「スタッフは，
その時自分が必要だと判断したサービスを自由に行うことができる。サー
ビスの内容や範囲は現場の判断に任せる」と決めています。中沢（2010）
によると，軽井沢ホテルプレストンコートでは，スタッフにお客様対応の
ミスの情報を共有し，対策を練るために「ミス撲滅委員会」を設置し活動
を続けています。ミスを無くすには，なるべく多くのミス事例を分析し，
運営システムを見直すことによって，同じミスが起きない仕組みに変えて

いくことが重要となります。そのためには，ミスを隠さず公開してもらうことが必要となります。軽井沢ホテルプレストンコートのミス撲滅委員会は，活動に際して3つのルールを定めています。①ミスを報告する人は，「実際にミスを起こした人」，「ほかの人が起こしたミスについて知っている人」，のどちらでもよい。②ミスをした人を絶対に叱らない。③ミスを報告してくれたことについてしっかり褒める，などです。このようなルールを定めた結果，ミスが起きたのに報告しなかったり，当事者がミスと気付いていなかったりした「隠れたミス」の報告が集まるようになりました。軽井沢ホテルプレストンコートでは，集まった情報から，再発防止の仕組みを作る活動を展開しています。

2-6-2 The Ritz-Carlton

　リッツ・カールトンには「エンパワーメント（裁量委譲）」と呼ばれる考え方があります。これは，スタッフが顧客の要望に応えようとした時，その都度上司の判断を仰ぐ必要はなく，自分の判断と工夫で，最良と思えるサービスを実施したら良いというもので，顧客の要望をその場で実現させるうえで大切な考え方になっています。四方（2010）によれば，リッツ・カールトンの場合には「スタッフ1人が1日に2000ドルまで使える」（97頁）ことが記されており，現場のスタッフに問題解決にかかる裁量と予算が与えられていることがわかります。その場合，顧客がチェックアウトする際，「昨日ラウンジでお茶を飲んだら冷たかったよ」と苦情を言われた場合，スタッフがその場で即座に「申し訳ございません。大変失礼しました。僭越ですが，次回お越しの時には私どもから温かいお茶と美味しいケーキをプレゼントさせて頂いても宜しいでしょうか」と言えば，「いいホテルだな」と思ってもらえるでしょう。さらに，その顧客が次回来られた時に「先日は失礼しました」と言ってスイーツやお茶を持って行けば「やるなぁ」と感心してもらえる可能性が高まります。このような対応は，経営を揺るがすほどの大きなお金がかかることはありません。しかし，現場スタッフに裁量と予算を与えた場合，注意しなければならないことがあります。それは，現場スタッフの行動がホテルの行動基準に合致していることです。そこで大切なのは，説得力のある経営理念を現場スタッフや従

業員に示すことができるかどうかです。

　リッツ・カールトンの場合，「ゴールド・スタンダード」と呼ばれる会社の価値観や行動基準が凝縮されている心のよりどころがあります。「ゴールド・スタンダード」は，「クレド」をはじめ「従業員への約束」，「モットー」，「サービスの3ステップ」，「ザ・リッツ・カールトン・ベーシック」などが準備されています。これらは，ポケットサイズに折ることができるカードに纏められており，すべてのスタッフは常に携帯することが義務づけられています。また，毎朝仕事がスタートする前に15～20分前後ベーシックの項目についてディスカッションを行って現場スタッフへの浸透を促しています。

2-6-3　まとめ

　ホテル業界の顧客満足への取り組みは，医療業界においても参考にすることができます。専門家集団である医療機関の中にあって，患者満足を高めようとした場合，現場スタッフに可能な限り裁量委譲を行い，それぞれの医療機関が大切と考える理念で現場スタッフの行動指針を明確にすることが求められます。また，潜在的なミスを見える化し，ミスを撲滅するためにサービス・プロセスの改善を継続的に行うことで患者満足を向上させることも重要となります。

2-7

サービス・ドミナント・ロジック（S-DL）

　Normann（2001）のリフレーミング研究を端緒として，モノからサービスへの移行を主張する発展的な概念として登場したのが，Vargo & Lusch（2004）が主張する S-DL（Service Dominant Logic：サービス・ドミナント・ロジック）です。S-DL は，11 の基本前提（Fundamental Premises：FP）から構成されています。この基本的前提（FP）は，2004 年に 8，2008 年に 10，2016 年に 11 と変遷し現在の形に落ち着いています。表 2-2 にその

表2-2　サービス・ドミナント・ロジック（S-DL）の基本的前提（FP）の変遷

FP	2004 年	2008 年	2016 年
1	専門的な技術や知識の応用は交換の基本単位である	サービスは取引の基本中の基本	変更なし 公理
2	間接的な交換は，交換の基本単位を覆い隠す	間接的な取引は，取引の基本的な基盤を覆い隠す	変更なし
3	商品はサービス提供のための流通メカニズム	変更なし	変更なし
4	知識は，競争優位の基本的な源泉である	運用資源は競争優位の基本的な源泉である	運用資源は戦略的利益の基本的な源泉である
5	全ての経済はサービス経済である	変更なし	変更なし
6	顧客は常に共同生産者である	顧客は常に価値の共同創造者である	価値は，常に受益者を含む複数のアクターによって共創される 公理
7	企業は価値提案をすることしかできない	企業は価値を提供することはできないが，価値提案を提供することはできる	アクターは価値を提供できないが，価値提案の創造と提供に参加できる
8	サービス中心の視点は，顧客志向で関係性を重視する	サービス中心の考え方は，本質的に顧客志向であり，関係性を重視する	サービス中心の考え方は，本質的に受益者志向であり，関係性を重視する
9		全ての社会的・経済的関係者は資源統合者である	変更なし 公理
10		価値は常に受益者によって独自に，かつ現象的に決定される	変更なし 公理
11			価値共創は，アクターが生み出した制度と制度的取り決めを通じて調整される 公理

出所：Kotler et al.（2021），邦訳 119 頁

変遷を示します。

　S-DL の考え方は，機械や生産プラントの様に効果を生み出すために，行為がなされたり働きかけられたりするハード的な資源を「オペランド資源（operand resource）」と呼び，知識や技能のようにオペランド資源に行為をなすために使われるソフト的な資源を「オペラント資源（operant resource）」と呼んで区別しています。マーケティングの観点で Kotler et al. (2021) によれば，「グッズ・ドミナント・ロジック（G-DL）では，主にオペランド資源に焦点を当て，交換の基本単位はモノであり，マーケターはオペランド資源である顧客に働きかけ，セグメンテーションを行い，リーチしようとしていました。それが，S-DL では，交換の目的は相手の知識（ナレッジ）や技能（スキル）からメリットを得る事であり，顧客は『サービスの共創者』として参加するオペラント資源となる。」（邦訳 115-116 頁）としています。S-DL では，サービスは知識（ナレッジ）や技能（スキル）そのものであり，これらは顧客との共創によって生まれ，モノは単に知識（ナレッジ）や技能（スキル）などオペラント資源の運び手にすぎないといった立場に立ちます。そして，対象を顧客のみならず利害関係者（アクター）にその範囲を広げることで，アクター自体がネットワーク化し資源統合を図るとした概念枠組を提唱しています。

　次に，古典経済学の価値概念と照応させてみると，Smith (1789) は「価値という言葉に 2 つの異なる意味があり，ときにはある特定の物の効用を表し，ときにはその物の所有がもたらすほかの品物を購買する力を表すということである。一方は，『使用価値』，他方は『交換価値』と呼んでいいだろう。」（邦訳 60 頁）と主張しています。G-DL においてモノの取引は「交換価値（value-in-exchange）」としてとらえられる点は，古典経済学と整合したものとなっています。一方，S-DL では受益者に 2 段階の関与を想定しています。取引前では，価値の「共同生産者（co-production）」であり特に顧客はバリュープロポジションの内容開発に積極的な役割を果たします。そして，取引後価値はバリュープロポジションを「利用する」ことで価値実現され，この段階での関与を「価値共創（co-creation）」と呼んで区別しています。このような取引価値は「使用価値（value-in-use）」と呼ばれており，この点でも古典経済学と整合しています。しかし，Vargo & Lusch (2016) らは，二者間（ダイアド）取引から利害関係者（アクター）取引に概念拡張する際，各々の置かれている文脈情報が必要であることから，使用価値を「文脈価値（value-in-context）」へと改めて広範囲な概念として提唱しています。

最後に，今日の社会はインターネットの発達により，ますますネットワーク化された構造となっています。ネットワークの重要性は，逐次的で個別分離された G-DL では説明することが困難ですが，S-DL ではネットワーク型の思考や協働システムなどと親和性があります。S-DL の発展的な議論として「サービス・エコシステム」の概念が提唱されています。Kotler et al.（2021）では，サービス・エコシステムは，「共通の制度的取決めとサービス交換を通じた相互的な価値創造によって結びつけられた資源統合アクターからなる相対的に自己完結的かつ自己調整的なシステムである」（邦訳 130 頁）と定義しています。

【注】
1. コーチング類型
　　㈱コーチ・エィ社では，コーチングにおける類型として，アナライザー，コントローラー，サポーター，プロモーターの4つのタイプに分類しています。それぞれのタイプに応じて適した指導を推奨しています。https://coach.co.jp/whatscoaching/20170821.html を参照。
　　また，佐藤文彦（2021）では，組織としてコーチングが導入された病院の事例が紹介されています。

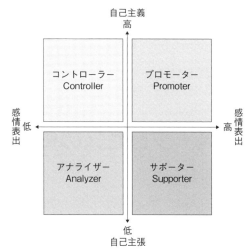

出所：「【図解】「タイプ分け™」とは〜あなたはどのタイプ？タイプ分けで上手くいくコミュニケーション」「Hello, Coaching！」
（https://coach.co.jp/whatscoaching/20170821.html）

3

サービス・プロセスの設計

本章では，医療・介護現場における，サービス・プロセスをどのように設計するのかについてサービス・ブルー・プリンティング（SBP）と呼ばれる手法を基に説明します。基本的なサービス・プロセスの設計ステップには，①概念設計，②詳細設計，③基準の設定とメジャメント，④再設計があり，それぞれのステップにおける重要点，注意点について説明します。

3-1

サービス・プロセスの概念設計

様々な特徴を持つサービスについて，サービスの要件定義に基づいてサービス・プロセスをモデル化することでサービス・プロセスの概念設計と呼ばれるサービスの骨格を明確にすることができます。この概念設計をさらにブレーク・ダウンすることで，サービス設計に繋がっていきますが，サービス設計については，次節のサービス・プロセスの詳細設計で詳しく説明します。ここでは，北城・諏訪（2009）が示す，図3-1に示す高級レストランのプロセスのモデル化を紹介します（62頁）。

	・お客様をお迎えする ・席にご案内する	・メニューをお渡しする ・注文をいただく	・飲み物や料理を提供する	・料金をいただく ・お見送りする
正確性	○	◎	○	◎
迅速性	◎	○	○	○
柔軟性	○	○	○	○
共感性	◎	◎	○	○
安心感	○	○	○	○
好印象	◎	◎	◎	◎

図 3-1　高級レストランのプロセスのモデル化

出所：北城・諏訪（2009），63頁

　このプロセスは4つのサブプロセスとそのプロセスにおける重要なタスクから成り立っています。まず，お客様をお迎えし席にご案内します。ここでは，お待たせしない対応が肝要です。フロントに誰もいない状態で待たされるのは気分が良くありません。初めて来たレストランであれば不安にもなります。つまり，このサブプロセスでは，タスクとして迅速性が重要となります。スタートのサブプロセスなので，好印象も欠かせません。上品で温かみのある挨拶や案内が大切となります。さらに，大切なのが共感性となります。本日の来店の目的は，「何かの記念日のお祝い」なのか，「大切な商談のお礼」なのか，「仲直りの食事会」なのかなどを感じ取りたい。これが把握できると，お客様に満足して頂ける確率を大きく高めることができます。2番目のサブプロセスは，メニューをお持ちし，飲み物や料理の注文を頂きます。この時は，タスクとして正確性が大切となります。確認させていただいたメニューを間違ったのでは話になりません。そして，ここでも共感性が重要となります。お客様との会話から，できる限りお客様の事前期待を反映する必要があります。これができると，ホスピタリティを感じ感動していただけます。高級レストランでは，すべてのプロセスで好印象は欠かせません。3番目のサブプロセスでは，飲み物や料理を楽しんでいただくことになります。ここでも，共感性を発揮してお客様の期待に応えていくことになります。追加注文をしたい場合は，お客様は周りに視線を送られるので，それを目ざとく捕捉して要望を伺います。ここは，かなりの時間が使われますので，場合によってはサービス・スタッフが会話に参加して雰囲気を盛り上げ

る工夫が必要かも知れません。最後のサブプロセスは，料金を頂きお見送りをします。請求金額を間違うのは論外ですが，サービス料などわかりにくい項目は正確に説明するのが良いでしょう。請求金額を同席者に聞かせたくない場合もあると思いますので，精算のサブプロセスには，共感性を発揮しなければならないポイントが多くあります。そして，1番最後が，お見送りとなります。ここは，すべてのプロセスの最後なので好印象が大切です。

　このように，サービスはプロセスであると同時にプロセスに含まれるタスクが重要な役割を果たします。このタスクが，顧客の評価を得るために重要な役割を果たしていますので，概念設計においてこの点に留意する必要があります。

3-2

サービス・プロセスの詳細設計

　サービス提供における行為の連鎖は，行為の機能に着目しサービス・プロセスの詳細設計と呼ばれる，サービスをフロー・チャート化し可視化しようとする考え方があります。今日では，新たな建築物や船を設計する際にはCAD と呼ばれる設計図面作成用ツールを使いますが，その昔設計図面は湿式コピーと呼ばれる青写真で作成されていました。その名残で，サービスの設計図面はサービス・ブルー・プリンティング（以下，SBP）と呼ばれています。この SBP 研究は，Shostack（1984）が創造し，Kingman-Brundage（1989）が拡張し，Lovelock & Wirtz（2007）が体系化しています。初期のSBP の基本概念は，2次元の平面上にサービス提供のプロセスを描写し可視化することで目に見えないサービスの効率化を図るものでした。Shostack（1984）型では，靴磨きサービスをフロー・チャート化して横軸に時間を取り，サービス提供にかかわるすべての行為を明確化し，定義を明らかにしました。その後，Kingman-Brundage（1989）型では，縦軸にバックオフィスとしてのサービス組織がどのような活動をするのかという視点が付加さ

れ，サービス行為におけるフロント，バック体制としての役割が明確化されています。Lovelock & Wirtz（2007）型では，コア・サービスとそれ以外のサービスとを区別し，サービス・プロセスを3幕から成るサービス行為の連鎖として表現しています。

　ここでは，図3-2，図3-3に示すLovelock & Wirtz（2007）型の高級レストランにおけるSBPの例を見ていきましょう。

3-2-1　第1幕：プロローグからコア・サービスの提供

　このドラマの第1幕は，レストランで食事をする数時間前あるいは数日前に顧客から⑴サービス・スタッフが予約の電話を受ける場面から始まります。ドラマととらえると，電話で対応したスタッフの声，対応スピード，話し方で顧客の最初の印象が決まります。顧客がレストランに到着しますと⑵スタッフが車を駐車場に移動し，⑶クロークでコートを預かり，⑷テーブルの用意ができるまでバー・カウンターでもてなします。その後，⑸テーブルへ案内します。この5つのシーンは，顧客のレストランに対する第一印象と

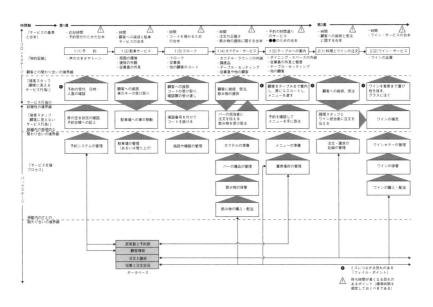

図3-2　レストランでのSBP（1/2）

出所：Lovelock & Wirtz（2007），邦訳236-237頁をもとに筆者加筆修正

なります。それぞれのサービス行為には，顧客の期待を十分理解したうえで基準が設けられなければなりません。SBP において，「サービス行為の視認性境界線」より下の部分は，フロント・ステージにおけるサービス行為を顧客の期待以上のものにするために重要なポイントを示しています。例えば，予約内容の記録，食事の準備とサービス，設備・機器のメンテナンス，などです。

3-2-2　第2幕：コア・サービスの提供

　第2幕では，いよいよコア・サービスの提供が始まります。便宜上，本事例では(1)料理とワインの注文，(2)ワイン・サービス，(3)テーブル・サービス，(4)食事の4つのステップに分類しています。このシーンでは，メニューを見て料理とワインを決め，注文したワインや料理が順に運ばれてきます。しかし，このシーンのサービスが顧客の期待にそぐわないものであれば，サービス提供側は深刻な問題となります。メニュー内容に関する顧客からの質問に対して適切で丁寧な説明ができるか，ワイン選びのアドバイスができ

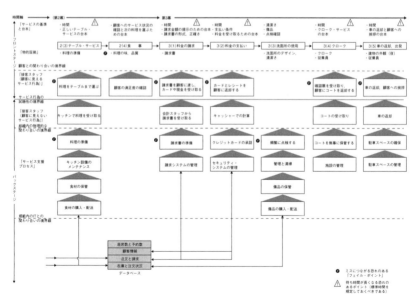

図3-3　レストランでのSBP(2/2)

出所：Lovelock & Wirtz（2007），邦訳238-239頁をもとに筆者加筆修正

るかなど，顧客の不満に繋がる可能性のある数々の「フェイル・ポイント」があります。また，食事やワインの品質だけではなく，サービスのスピードやスタイルなども評価の対象になります。優れたサービスであっても，心のこもっていない不親切な態度や品格に欠ける接客姿勢はサービスを台無しにすることもあります。

3-2-3　第3幕：サービス・ドラマの締め括りエピローグ

コア・サービスの提供が終了すると，サービス提供側は顧客がサービスの余韻を楽しんでいると考えられてしまうが，第3幕は短時間なので，残りの精算と支払，クロークでのコートの受け渡し，車の配車などのサービスはスムースに，タイミング良く，不快感を与えないように対応し，最後まで無事にサービスを終えることが重要となります。

3-3

サービス基準の設定とメジャメント

医療機関における行為をサービスと見れば，レストランの場合と同様にSBPが描けます。描かれたフロー・チャートの中でサービス基準を設定し，第2章で説明したサービス品質尺度のアンケート等でメジャメント（計測）を行うことで基準に達しないプロセスは未達原因を探究し改善を図ることが可能となります。しかし，サービス・プロセスの詳細点に囚われるよりも，前述のようにサービス全体をドラマと見立てて，プロローグに問題があるのか，コア・サービスに問題があるのか，エピローグに問題があるのかを大きくとらえていくことも重要となります。

特に，サービス・ドラマの幕開けは重要であり，患者の医療機関の第一印象はその後のサービス・プロセスの評価に大きく影響します。患者のサービス経験に対する評価は時系列で蓄積していきますので，最初の印象が悪いとサービスを中断する恐れがあります。たとえ，サービスを継続しても患者はほかに不満を感じる点を探すようになります。逆に，第一印象が良ければ患

者のサービス・レベルに対する許容範囲は広くなり，後のプロセスの小さな
ミスはそれほど気にならなくなります。Bannon（1997）による病院の雰囲
気と治療の関係の調査では，病院の第一印象が良くなかった患者は手術を
断ったり，転院したりする確率が高いことが示されています。ただし，サー
ビス基準はサービスの進行に従ってレベルダウンすれば良いというものでも
ありません。Hansen & Danaher（1999）によると，第一印象が悪くても次
第に顧客満足が高まるサービスの方が顧客に評価されているとした研究報告
もあります。

　フロント・ステージでの行動は，サービス・エンカウンターと呼ばれ患者
に直接接する部分での評価となりますが，バック・ステージの行動は目立た
なくあまり表面化しませんが同様に重要と考えられます。例えば，病床や検
査機器の容量と患者満足との関係はバック・ステージにおけるキャパシ
ティ・マネジメントを図るうえで重要な要素となります。図3-4に，キャパ
シティにおけるトレードオフ曲線を示します。キャパシティを決定する場
合，経済性視点から大きさ1単位増加するのにかかる限界費用が，サービス
水準を向上させることで得られる限界利益よりも低ければキャパシティを拡
張する意味があると考えていきます。限界利益が増加するという意味は，待
ち時間が減少し医療機関にかかる時間が短縮されることで患者自身が負担す

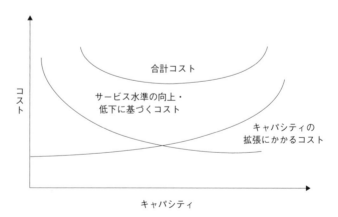

図3-4　キャパシティ・レベルの決定
出所：Looy et al.（2003），邦訳421頁

る時間にかけるコストが下がることを意味しますので，キャパシティとコストの関係として現し合計コストが最小となる経済合理性がある点でキャパシティが決定されることになります。実際にどのように計算するかは，Looy, Gemmel & Dierdonck（2003）のキャパシティ・レベルの決定に種々のパターンを考慮した詳細例がありますので参考としてください。

3-4

サービス・プロセスの再設計

　サービス・プロセスを再設計することによって，うまく機能しなくなったプロセスを再生させることができます。再設計を必要とする要因は，必ずしも元のプロセス設計が不適切であったということではなく，技術の革新や顧客ニーズの変化，サービス特性の追加や新たなサービスの出現によって，既存のサービス・プロセスでは十分に対応することが困難になってしまった場合も考えられます。

　ボストンにある，ベス・イスラエル病院[1]の院長であった Dr. M. T. Rabkin は，このような状況を組織疲労と表現し，この組織疲労を起こす要因を2点挙げています。第1の要因は，外部環境の変化によって既存の慣習が陳腐化し，組織が機能を維持し，責務を果たすためには基本的なプロセスの見直しや，新しいプロセスの構築が必要となります。医療機関のサービスでは，新たな競争，法令，技術，医療保険の方針，顧客ニーズの高度化などが外部変化として挙げられます。第2の要因は，組織内部の問題で，組織内プロセスの変容，官僚的体質の増幅，不適切で非公式な基準の確立が起きてしまうことがあります。大量の情報のやり取り，データの重複，付加価値サービスのための煩雑な確認・業務管理，例外的サービス・プロセスの増大，サービスの不便さや不必要なサービス手順に対する顧客の不満の増加がみられるようになると，サービス・プロセスが上手く機能しておらず再設計が必要となります。

このような場合，既存サービスのSBPを検証すれば，サービス提供システムの見直しや特定のサービスの追加または削減，新たな顧客層をターゲットとするサービスへのリポジショニングによって，数あるサービスを改善するポイントを発見することができます。サービス・プロセス再設計の担当者は，ハーバードの公式において顧客価値（生産性）を高めるために，サービス品質を改善し医療提供コストを削減する方法を探さなければなりません。バック・ステージ業務の多いサービスでは，サービス・プロセスの再設計によって飛躍的に成果が上がる可能性があります。着目すべきポイントは，

①　サービスの失敗回数を減少させる
②　サービス開始から完了までの1クールの時間を短縮する
③　顧客価値（生産性）を向上させる
④　顧客・従業員満足度を向上させる

などが考えられます。それでは，どのような方法でサービス・プロセス再設計を行えば良いのでしょうか。

①　付加価値の無いものは削減する
　　顧客は，コア・サービスの提供に関心が高いので，例えばレストランの事例では第1幕や第3幕の業務を削減すれば顧客価値（生産性）が大幅に改善します。

②　セルフ・サービスに移行する
　　サービス・プロセスを見直してセルフ・サービスを導入する。

③　サービスを直接提供する
　　顧客がサービス施設に出向くのではなく，サービス提供側が顧客の元を訪れサービスを提供する。

④　サービスをパッケージ化する
　　複数のサービス行為を纏めて提供する。医療現場の成功例として，手術器具や消耗品をキット化（パッケージ化）して手術を準備する時間を短縮しサービス・コストを下げた例もあります。

⑤　サービス・プロセスの有形物を再設計する
　　主にサービス・プロセスの有形要素を見直し，サービス施設やサービス機器の変更によりサービス内容の充実を図る。

などが挙げられていますが，近年の感染症拡大による予測できない環境変化に対応するために，サービス・プロセスの再設計視点からどのように対応すれば良いのか，第9章で詳しく説明します。

【注】

1. ベス・イスラエル病院
   1890年，ユダヤ教徒正統派の人々によって設立された。設立当初の目的は，マンハッタンのスラムに居住する貧しいユダヤ系移民の診療でした。病院は現在ニューヨークにあり，アルバート・アインシュタイン医学校の教育病院（大学病院）としても機能しています。

4

サービス価値の確立と改善のマネジメント

サービス価値は，外部環境の変化や新技術の登場により陳腐化する可能性があります。そのため，サービス内容を定期的にチェックし常に最新の状態に保つ必要があります。その方法を体系化したものが QMS と呼ばれる品質マネジメント・システムです。本章では QMS による改善のマネジメントを中心に説明すると同時に，苦情処理や経営のジレンマの事例について解説していきます。

4-1

サービス価値の確立

　サービス価値については，第2章でサービス品質（結果品質と過程品質の和）をサービス獲得費用で割ったハーバードの公式を紹介しました（図 2-1）。サービス価値に大きな影響を与えるサービス品質を経営の中心に据えた現場の品質マネジメントは，どのように行えば良いのでしょうか。サービス品質は，コスト，量・納期，安全，環境などのあらゆる特性に影響を与えます。コストや納期の問題に見えてもその原因は多くの場合「品質」にあり，品質が達成できないからコスト増になり，手戻りが生じて納期遅れとな

ることがあります。本書では，サービス品質を顧客の期待値に対して相対的な意味合いを持つ知覚品質としてとらえてきました。品質マネジメントの視点から飯塚・水流（2010）らは，サービスにおける品質を「ニーズにかかわる対象の特性の全体像」と定義しています（19頁）。この定義のポイントは，「ニーズにかかわる」という部分で，数ある特性の中でニーズにかかわるものの全体がその考慮対象の品質となります。つまり，それがサービスであれ，システムであれ，人であれ，プロセスであれ，タスクであれ，その品質について考慮対象としたものに対するニーズに関する特性に焦点を当てるというものです。そして，ニーズとは提供するサービスの受け手が持つ期待値で，この知覚品質を限定することなく広くとらえていこうとするものです。

　このように，サービスにおける品質の本質が理解できれば，品質マネジメントの手法を用いることで，医療経営におけるあらゆる質的問題，例えば仕事の質，組織運営の質，人の質，などをその管理対象に設定することが可能となり，長期的かつ広い視野に立って品質を重視する行動原理を構築することができます。また，医療経営におけるマイナスの影響の観点から，「品質ロス」という考え方があります。この品質ロスは，品質に関連した損失（ロス）という意味で，「内部ロス」と「外部ロス」に，また，「目に見えるロス」と「目に見えないロス」に分けることができます。目に見える外部ロスの典型は，顧客の苦情・クレームにかかわる損失，目に見える内部ロスの典型は，不良，不適合にかかわる損失です。しかし，このような苦情・クレームが顧客から表明される場合は少なく，また，不良，不適合があれば手直しに時間がかかり機会損失を被る場合があります。典型的な商品の場合は，品質が悪いと苦情もないのにある日突然売り上げが減少することがあります。このような事態の根本はいずれも品質に起因しておりこのような観点からも品質マネジメントは重要となります。

　医療現場では，商品とは異なり安くて良いものが売れるといった単純な経済原理は働きませんが，長期的かつ視野を広げて見れば品質が悪いために必要となるやり直しや後始末はそれ自体が無駄となります。そして，病院に対する小さな不満・苦情の蓄積がもたらす評判の低下は徐々に患者の数を減少させることに繋がります。これを防止するために，また目標となる品質を達

成するために改善のマネジメントが重要となります。改善のマネジメントの基本は，システム志向です。システム（プロセス，資源）をマネジメントの対象にするという行動原理は，結果を生み出す要因に焦点を当てるという意味であり，これは，効果的・効率的なマネジメントの普遍的な原理となっています。医療組織は，患者にサービス価値を提供するために設立され活動を行います。そこでのサービス価値は，提供されるサービスに内包されサービスを通して患者に提供されます。サービス品質は，それを生み出すシステムに焦点を当て，品質のためのマネジメントについて考察することが必要となります。こうした考察によって導かれているのが品質マネジメント・システム（Quality Management System：以下 QMS）であり，これは，総合的・包括的なものとなり，結果として業績向上の有効な手法となっています。

4-2

QMS と品質のとらえ方

　QMS（キュー・エム・エス）とは，品質マネジメント・システムを英語にした Quality Management System の略称で，組織が顧客に対して提供する製品やサービスの品質を継続的に改善していく仕組みのことを意味しています。QMS では品質目標や組織の方針を定め，その目標を達成するために必要な状態を整えていきます。QMS の適用範囲は事業所であったり，組織全体であったり，製品であったりしますが，いずれの場合でも顧客満足を最終目標としており，それは品質の向上によって達成することができると考えられています。

　特にサービス品質には，少なくとも 2 つの側面があります。図 4-1 に，「設計品質」と「適合品質」を示します。サービスは顧客の要求・ニーズ・期待を満足させるプロセスなので設計することができ，それをサービス・ブルー・プリンティング（SBP）と呼んでいます。設計とは，「要求を満たす方法・手段の指定」を指し，設計の結果を仕様（specification）と呼びま

品質の2つの側面−設計品質と適合品質

図4-1　品質の2つの側面

出所：飯塚・水流（2010），26頁

　す。車のようなモノの設計では，車に対する様々な要求を満たすために，どのような材料を使い，どのような形状・寸法にして，どのような機構にするか，さらにそれをどのように作るか，を考えて詳細仕様を決めます。サービスの場合も同様に，顧客の要求を満たすために，どのようなプロセスを構築し，どのような人員配置を行い，品質をどのように保つか，を考えて詳細仕様を決めます。設計品質とは，顧客の要求をどの程度満たす設計になっているか，その程度をいいます。一方で，適合品質は実際のサービスがどの程度設計の指定通りにできているか，その程度をいいます。サービス設計の場合，モノと異なりサービス独自の特性として，目に見えず，生産と消費が同時に行われるため，車のように目視で確認することや，在庫することができませんので，適合品質を作り込むにはある意味，モノよりも難しい側面があります。

　品質のこの2つの側面は，「計画の質」と「実施の質」と言い換えることができます。計画（実施しようとしたこと）がどれほど目的に合っているかと，実施（現実に実施したこと）がその計画にどれほど合っているかという点です。これは，あらゆる業務に持つべき共通の考え方となります。医療の場合，診療の質にかかわる基本的な問題として，診療方針・診療計画の妥当性・適切性と，その方針・計画通りに実施できたかという2つに切り分けて考えることとなります。日常的な業務例では，与薬において量を間違え投与直前に危うく発見して事なきを得たという問題に対して，まずは，そもそも

処方箋の指示内容は正しかったのか（計画の質，指示），それとも処方箋の指示は正しかったが実施においてミスをしたのか（実施の質）のどちらかで切り分けることが挙げられます。さらに，実施のミスについては，その実施手順に問題があるのか，それとも手順通りに実施しなかったのか，あるいはできない事情があったのかというように，計画と実施の問題のいずれにミスの原因があるのかを分解し探究していくこともミスを撲滅する有用な手段として実施されています。

　品質は，それらを生み出す仕組みの質を考慮対象とすることで，サービスそのものだけではなくサービスを生み出すプロセスの質を問題にすることも必要となります。さらに範囲を業務や仕事にまで拡大すると，業務の質，仕事の質という点にまで評価の範囲を広げることができます。このようにして，質を考える対象を，サービスから，プロセス，システム，業務，仕事，人，組織などに拡張していき，これらの改善活動に繋げていくことがQMSの本質となっており，現在では製造業のみならず様々な企業活動において経営のツールとして活用され，国際的にもQMS認証は品質を担保する指標として認知されるに至っています。

4-3

PDCA：改善のマネジメント・サイクル

　QMSにおいては，管理を行う際にPDCAサイクルを回すことが効果的・効率的であるとしています。図4-2に示すように，PとはPlan（計画），DとはDo（実施），CとはCheck（確認），AとはAct（処置），を表しています。PDCAサイクルは，QMSを遂行するために，計画を立て，計画に従って実施し，結果が満足できるものかを確認し，満足できなければ処置をする，という当然のサイクルではありますが，当然のことを普通にできるようになるのには多くの努力と時間が必要となります。以下，①Plan，②Do，③Check，④Act，について詳細に見ていきましょう。

Plan
  P1：目的，目標，ねらいの明確化
  P2：目的達成のための手段・方法の決定
Do
  D1：実施準備・整備
  D2：（計画，指定，標準通りの）実施
Check
  C1：目標達成にかかわる進捗確認，処置
  C2：副作用の確認，対応
Act
  A1：応急処置，影響拡大防止
  A2：再発防止，未然防止

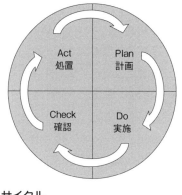

図 4-2　PDCA サイクル

出所：飯塚・水流（2010），40 頁

① Plan（計画）

  Plan（計画）においては，P1：目的，目標やねらいを明確にすることと，P2：目的達成手段・方法を決めることの 2 つを行います。医療現場での目的としては，医療事故を減らしたい，患者満足を向上したい，財務を健全にしたい，などが挙げられます。次に，目的達成の程度を計る尺度である管理項目を決めます。例えば，事故件数，インシデント件数，患者からの苦情・クレームの件数・発生率，収入，原価，利益率，などが挙げられます。第 3 に，その管理項目に関して到達したいレベルを決めます。また，目的達成の手段を決めることも重要となります。手段や方策へ展開するため，業務標準・作業標準の策定などを行い，方法，手段，手順を明らかにして実施者がその最適な方法が適用できるように，標準，ガイド，マニュアルの形にしておく必要があります。

② Do（実施）

  Do（実施）においては，設備・機器，作業環境を整備し，実施者の能力の確保など，実施のための準備・整備を行い（D1），実施（D2）します。実施者に対する実行手順の教育は，OJT（On the Job Training）において，熟達者が現場で現物を使って実施者に教えることで，正統的周辺参加（第 5 章 5-8 節参照）から十全参加へと徐々に

移行することが望ましいと考えられます。実行手順通り実施しても良い結果が得られない場合は，OJTのやり方に問題があるのか，実行手順に問題があるのかについて，QMS委員会で議論の上，OJTの改善または実行手順の見直しを行うことが必要となります。

③ Check（確認）

Check（確認）においては，当初の目的を確認する（C1）と同時に，意図していなかった副作用がないかどうかについても確認すること（C2）が必要です。Checkにおいて留意すべきことは，「事実に基づく」確認を心がけることで，「……と聞いています」などの伝聞では不十分となります。「事実に基づく」確認は，EBM（Evidence Based Medicine：根拠に基づく医療）とも親和性のある考え方となります。

④ Act（処置）

Act（処置）においては，管理対象となった案件を，とにかくやりくりをして初期の目的を達成することが第1ですが，裏を返すと望ましくない現象が起こっているならばこれを解消することともいえます。もし，今事態が進行しているならば応急処置や影響拡大防止の手を打つこと（A1）が必要となります。また，二度と同様の問題が起きないように再発防止・未然防止策として原因を除去しておくこと（A2）が重要となります。

4-4

QMS の原則：プロセス管理

　品質を達成するための方法論として，QMSは検査の重要性を認めつつも，検査で不良品を取り除くよりも有効な手段として「工程で品質を作りこむ」ことを推奨しています。検査で品質を担保するよりも，初めから品質の良いサービスを提供できるプロセスを確立しようとしていますので，効率的であるといえます。一般に，良い結果を得るためには，その結果を生み出す

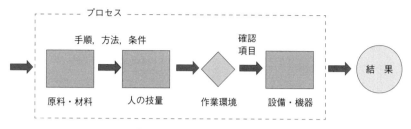

図 4-3　プロセス管理

出所：飯塚・水流（2010），45頁

プロセスに着目するのが有効であり，これが「プロセス管理」の基本となります。プロセス管理とは，図4-3に示すように結果を追うだけではなく，プロセス（仕事のやり方）に着目し，これを管理し，仕事の仕組みとやり方を向上させることが大切です。この図のプロセスは，典型的な製造工程をイメージしていますが，医療現場においても同様のプロセスが考えられます。プロセス管理においては，良い結果が得られるようにするために，どのようにしたら良いのかを明らかにしておく必要があります。すなわち，プロセスで作りこむ品質とプロセスの条件との関係を知らなければなりません。QMSにおいて，統計的手法を駆使して工程解析（製品特性とプロセスの条件の関係改正）を行い，工程能力指数を算出して数値化されたのは1950年代に遡ります。

　プロセス管理という考え方は，事務作業においてミスが発生した時に，チェックしろ，チェックを強化しろ，というアプローチよりも，ミスの原因，誘因，背景要因，を明らかにしてプロセスを改善することによって発生率を減らす方が有効となります。筆者が所属する企業においても，ミスが発生した場合は，品質保証部が主導してQMS委員会を開き仕事のやり方について議論し，プロセスをどのように改善すれば良いかについて検討を行っています。医療現場では，PCAPS（Patient Condition Adaptive Path System）と呼ばれる診療における患者状態適応型パスを活用して，良い結果を得るために，プロセスにおいて質を作り込み確認するプロセス管理の原則を具現化する考え方や方法論が提唱されています。PCAPSを正しく適用すれば，良い結果を得るために必要な医療介入の仕方を明らかにすることができ，すで

にわかっている良い方法をガイドするという意味でも診療プロセスを標準化
することに繋がります。

4-5

QMS のモデル

　日本的品質管理は，経営管理を図 4-4 のように 3 つに整理してきました。
以下に，①タテの管理，②ヨコの管理，③方針管理，の順に見ていきましょ
う。

① タテの管理：日常管理

　日常管理とは，組織の指揮命令系統を通じて実施する業務分掌に規定
された業務の管理を示します。それぞれの部門で日常的に当然実施さ
れなければならない分掌業務について，その業務目的を効率的に達成
するためのすべての活動の仕組みと実施にかかわる管理となります。
医療機関を想定した時に，基本的に，数ある診療科や検査部門や事務
部門などの組織における業務分担と部門別の業務目的や，業務プロセ
ス，フィードバック，などの標準化を基盤として実施します。部門の
業務目的と業務範囲を適切に設定し，PDCA サイクルを回していく
ことになります。

② ヨコの管理：機能別管理

　機能別管理とは，品質，コスト，納期，安全・環境などの機能（管理
目的，すなわち経営要素）を軸とした部門をまたがるプロセスがある
場合，このプロセスを全体的な立場から管理しようとするものです。
機能別組織（functional organization）という言葉がありますが，例
えば事業部制を敷いている組織の場合事業部内のタテの指示命令系統
とは別に，機能別に各事業部をヨコに横断する組織体を構成してマト
リックス型組織として全体を管理することが成されてきました。この
ような場合，ヨコの組織体の部分は機能を軸に分類されることになり

```
                           静的管理
①タテの管理：日常管理（分掌業務管理，部門別管理）
②ヨコの管理：機能別管理（経営要素管理，管理目的別管理，部門間連携）動的管理
③方針管理：環境適合型全社一丸管理
```

図4-4　経営管理

出所：飯塚・水流（2010），75頁

ます。病院には，医療の質や安全に関する委員会や会議体が数多く存在していると思いますが，本来医療の質や安全のためのQMSにおいて，ある機能を果たすべく設立されたものでありますので，医療現場の数ある組織体において機能別管理の役割を担うように位置づける必要があります。

③　方針管理

マネジメントにおいては，ある与えられた環境での静的な管理が基本となりますが，経営環境に変化が生じた場合は全社一丸管理と呼ばれる動的な管理が必要となります。経営環境が見通せる静的な場合には，経営者は合理的意思決定により方針を定めることが重要となります。環境が安定していますので，目標を設定しその設定した目標を分解することで各人の目標までブレーク・ダウンし，インセンティブを与えて目標達成を確実なものにする手法を取ります。一方，経営環境が見通せない場合には，予測できないわけですから，熟達経営者による直観的意思決定により，成功をもたらす行動基準に従って活動することが重要となります。経営学では，前者の意思決定を「コーゼーション（causation）」，後者の意思決定を「エフェクチュエーション（effectuation）」と呼んで区別しています。この点については，4-7節のサービス価値の再構築で詳しく説明します。

4-6

QMS 認証の有効活用

　ISO9000 と呼ばれる国際標準に基づいて，QMS の第三者認証が行われています。ISO9000 は，ISO9001 が提示する QMS モデルを基準として民間の第三者機関による QMS の認証制度を意味します。QMS 認証は，当初，電気・機械・化学の部品や材料を対象とした品質管理の仕組みが，顧客企業の要求に応えるものになっているかを審査・登録する制度として発足しました。今日では，医療・介護分野においても取り組みが広まっています。以下に，ISO9000 シリーズの骨格となる一連の規格を紹介します[1]。

① 　ISO9000 Quality management systems-Fundamentals and vocabulary
　　品質マネジメント・システム-基本概念および用語
② 　ISO9001 Quality management systems-Requirements
　　品質マネジメント・システム-要求事項
③ 　ISO9004 Management for the sustained success of an organization-A

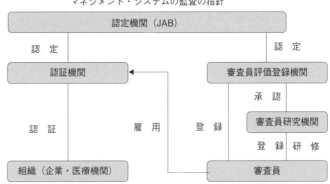

図 4-5　QMS 認証制度の枠組み

出所：飯塚・水流（2010），116 頁を筆者修正

quality management approach

組織の持続的成功のための運営管理-品質マネジメントアプローチ

④　ISO19011 Guidelines for auditing management systems

マネジメント・システムの監査の指針

　これらの規格を基に，第三者認証機関により組織の QMS を審査し，ISO9001 の要求に適合している場合はこれを公表し，患者ほか，関係者はその結果を信用して当該組織を活用するか否かを判断することになります。図4-5 に QMS 認証制度の枠組みを示します。この制度は，申請組織の認証そのものに関する仕組みと，審査員の登録に関する仕組みの2つから構成されています。組織の認証の仕組みは，3つの階層から成ります。申請組織のQMS の審査および登録は，ロイドのような民間の認証機関が行います。認証機関を認定する機関として1国に1認定機関を置くことになっています。QMS 認証制度は，民間の自発的制度ですので認証機関が認定機関に必ずしも認定されている必要はありませんが，その国の認証機関の同等性を担保するものですので，認証機関の質をある一定のレベルに担保するという意味において，認定を受けている認証機関が望ましいといえるでしょう。

　筆者の所属する企業で 25 年前に，この制度を導入する際に現場で実施したのは，各人が担当するプロジェクト・ファイルが当時は個人所有であったのをすべて組織の資産として ISO のシールを貼って区別したことと，どのような情報や事実に基づいて仕事をしたかを示す記録を保管することです。医療業界では，EBM という言葉がありますが，Evidence に基づいて仕事をしたという記録があるかどうかが審査員に問われます。その記録があれば，ISO9001 標準に基づいて仕事が成されていると判定され認定証が授与されます。認証後も，認定を維持するために半年から1年に1回，サーベイランスと呼ばれる定期維持審査が行われます。25 年経った今，当時を振り返ってみると混乱や杓子定規なやり方に反発する人もいましたが，この活動を通してうっかりミスなどは減り，ISO9000 認定工場として製品・サービスの品質を国際機関が認定してくれるので，ビジネス上のメリットも大きかったと思います。医療現場においても，このような QMS 認証制度を活用することは，当初は少し混乱しても中長期的に見てメリットが大きいと考えられます。

4-7

サービス価値の再構築

　過程品質と結果品質の和をサービス獲得コストで割ったものがサービス価値ですので，サービス提供プロセスの設計を行い QMS の手法を使ったマネジメントを行うことで質を高め維持することができます。しかし，構築したサービス提供プロセスは，感染症などの社会・経営環境の劇的変化，新しい医療技術の出現による既存技術の陳腐化，経済的要因による既存プロセスの再構築要請，医療に関する法制度の改正などの変化や課題に対して，どのように対応すれば良いのでしょうか。この問題を考えるには，第 2 章の Normann（1991）のサービス・マネジメント・システムのフレーム・ワークに立ち返って考える必要があります。このフレーム・ワークで大切なのは，すべてのサービス提供プロセスには，「イメージ」が包含されているという点です。イメージという概念は，人それぞれ異なった認識がありますが，Normann（1991）は，サービス・マネジメントでいうイメージは，「個人や集団によって保持されている現実についての心的表象」であると定義しています（邦訳 187 頁）。換言すれば，イメージとは，ある現象や状況についての理解や信念を表す「モデル」であるともいえます。

　それでは，何がこのサービスのイメージを作り上げるのでしょうか。図 4-6 にイメージの決定要素を示します。サービス提供者がその環境と従業員の心に作り上げるイメージは，サービスの特性，組織，文化，組織成員，市場のセグメントなどによって大部分が決定されます。経営者は，このイメージを強化し，明確化することで人々の行動に影響を与えることができます。もしも今，医療機関を取り巻く外部環境が比較的安定していて，その環境を調査・分析することでこのイメージを獲得することができるのであれば，環境データを調査・分析したのちに方針決定すれば良いでしょう。このような意思決定は，コーゼーション（causation）と呼ばれ，合理的意思決定が行

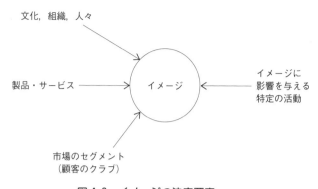

図4-6　イメージの決定要素

出所：Normann（1991），邦訳 190 頁

われることになります。一方で，医療機関を取り巻く外部環境が混沌とした
状況で予測が困難な場合には，熟達経営者の直観的意思決定により方針決定
が必要となります。このような意思決定は，エフェクチュエーション
（effectuation）と呼ばれ，実効論的に意思決定が行われることになります。
ここでいう直観的意思決定は，第5章，図5-4で説明する人の熟達と大きく
関わっており，単なる当てずっぽうの意思決定という意味ではありません。
このような意思決定のパターンは，ノーベル経済学者であり人工知能の父サ
イモンの晩年の弟子である Sarasvathy（2008）の起業家研究により提唱さ
れたものです。

4-8

コーゼーションとエフェクチュエーション

　組織を取り巻く外部環境に応じて取るべき意思決定のパターンが異なるこ
とで，この点を状況に応じて意識的に使い分けることが重要となります。そ
れでは，これらの意思決定の特徴を詳細に見ていきましょう。Kotler
（1991）は，事業計画やマーケティング計画を策定する際の，合理的な手順

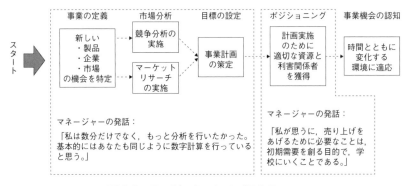

図4-7　コーゼーションのプロセス

出所：藤岡（2019），53頁／出典：高瀬（2012）

を提唱しています。具体的には，図4-7にある5段階のプロセスです。第1段階は，製品・サービスに対して可能な限りの全顧客からなる事前に定義された市場からプロセスを開始します。伝統的なマーケティング・リサーチ方法では市場と呼んでいますが，一般的な言葉で言い換えると外部環境を調査することととらえることができます。第2段階として，事前に定義された市場についての情報は，フォーカス・グループ・インタビュー，サーベイ調査等を通じて定性，定量の両データとして集められます。最近のマーケット・リサーチでは，ソーシャル・メディアを通じて市場の反応をとらえ情報を収集することが行われています。第3段階は，妥当な変数を用いることで，市場をセグメントに分割します（Segmentation）。セグメントという言葉は，マーケティング独特の言葉ですが，ある刺激を与えた時に同じ反応をする集団のことを指します。マーケット・リサーチにおいてこのセグメントを特定し刺激である変数をとらえることが行われています。そのうえで，SWOT分析などの競争分析が行われます。第4段階は，潜在的市場の戦略的価値に基づいて，いくつかの特別なセグメントを，選択し，目標とします（Targeting）。マーケット・リサーチでは，数あるセグメントの中から将来マネタイズできそうなものを選択し目標として設定することで事業計画を策定します。第5段階として，資源や技術制限の条件下において最適な方法で，製品・サービスはターゲット・セグメントにポジショニングされます

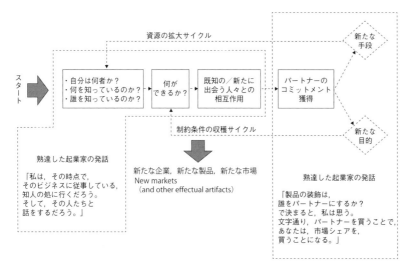

図 4-8　エフェクチュエーションのプロセス

出所：藤岡（2019），54頁／出典：高瀬（2012）

（Positioning）。ここでは，計画実施のために人・モノ・金などの経営資源を投下して実際に戦略を実行する意思決定が行われます。このような「STP」による典型的なマーケティングのステップは，コーゼーションと呼ばれ合理的意思決定によるアプローチにより，企業などのマーケティング戦略を実務において展開することが行われています。

　外部環境が静的で安定したものであれば，コーゼーションは効果のある意思決定となりますが，外部環境が混沌として先が見通せない場合は，どのように対応すれば良いのでしょうか。Sarasvathy（2008）によれば，熟達した起業家の意思決定を研究し，コーゼーションとは正反対の思考方法があり，その特徴をエフェクチュエーションと名付け，具体的には，図4-8にある4段階のプロセスであると主張しています。第1段階は，意思決定は，事前に決められた効果や市場から始めないとしています。外部環境が混沌としているわけですから，既存のものに盲目的に従うことや，外部環境を詳細に分析しても意味がありません。第2段階は，代わりに，与えられた可能な手段（自分は何者か？何を知っているのか？誰を知っているのか？）を定義することから始めます。自身の理念から発想して，熟達者であれば領域固有の

知識・技能がありますので，この点を端緒として発想していきます。また，自身の専門外の知識・技能は目的達成するために第三者から獲得することで補います。第3段階は，条件に応じて，幾つかの可能な効果を創造・選択します。このことは，端的にいうと目的達成のための行動を表しています。第4段階は，継続的に，新しい機会に対しての優位を編出し，活用する，と説明しています。パートナーのコミットメントを獲得することは，事業機会を認知することと同義であり，この認知が得られるまで試行錯誤を繰り返すことを意味しています。

　Sarasvathy（2008）によるエフェクチュエーションという考え方は，起業家研究から主張されるようになりましたが，成功を収める熟達した起業家には5つの共通した行動原則があることも見逃せない点です。第1原則は，「手中の鳥の原則（bird in hand）」と呼ばれるものです。これは，目的に導かれるのではなく，手元にある手段の有効活用を考えることから始め，完全な機会を待つのではなく，準備できていること（あなたは誰であるか，あなたは何を知っているか，あなたは誰を知っているか）に基づいて行動することを示しています。第2原則は，「許容可能な損失の原則（affordable loss）」と呼ばれるものです。将来の利益予測によって導かれるのではなく，どの程度の損失まで耐えられるのかを予測し，投資をその範囲内に抑えるよう事業機会を評価することです。第3の原則は，「クレージーキルトの原則（crazy quilt）」と呼ばれるものです。あらかじめ決められたコンセプトを基に必要な資源を選択するのではなく，協力者が提供してくれる資源を柔軟に組み合わせて価値ある物を作り出すことです。ジグソーパズルですと，全体写真を完成させるためにパズルのピースをはめ込んでいくので全体写真が当初の目的と成るわけですが，クレージーキルトの場合，余った端切れを上手く組み合わせて最終的に芸術的キルトを作成します。端切れである手段から始めますので，当初は全体像のイメージは無くてもでき上がってみれば芸術的キルトと成ります。第4の原則は，「レモネードの原則（lemonade）」と呼ばれています。レモンは，外見では中身がわかりませんが，もしも粗悪品をつかまされたら，レモネードを作るように，偶発性にも柔軟に対応することを表しています。第5の原則は，「飛行機のパイロットの原則（pilot-in-theplane)」であり，外界の力を利用して失敗を回避し成功を収めるのではなく，自らの力と才覚で生き残ることを意味しています。これらの原則を統合し，不確実な事業環境下において，事業機会を認知しリスクを評価して対応してゆくことで，事業機会を創造していくことに繋がります。

外部環境が安定している場合は，改善のマネジメントによる静的管理が重要となりますが，外部環境が混沌としている場合や新しい技術が導入されサービス価値の再設計が必要となる場合には，その環境に適したマネジメントを使い分けることが重要となります。前者の場合，戦略を立案し資源選択を図るとしたコーゼーションの意思決定が重要となり，後者の場合，まず手段から始め利害関係者からのフィードバックを貰いながら機会を見つけ資源統合を図っていくエフェクチュエーションの意思決定が重要となります。

エフェクチュエーションを活用した医療現場における問題解決事例は，角田（2022）を参照下さい。

4-9

マネジメントの改善(1)：苦情処理と顧客満足

苦情は，サービス組織に対し，問題を正し，顧客とのリレーションシップを修復し，サービス品質を改善する機会を与えてくれます。サービスを最初からきちんと行うことに勝るものはありませんが，サービスの不手際や失敗は，それでも起こり続ける場合があります。サービスは，反復継続されるものであり，一連のサービス提供プロセスにおいて，複数のサービス・エンカウンターと呼ばれるサービスの受渡しが行われる場所がありますが，多様な「真実の瞬間」を伴う場合には，とりわけ失敗が生じやすいものです。

さて，もしも読者が医療機関で提供されたサービス品質について満足いかなかったとしましょう。この場合，どのような行動を取るでしょうか。直接，医療関係者に苦情をいう，管理者にキチンと伝えるようにいう，監督官庁や地方自治体の当局に申し出る，友人や家族にひどいサービスであったこ

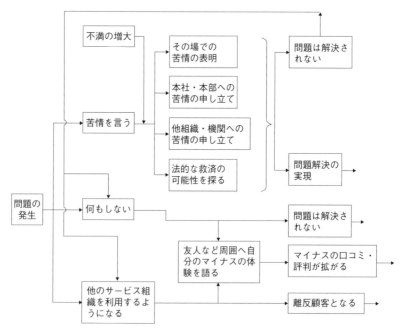

図4-9　不満足顧客のアクション・フロー

出所：Lovelock & Wright（1999），邦訳164頁

とを伝える，……。あるいは，黙ってほかの医療機関を利用するかもしれません。サービス品質に満足できなかったとしても，そのことを第三者機関や組織に申し立てることは，ほとんど無いという読者もいるかもしれません。しかし，これは珍しいことでは無いようです。調査によれば，むしろほとんどの人が普通は苦情を申し立てることは無いことが明らかになっています。また，たとえ関係者に苦情が申し立てられたとしても，これが上位管理者まで伝えられることはほとんどないことも報告されています。

　それでは，サービス品質に満足できなかった人々にはどのような選択肢があるでしょうか。図4-9は，不満足顧客のアクション・フローを示しています。主に，次の4つのアクションが考えられます。①何もしない，②サービス組織に何らかの苦情をいう，③第三者への働きかけをする，④サービス組織を利用しない。また，ほかの人々にも利用しないように勧める。

　このような顧客の行動に対して，サービス組織はどのように対応すれば良

いのでしょうか。サービス研究では，サービスの失敗が起きてしまった時に，サービス組織が問題を正すとともに顧客の愛顧心を維持するための体系的な取り組みを行うことを「サービス・リカバリー」と呼んでいます。サービス・リカバリーは，顧客満足を生み出し不満足を修復するうえできわめて重要な役割を果たします。

　サービス・リカバリーを効果的に行うには，問題解決と不満足顧客への対処において慎重に考えられた手順を踏む必要があります。効果的なサービス・リカバリー手順を持つことはサービス組織にとってきわめて重要となります。顧客の苦情は，サービス提供が行われている途中か，あるいは事後になって伝えられる場合もあります。いずれの場合も，苦情の対処がいかに行われるかで，顧客が離反するかどうかが決まってしまいます。サービス提供の途中で成される苦情の場合は，提供が完了する前に状況を正すことができるという利点がある反面，従業員側のモチベーションが低下したり，サービス提供が滞ったり，一旦停止しなければならなかったりすることが挙げられます。サービス従業員にとって本当に困難な点は，顧客の訴える問題を解決できるだけの権限をサービス従業員がしばしば持っていなかったり，解決に必要なツールがその場に無かったりすることが考えられます。特に，問題解決に特別に発生する費用や，その場で何らかの保証を行うことを求められているのに，サービス従業員がそれだけの権限を与えられていない場合があります。一方，苦情が事後に伝えられる場合は，サービス・リカバリーのために取ることのできる選択肢はさらに制約されます。この場合サービス組織は，サービスを満足いく形で再度提供するか，あるいはほかの形態の補償を申し出るかなどの対応を取ることとなります。

4-10

マネジメントの改善(2)：TOC とホテルの事例

　これまで顧客満足を人的要素の面から考えてきましたが，人的要素以外の

面からボトルネックの解消という視点で顧客満足を考えてみましょう。必要な時に必要な物が無いと，顧客満足を得ることができません。製造業の現場でも，製品の部品在庫を抑えて物作りが効率良く行われています。自動車メーカーであるトヨタは，ウォルマートの在庫管理システムを看板方式と呼ばれる形で製造業に展開し，「JIT：Just In Time」という必要な時に必要な部品を供給する部品管理のシステムを構築しました。今では，トヨタ生産方式（Toyota Production System）と呼ばれ世界的に広く知られています。

　このような部品在庫の最適化は，製造業における生産管理の分野での議論ではありますが，ボトルネックである制約条件を見つけ，その制約を理論的かつ科学的に分析しジレンマを解消しようとする「制約条件の理論（TOC：Theory of Constraints)[2]」のアプローチとして，医療現場においても共通した課題となります。Schragenheim（1999）によれば，以下に示す3つの基本概念が，TOC の哲学を理解するうえで重要な仮説となっていると主張しています（邦訳6頁）。

　①　組織には達成すべきゴールがある（全体としての価値の流れであるスループットを最大化する）。
　②　組織とは各部分の総計以上のものである（部分の最適和は，全体最適にならないという意味を含む）。
　③　組織のパフォーマンスは，ごく少数の変数により制約されている。

　TOC は，上記の基本概念をさらにブレーク・ダウンし，5つのステップを順に進み，ボトルネックを解消することを提唱していますので順に見ていきましょう。

　ステップ1：システムの制約を特定する。
　ステップ2：多額な投資を行うことなく制約を取り除ける場合には，直ちにそれを行い，ステップ1に戻る。できない場合には，システムの制約を活用する方法を編み出す（システムの制約を活用する方法を決める）。
　ステップ3：ほかのすべての事柄を上記の決定に従属させる。
　ステップ4：制約の1つ，あるいはいくつかの制約の能力（キャパシティとケイパビリティ）を高める代替案を見積もる。最初の3ステッ

プの理論的活用が今後の制約，および全体のパフォーマンスに与える影響を評価する。現在の制約を高める為に選んだ方法を実行する（システムの制約を高める）。

ステップ5：ステップ1に戻る。現在の制約は当初に予想したものとは異なっているかも知れない。制約の特定には惰性に注意する（もし前のステップで制約を解消できたらステップ1に戻る。但し，惰性を許してシステムの制約を生じさせてはならない）。

　ホテルのチェック・インについて，上記のプロセスを考えてみましょう。ホテルのチェック・インの目的は，宿泊客に部屋を割り当てることです。それを行うためにフロントは，どの部屋が清掃を終えたのか知っておかなければなりません。これは，客室係のアウトプットとなります。共通の方針となるのは，午後2時までには部屋は用意できているという暗黙の了解です。もし，この方針を言葉通りにとるとすれば，どの部屋が準備完了になっているかは，1時59分にフロントに知らせれば良いことになります。客室係の従属化という視点で考えた時，どのようなガイドラインに従えば良いのでしょうか。この，1時59分という方針に杓子定規に従えば良いのでしょうか。それとも，1時59分という方針よりも宿泊客のニーズを優先して考えるべきなのでしょうか。午前11時20分に到着した顧客は，すぐにでも部屋に入りたいと思うでしょう。部屋がすでに利用可能な状態になっており，客室係がフロントにそれを告げていたならば，この顧客は，すぐに部屋に入れたでしょう。同様のケースで，ホテルが満室の場合は，前の顧客が部屋を空けてくれるまで清掃ができないため，部屋はやはりまだ利用できないという可能性もあります。しかし，フロントから客室係に連絡して，どの部屋がチェックアウトしたかがわかっていれば清掃が可能となります。このようにして，情報共有というプロセスによって，1つは部屋を満室にさせることと，もう1つは可能な場合には早めのチェック・インを許すという，2つの相反する事柄を同時に満たすために，制約条件の本質を理論的かつ科学的に分析することで，ボトルネックを解消することが可能となります。

マネジメントの改善⑶：
TOC と Hadssah 病院の事例

　日本 TOC 協会が発表しているブログ（Vol.97）の中で，「医療における共通の対立とその深刻な結果」として，Hadassah 病院の事例が紹介されていますので，以下に事例を見ていきましょう。

　ゴールドラット博士は，経営者とマネージャーは，複雑性，不確実性，対立という 3 つの重大な恐怖に支配されていると言いました。マネージャーと経営者（指導者）は，結局この領域への対処能力で評価されるのです。

　エルサレムにあるイスラエルの Hadassah 病院の危機は，医療全般の運営，特に病院の経営における人間的側面全体に大きな関心を呼び起こしました。その危機は，病院の経営者が小児患者の治療水準を落とすよう強いているとして，Hadassah 病院の小児血液腫瘍科の上級医 6 名と若手医師 3 名が全員退職したときピークに達しました。彼らの考えは，エルサレムの別の病院に彼らが思う部門を新設することでした。その集団辞職は，病院の小児患者とその親，病院自身，さらに政府にとって大きな問題になったのです。そして，この動きが手本になって，他の専門部門でも，部門全体で別の病院に移ると脅して，予算の増額を要求する動きが出るのではないかという不安が，他の病院にも広がりました。しかし，小児患者の親たちは，それらの医師に全幅の信頼を寄せていたので，自分の子供を十分な治療を継続できない状態にして去ったにも関わらず，彼らを支持しました。ところが，政府と最高裁判所は，その部門を別の病院に設ける動きを禁じました。今やその危機を解消する方法はありません！今イスラエルでは，小児癌の専門医 9 名が居なくなり，

ある第一級の病院が信用を大きく失墜しました。イスラエルは小国である上に，それは非常に狭い専門分野なので，その9名の医師で国全体の医療キャパの約15％を占めているのです。ですから，その結果は，起き得る最悪の結末です。

ここに挙げた危機も，実は，世界中あらゆる医療機関に存在する共通の重大な対立にうまく対処できなかった直接の結果です。それは普遍的に解決するのが難しい対立なのです。たとえそうでも，経営者は，そういうダメージを被らないように対立に対処する義務があります。

医療の根本問題は，次の2つの必要条件を満たそうとする間で起きる可能性が高い対立です：

1. 必要な時いつでも最高の医療を受けられるという，すべての人間の権利を守る。

2. 全市民によい治療ができるインフラと能力を提供する。

最初の条件は，ヒポクラテスの誓いが示唆した倫理を表わすものです。これは医師すべての基本的な責務です。

2つ目は，すべての適格患者を同時に治療するに必要なインフラスを構築し維持するという，政府とすべての病院経営者の義務です。すべての医師が，目下治療中の患者それぞれに良いものを探す一方で，経営者は，どんな方法をどの患者に使ってよいか決めるのです。しかも，ほとんどの国がこの決定を厳しく規制しています。

TOCには対立を表現するツールがありますが，それは同時に対立の解決を助ける方法でもあります。ゴールドラット博士は，どんな対立でも妥協せず解決できると主張しました。因みに，妥協の実際の意味は，両方の必要条件が部分的にしか満たされないということです。それに対するTOCのツールは「クラウド」と呼ばれ，対立の背後の因果関係を調べて，裏にある1つ以上の仮定を覆す糸口を掴んで，両方の必要条件を完全に満たすことで対立を解消するのが目的のものです。

次の図は，医療に共通したクラウドを私なりに表現したものです。

対立は相反する行動から始まり，それらの行動は各々が支持する必要条件を満たすための前提条件であり，双方共通の目標を果たすには両方

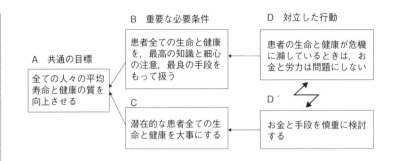

の必要条件が同時に満たされなければならないのです。

　個人に最良の治療を施すことと社会に広く手段を提供することの間の衝突は，医療業務のあらゆるレベルに存在します。非常に豊かな患者なら必要なものは何でも手に入る一方で，社会の大半は超満員状態で苦しんでいます。一般的に言うなら，すべての人間を健康にする必要性を満たすには２つのやり方があります。

　1．政府が，国民の健康管理に責任を負う。

　2．医療保険が，すべての個人に各自が必要とする治療を受けられる手段を提供する。

　両方の方法を組み合わせるのが普通の考え方です。政府は，保険に加入する余裕がない人々に資金を融資する保険会社をサポートし，規制を遵守させます。

　上記のクラウドに示した２つの行動の間の一般的な対立は，医師個人または医師の集団が，意図的に経営者の指示を逸脱したとき起きるもので，時には反乱に至ることさえあります。この逸脱は，公式な指示を超えたことが求められる特別なときに発生します。それらの行為は，ヒポクラテスの誓いの普遍的な倫理に従ったものなので，通常の法的措置で収めるのは容易ではありません。これは医療運営に固有な難しさの本質です。

　ここで取り上げた Hadassah 病院のケースでは，現場の医師にしたら医療を損なう行為に思える経営陣の２つの行為が対立の核心でした。一つは，病院が「メディカル・ツーリズム」を呼込もうと熱心だったこと

です。高額の治療費を払う他国の患者を呼込もうとしたのです。問題は，患者すべてによい治療をするに必要なベッドと医療スタッフのキャパが，その部門には不十分なことです。もう一つは，全体的にベッドの需要が低い成人部門に何人か子供を移すという経営判断でした。

　個人と公共の福祉の間の対立のほとんどは，すべての需要に応えられるだけのキャパが十分にないリソースが制約になって発生します。でも，公営の医療機関すべての究極の制約は予算です。実際，どの非営利団体も，究極の制約は予算なのです。予算が十分でないと，全体の要になるリソースの中には，キャパに制限されるものがいくつか出てきます。その中でも全体としての価値の流れを最終的に制限している一つのリソースが制約なのだから，そのパフォーマンスを最大限に活用しようというのが，制約理論（TOC）で最も重要な洞察の1つです。

（日本 TOC 協会【ブログ Vol.97】「医療における共通の対立とその深刻な結果」
https://japan-toc-association.org/blog/elischragenheim_post97_thegenericconflictin
healthcareanditssevereconsequences より一部抜粋，Eli Schragenheim 氏（原著者）
および日本 TOC 協会翻訳より転載許諾済）

　このように，対立の根底にある制約条件を分析しその制約条件を解消することでボトルネックを無くすことができますので，ボトルネックの本質を検討することが重要となります。

【注】
1. ISO9000 規格
　　ISO9000 シリーズを支持する規格として，JIS9023，9024，9025 が登場しています。これらは，ISO9000 のマネジメント・システムのパフォーマンス改善を支援する規格として定められています。
2. TOC（Theory of Constraints）理論
　　TOC 理論とは，イスラエルの物理学者であるエリヤフ・ゴールドラット（Eliyahu Moshe Goldratt）博士が開発したマネジメント理論で，自然科学で幅広く活用される「原因と結果（因果関係）」というコンセプトを，人が絡む組織の問題に適用し，自然科学における「理論」と同じレベルの再現性のある科学を，社会科学の領域に持ち込んだことが特徴となっています。日本では，2001 年に出版された『ザ・ゴール』（ダイヤモンド社）で有名となりました。

5

サービスにおける人の役割

　本章では，サービス・マネジメントにおいて重要となる「人」に
焦点を当て，真実の瞬間のアセスメントや人の対応力について説明
します。サービス提供における限られた時間での対応能力を向上さ
せるためには，各人がその専門領域で熟達する必要があります。熟
達の10年ルールや，熟達するための経験学習サイクル，正統的周
辺参加について説明し，その中で限界的練習や心的イメージの重要
性について解説します。

5-1

真実の瞬間

　「真実の瞬間（moments of truth）」という言葉は，スカンジナビア航空の
CEOであった Jan Carlzon が1985年に発表した著書の中で使用したもので
す。もともとは，闘牛士が闘牛をしとめる瞬間を意味する言葉ですが，それ
が転じて，客室乗務員がお客様に接するわずかな瞬間が，飛行機登場から着
陸までのサービス全体評価を規定することを意味する言葉として使われるよ
うになりました。

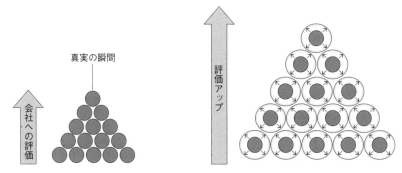

図 5-1　真実の瞬間の対応力向上で評価アップ

出所：中沢（2010），107頁

　Carlzon（1985）によると，年間平均で 15 秒/1 回・人，5 人で年間 5000
万回の真実の瞬間がスカンジナビア航空でのサービスの成功を左右すると主
張しています（邦訳 5 頁）。彼は，「航空機やメンテナンス施設，営業所，業
務システムなどの集積が，スカンジナビア航空そのものだと考えてきた。し
かし，旅客についての感想を求めた場合，果たして顧客は航空機とか営業所
の建物，あるいは資本運営のことなどについて語るだろうか。旅客はきっ
と，スカンジナビア航空の従業員が自分たちにどのように接したかという点
を取り上げるはずだ。スカンジナビア航空を形成しているのは，旅客機とか
の有形資産ではない。もっと重要なのは，旅客に直接接する最前線の従業員
が提供するサービスの質である。」（邦訳 5 頁）と，述べています。これを，
概念的に表すと図 5-1 のようになります。

　真実の瞬間の考え方は，医療組織のサービス・マネジメントを考えるうえ
でも重要な考え方となります。医療サービスを提供する医療機関は，従業員
の技能を磨き，モチベーションを高める努力を日々実践しなければなりませ
ん。病院の医療サービスの質は，医療サービスを提供する従業員と利用者で
ある患者の相互作用によって認知されるものです。Carlzon（1985）による
と，「人はだれも自分が必要とされていることを知り，感じなければならな
い。人はだれも一人の人間として扱われたいと望んでいる。責任を負う自由
を与えれば，人は内に秘めている能力を発揮する。情報をもたない者は責任

を負うことができないが，情報を与えられれば責任を負わざるを得ない」（邦訳2頁）と述べています。ここには医療サービス組織における内部サービスの循環を考えていく際に，大切なヒントが隠されていると考えられます。

　このように真実の瞬間の対応力を向上させるには，スタッフが自分で考え動く体制が不可欠となります。何故なら，サービスを考えた時，生産と消費が同時に起こるのがサービスの特性なので，医療関係者と患者の間で真実の瞬間の対応力が，全体のサービス品質を規定する要素になるからです。それでは，真実の瞬間での対応の質を高めるにはどのようにすれば良いのでしょうか。医療機関を例に取ると，看護師が看護を提供することと，患者が看護を受ける（体験する）ことは同時に発生します。そのため，あらかじめ提供される看護サービスの品質を点検することができません。たとえ，新人看護師が演習室で訓練を受けたとしても，患者のベッドサイドに立って実施される看護サービスの質を必ずしも保証することにはならないのです。看護サービスの熟練には数多くの臨床経験が必要となり，未熟な者にどのような経験をしてもらうかも管理者は考慮しなければなりません。看護サービスの生産と消費の同時性は，品質管理がいかにすぐれていても，実施される看護サービスを必ずしも反映しているとは限らないということであり，このことはサービスの特性が持つ永遠の課題ともいえます。

5-2

スカンジナビア航空の再建

　それではCarlzonは，どのような方法でスカンジナビア航空を再建したのでしょうか。医療機関においても，経営という視点で参考になると考えられますので，スカンジナビア航空の再建について見ていきましょう。スカンジナビア航空（以下，SASと称す）は，デンマーク，ノルウェー，スウェーデン北欧3国の民間と政府が共同運営する航空会社です。SASは，1945年

の第二次世界大戦終結から 1974 年の第一次オイルショック迄の 30 年間，競合企業無しに安定した経営環境の中で運営されてきました。しかし，オイルショックを契機として旅客・貨物の市場が沈滞し，SAS は 2000 万ドルの赤字を出す寸前でした。当時の経営陣は，旅客数を増やすのではなく SAS すべての部門の業務コストを一律に削減する，チーズ・スライサーと呼ばれるコスト削減方針を打ち出しました。しかし，この方針は顧客にとって大して必要のないサービスを残す一方で，顧客がお金を払ってでも求めているサービスを廃止する結果となったのです。そのため，コスト削減は競争力の低下を招きスタッフ部門のモチベーションは減退し，SAS 社内のだれも責任を持ってコスト管理を行わなくなってしまいました。

　この時，CEO に就任した Jan Carlzon が取った方針はそれまでとまったく逆で，市場最高のサービスを提供して沈滞ぎみの市場占有率を高め，収支を黒字に持っていくものでした。最初に，普通運賃を支払ってくれる安定した客層であるビジネスパーソンをターゲットとして，頻繁に旅行するビジネスパーソンにとって世界最高の航空会社という評判を得るために，エコノミークラス普通運賃でサービスを改善した「ユーロクラス」を設けました。当時は，ファーストクラスやエコノミークラスにおいて，割引運賃を利用した顧客が多かったのですが，ビジネス利用客にはユーロクラスの充実したサービスを広く宣伝することでエコノミークラス普通運賃を，ビジネス以外のツーリストクラス客には割引運賃となるように，サービスの充実度による住み分けを行いました。

　ユーロクラスとほかのクラスとのサービスの違いを際立たせるために，機内に移動式仕切りを設置して座席を分離し，ターミナルには電話とテレックスを備えたユーロクラス専用ラウンジを新設しました。チェック・インの時間も，通常ツーリストクラスで 10 分かかるところを，ユーロクラスの場合 6 分以内に短縮し，ビジネス旅行者が最後に搭乗し，最初に降機できるようにしました。ミールサービスなども優先的で，飲み物と新聞，雑誌は無料で提供されました。

　その結果，市場は依然停滞していたにもかかわらず，3 年間で普通運賃利用客を 23%，割引運賃乗客を 7% 増やす結果となりました。そして，初年度

実績が 8000 万ドルの黒字となり，『フォーチュン』誌が SAS をビジネス旅行者にとって世界最高の航空会社と格づけし，「エア・トランスポート・ワールド誌」は SAS を 1983 年度年間最優秀航空会社に指名したのです。このようにして，士気と市場占有率の低下，大幅赤字などの問題を抱えていた SAS を，公約通りビジネス旅行者にとって世界最高の航空会社としてよみがえらせることができたのです。

　医療サービスにおいても，患者が望む医療サービスに対しては積極的に投資を行い，患者が望まない医療サービスに対しては削減する，メリハリのあるマネジメントが必要であり，かつ，現場で働くスタッフの士気を高め真実の瞬間の対応力を向上させることが重要となります。

5-3

真実の瞬間のアセスメント

　真実の瞬間の対応力を向上させるには，具体的にどのようにすればよいのでしょうか。Albrecht & Zemke（2002）は，真実の瞬間の対応力を科学的にとらえるためにインパクト・アセスメントである「MOTIA（Moment of Truth Impact Assessment）」と呼ばれる概念を提唱しています（邦訳 183頁）。MOTIA は，特定の顧客サービスを顧客の視点からとらえ，顧客のサービス経験の中で最も重要な真実の瞬間を特定し，それを要素に分解するという方法を取ります。サービスは，反復継続するプロセスであるため，サービスを 1 つのサービス・サイクルとして個別にとらえ，基本的にサービス・サイクル全体が 1 つの出来事としてとらえられることが特徴となっています。

　現在は携帯電話が主流なので，事例が少し古いかもしれませんがAlbrecht & Zemke（2002）の中で，固定電話の修理に関するサービス・サイクルの定性的分析を紹介し（邦訳 185 頁），医療組織のサービス・マネジメントにおける真実の瞬間のアセスメントを考えるうえで，この事例を詳細

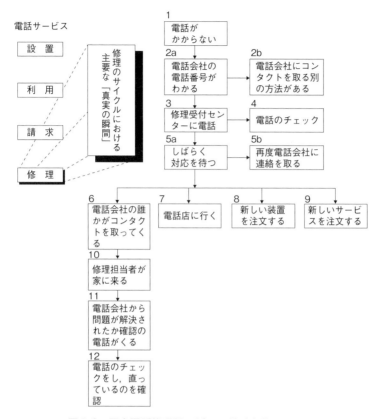

図 5-2　固定電話修理サービス・サイクルのフロー

出所：Albrecht & Zemke（2002），邦訳 186 頁

に見ていきましょう。図 5-2 は固定電話修理のサービス・サイクルのフロー
を示します。ここでは，顧客インタビューや観察，顧客からの苦情などの定
性データを基にして，全部で 14 個の真実の瞬間が抽出されています。この
サービス・サイクルにおいて特定された真実の瞬間を，3 つの主なカテゴ
リーに分類しています。

① 標準的な期待（普通の経験）：特定の真実の瞬間について，顧客が最
低限有している期待があります。その内容は，顧客が当然受け取るも
のと考えている行動から，特定の出来事に対して持つ印象まで様々な
ものがあります。

② 期待低下要因（悪い経験）：特定の真実の瞬間について，顧客に幻滅や困惑を感じさせるような経験を指します。何らかの行動の場合もあれば，行動しなかったことである場合もあります。また，その時偶然にあった物や出来事であることもあります。

③ 期待向上要因（よい経験）：特定の真実の瞬間について，顧客の目から見て特に良いと感じられるような経験を指します。

図5-3は図5-2の3番にある「修理受付センターに電話」という真実の瞬間を示し，3つのカテゴリーに分けたものを表しています。それぞれのカテゴリーの表現は，具体的で印象的なものになっています。例えば，悪い経験の欄に「ミランダ・カードを突き付けられたようだった」という表現があり

修理受付にコンタクトを取る		
悪い経験	普通の経験	よい経験
・オペレーターの言っていることがわからない ・2度以上電話をかけなければならない ・いかにも電話してくるなという印象の録音メッセージを聞かされる ・待たされている間ずっと無言で，つながっているかどうかもわからない ・オペレーターの口振りが，いかにも決まった文章を決まりどおりに読んでいるよう ・オペレーターにせかされる ・ミランダ・カード*を突きつけられたようだった ・電話店に持って行ってテストしてもらうよう言われた ・オフィスに行っても入れてもらえず，だれとも話をさせてもらえなかった	・1度だけ電話をする ・その電話は市内通話である ・対応は適切である ・オペレーターの話は明瞭である ・話し中でつながらないということがない ・オペレーターは適切な時間内に適切に回答してくれる ・オペレーターは機械ではなく，人である ・オペレーターは快活である ・オペレーターは問題をよく聞き，それについて理解を示してくれる ・オペレーターは有能で，顧客の役に立とうという気持ちがあり，理解力がある ・オペレーターは問題に対して，しかるべき時間で対応することを約束してくれる	・オペレーターは快適な調子で話をする ・オペレーターは緊急性の高い問題として対応してくれる ・オペレーターは問題をすでに事前に知っていたかのようによく理解し，どうすればよいかもよくわかっている ・オペレーターは誠実に謝罪してくれる ・オペレーターは，病気など，急いで修理をしなければならない用件がないかどうかを尋ねてくれる ・オペレーターは，顧客の地域がよくわかっていると感じさせるようなコメントをしてくれる ・オペレーターは，顧客の都合に合わせて作業が行われるよう取りはからってくれる

*ミランダ・カードとは，逮捕時に憲法上の権利を被疑者に告知するために読み上げられるもの

図5-3　評価に影響する真実の瞬間の例

出所：Albrecht & Zemke（2002），邦訳188頁

ます。このコメントは，顧客の義務について知らせる際の対応が，逮捕時に憲法上の権利を告知するためにミランダ・カードを被疑者に読み上げられる時のように，非常に機械的で義務的な印象を与えるものだったことを表しています。悪い経験の欄は，真実の瞬間の対応力を向上させるために顧客に接する人々が身に付けるべき，あるいは避けるべき，と期待されている行動の代表的なポイントです。

5-4

顧客接点の管理

　医療の現場において，真実の瞬間のような顧客接点をどのように管理するのが良いのでしょうか。答えは1つではないと思いますが，マネジメントの視点で重要なものを挙げるとすれば，①パフォーマンスの測定・指導・フィードバック，②適材適所の配置，③サービス視角の文化構築，などが考えられます。以下，この3つについて説明していきましょう。

① パフォーマンスの測定・指導・フィードバック
　米国ピッツバーグにある人材開発のコンサルタント会社であるDDI（Development Dimensions International）社の調査によると，マネジャーのフィードバックや指導に関するスキルは著しく欠如している，と指摘しています。1149人を対象に行った5段階評価の調査において，フィードバックや指導に対する総合スコアは，3.5であり，パフォーマンス評価の有効性については，同じ調査で2.9でした。この値は警告レベルにあると警鐘を鳴らしています。顧客から寄せられるフィードバック情報の中で，顧客が何を評価しているかわからなければ，換言すると，顧客維持を確実に行ううえで重視されるべきパフォーマンスが何かを知らなければ，サービス提供者にどのような活動に重点を置けば良いのかがわかりません。サービス品質の定量的評価やMOTIAインパクト・アセスメントなどの定性的評価を定期的

に行うことで，サービス・パフォーマンスとはどのような行動を指すのかを，顧客の目線から設定することが可能となります。適切に設定されたパフォーマンスに対して，指導・フィードバックを定期的に行えば，組織には一体感が生まれ，人々は積極的にサービス志向の状況に適応していこうとするようになります。また，現場スタッフは，何が良くて何が悪いのかをしっかり理解できるようになります。マネジメント層においても全体として何が起こっているのかについて明確なイメージを描けるようになり，サービス戦略がどの程度上手く機能しているかについて，定量・定性両面からの評価を参考にしながら判断することができるようになります。

② 適材適所の配置

医療を，サービスとして見るか，専門家集団として見るかで，採用する人材の仕様が変わってきます。ここでは，医療に求められる専門知識や技能はすでに備わっているものとして，サービス提供の仕事を十分に行い得る人材とは，どのような人材を指すのかを見ていきましょう。Albrecht & Zemke（2002，邦訳230頁）によれば，まず第1に，サービスを提供する者には，社会人としての完成度と自尊心が求められます。暗かったり落ち込んだりと，自分の生活や境遇に怒りを感じている人が，顧客に対して真摯に，誠心誠意努力するとは考えにくいとしています。第2に，高度な社会的スキルが求められます。サービス提供に関わる者は，自分の考えを述べることができ，社会的なやりとりの基本的なルールを理解し，顧客との関係を構築し，維持していくうえで必要なことを適切に述べたり行ったりできなければならないとしています。第3に，繰り返されるコンタクトに耐えられる力が求められます。つまり，サービス提供の仕事には顧客との単発的な相互作用が何度となく繰り返されることが多いのですが，それでも心理的に参ったり，ストレスを過剰に感じたりすることがないようでなければならない，としています。この3つの要件に加えて，サービス提供者の仕事は，心理学者がいうところの「情緒的労働」に当たると考える必要があります。情緒的労働において，自己も活動のための道具と

されます。サービス提供者は，その状況に自らの感情を積極的に織り込んでいくことを求められるのです。誰に対しても誠心誠意取り組んだり，次から次へとやって来る顧客と「1分間だけ友人」のように振る舞ったり，ということは普通のことではありませんが，それでも，それがサービス提供者に求められるのです。このようなサービス供給者としての適正は，測定が困難なので，採用面接においてロール・プレイングを行い候補者のスクリーニングをしたり，ファーストフード・チェーンでアルバイトをした経験があるかどうかを「リトマス試験紙」として，心理的な耐性や高いプレッシャーの中で働く能力を評価することが行われています。

③　サービス視角の文化構築

第2章でNormann（1991）が示した，サービス・マネジメント・システムの概念枠組みの中でも，文化はその中心にあります。共有された価値観，規範，信念，イデオロギーといったものが，サービスを中心としたものに収斂されていなければ，品質の高いサービスを一貫して提供し，優れたサービスについての評判を得ることは困難となります。真実の瞬間におけるサービスを明確にすることも，無駄のないフィードバック・システムを構築することも，優れたデリバリー・システムを構築することも，もちろん大切です。しかし，何より顧客ニーズに注目することを支持し，評価する文化がなければ，どのようなサービスであっても長続きはしないでしょう。顧客満足は，全員の仕事であることを認識することが重要となります。このような文化が一旦構築できれば，共有された信念によりコミュニケーションを効率化し，共有された価値観により協力やコミットメントを高いレベルまで向上させることができます。しかし，文化は共有された信念や価値観が，外部環境の変化に伴って，現場スタッフや顧客ニーズと合わなくなってきた場合には重荷となることもあります。このように，文化を構築する場合，両面を考えなければならないのです。

5-5

真実の瞬間とおもてなし

　医療現場における真実の瞬間の対応力を高めるためには，おもてなしのような高コンテクスト・サービスを参考とし，それがどのような構造になっているかを概念的に理解し押さえておく必要があります。原ほか（2014）は，社会学者の Goffman（1966）を引用し，行為が目的的行動であるとした場合に，目的を達成するための行為としての性格だけではなく，その行為の様式が行為とは別に問題になることを指摘しています。つまり，高コンテクスト・サービス自体を概念的にとらえるには，行為の連鎖であるサービス設計部分と様式に当たるサービス表現部分に分けるというものです。第1章で医療・介護サービスを定義しましたが，サービスにおける活動は行為と様式に分かれ，サービス設計とサービス表現部分に対応していると理解すれば Goffman（1966）の分類も理解しやすいでしょう。それでは，もう少し具体的にどのようなことを指すのか考えてみましょう。

　例えば，異性に対して愛情を告白する場面での行動について考えてみましょう。明確に言語化して「愛しています」という，もしくは，何もいわずにじっと目を見つめる，などが考えられます。求愛行動として見た場合，行為（アクション）の水準は両求愛行動なので同じと見ることができます。しかし，その表現（エクスプレッション）のレベルでは言葉にするのと見つめるのとではまったく異なったものとなります。このように，サービス活動は行為や表現の次元を持っていることに注意する必要があります。求愛行動による成否は，どのような表現を使ったかで大きく異なり，それは文脈に依存してどのような場面であったのかで変わってくるのです。このように考えると，おもてなしと同様に真実の瞬間で成されるサービスは，そのサービスが提供する機能のレベルと表現レベルの2つで考えなければならないことになります。SAS で出される機内食において，食事の提供というサービスは，

どの航空会社においても機能は同じであったとしても，提供の様式である表現の仕方が異なると別のサービスになってしまうことを理解する必要があります。

　この2側面は，明確に分けることができない場合も存在します。例えば，宿泊施設の外観はサービスの機能設計には関係ないといえるはずですが，実際には顧客満足に与える影響は少なくありません。立派な建物に泊まっているという感覚を与えること自体がサービスの機能に含まれていると考えることもできるし，外観と接客サービスとは関係ないともいえます。しかし，特殊な形状の宿泊施設，例えばコンドミニアムやバンガローでの宿泊を，宿泊体験自体がサービスの一部を構成していると考えれば，建物の外観はサービス表現に含めて考えても良いでしょう。また，料亭を考えて見ても，いかに高級料亭の雰囲気があり，丁重なもてなしがあったとしても料理がまずければそのサービスは高度なサービスとはいえないのです。

　このように，医療のような高コンテクスト・サービスは提供されるサービスの機能のみならず表現を加味して考える必要がありますが，医療の文脈における真実の瞬間でどのように表現すれば良いかは難しい問題でしょう。どれほど良質なサービス機能が提供されても，その提供現場でのサービス表現が稚拙であれば高度なサービスとは評価されず，他方でサービス機能設計に比べてサービス表現の手直しは追加投資コストが大きくないことが通常であるために，高度なサービスへの近道としてサービス表現の訓練を行う必要がありますが，提供されるサービスに対して過剰な表現をとられることは時に逆効果になりかねないことも認識しておく必要があります。

5-6

サービス表現と人の熟達

　真実の瞬間でのサービス表現は，人間の熟達とも大きくかかわっています。熟考している時間が与えられない状況の下で，わずか15秒の間に適切

なサービス表現をしないといけない場面は，例えば，熟達した将棋名人である羽生さんや藤井さんが，多数の小学生相手に早指しの勝負を行い勝利する状況と同じと見ることができます。人間の熟達は，どのようにすれば獲得することができ，真実の瞬間での適切なサービス表現ができるようになるのでしょうか。この点，認知科学の領域では，チェス，バイオリン，テニス，などの超一流の選手がどのようなトレーニングを積んで超一流レベルに到達できたかについて研究されていますので紹介しましょう。

　Ericsson & Pool（2015）によれば，超一流のレベルの熟達者に到達するには，正しい訓練を十分な期間にわたって継続することに尽きると主張されています。多くの人は，生まれ持った「才能」があるから熟達者に到達できるのだと考えるかも知れませんが，Ericsson らはこの才能はあらゆる人に生まれつき備わっていて，適切な方法によって引き出せるものであると結論しています（邦訳 11 頁）。それでは，熟達者とはどのように定義されているのでしょうか。Sarasvathy（2008）は，熟達者を「ある固有の領域における，何年かの経験の結果良く考えられた実践（Deliberate Practice）を通じて，高いレベルの成果に達した人」（邦訳 15 頁）と定義しています。医療現場においては，それぞれの領域の専門家がおられますが，熟達とは領域固有性を持っているということです。これは，専門領域のエキスパートの知識や技能を指し，羽生さんや藤井さんは将棋という専門領域の熟達者であって，チェスの熟達者では無いということを意味しています。次に，良く考えられた実践とは，どのようなことを指すのでしょうか。Deliberate Practice は「限界的練習」と翻訳されており，限界を少し超える負荷を自身にかけ続けることを意味しています。通常の練習と限界的練習とはどこが違うのでしょうか。

　一言でいえば，目的があるか無いかということでしょう。週末友達とゴルフを楽しむ，ピアノで「エリーゼのために」を弾ける程度に練習し，許容可能なレベルに到達する場合は通常の練習と呼んでいます。これに対して，限界的練習は，はっきりと定義された具体的目標があります。ゴルフの例ですとハンディキャップをあと 5 つ減らすためには具体的にどのようにする必要があるのかを考えます。目標の 1 つは，ドライバーのフェアウェイキープ率を上げることでしょう。そのためには，コーチを付けてスイング軌道を

チェックしてもらう……。こんな具合に続けていくことです。重要な点は，「うまくなりたい」といった漠然とした目標を，改善できそうな現実的期待を持って努力できそうな具体的目標に変換することなのです。そのほかにも，限界的練習時には練習に集中すること，フィードバックによる修正，自身の居心地の良い領域から飛び出すことなどが挙げられています。

　しかし，Ericsson & Pool（2015）は熟達者に到達するためには限界的練習だけでは不十分であることも指摘しています。この不足分を補うために「心的イメージ（mental representation）」という概念が提唱されています（邦訳87頁）。チェスのグランドマスターたちがどのようにして高い精度で駒の位置を記憶しているのか，解明する研究が始まったのは1970年代初頭でした。チェスのグランドマスターは，試合途中のチェス盤をほんの数秒見せると，ほとんどの駒の位置を正確に記憶し，最も重要なエリアについてはほぼ完璧に再現できるという事実は，当時からすでに知られていました。対照的に，チェスを始めたばかりの人はごくわずかな駒の位置しか覚えることができず，盤上の駒の配置を再現することなどおよそ不可能でした。このグランドマスターと初心者との違いを説明するに当たり，心的イメージという概念が使われました。グランドマスターには個別の駒が盤上のどこにあるかを記憶できる驚異的な記憶力があるわけではなく，彼らの記憶は通常試合中に現れるパターンしか記憶できず，その文脈に依存したもので意味あるパターンを認識し記憶する日頃の練習方法にあります。つまり，棋譜を勉強し，駒の配置を徹底的に分析し，次の手を予測し予測が間違っていたら再び戻って何処を見誤ったかを考えます。このような，分析に膨大な時間を費やした時間の長さが重要であると考えられています。このような，意味あるパターンは，チャンク（情報の塊）と呼ばれ，このチャンクが約5万個長期記憶の中に保持される迄に，少なくとも10年かかることが明らかにされ10年ルール（10-year rule）と呼ばれています。心的イメージとは，意味あるパターン群の記憶であり，その結果，盤上の駒を瞬時に把握し勝利することができるのです。チェスのグランドマスターと同様に医療の領域においても，限界的練習により心的イメージを獲得するトレーニングを10年間続けることで，専門領域固有のエキスパートに到達することができ，真実の瞬間において適

切なサービス表現ができるようになると考えられます。

5-7

医療専門職の熟達プロセス

　熟達プロセス研究において，Dreyfus（1983）は，初心者が熟達者になるまでのプロセスを5段階に分けて，人は，初心者（novice），上級ビギナー（advanced beginner），一人前（competent），中堅（proficient），熟達者（expert）の5つの段階を経て成長するとしています[1]。図5-4にそのステップの詳細を示します。

　松尾（2018）は，Dreyfusの5段階モデルを基に医療専門職における熟達プロセスを次のように説明しています。「たとえば，看護師，救急救命医，病院事務職の研究では，1〜5年目を初期，6〜10年目を中期，11年目以降を後期とし，保健師，薬剤師，診療放射線技師，救急救命士の研究では，1〜10年を初期，11年目以降を後期として，それぞれの期間における経験学習を検討している」（3頁）。このことは，一般的に学校を卒業し，組織に入ってから5年以内に，とりあえず一人前となり，その後，中堅に成長した後，11年目以降に熟達者へと進むことを表しています。つまり，医療専門

			認知的能力			
			個別要素の把握	顕著な特徴の把握	全体状況の把握	意思決定
最低10年	熟達の段階	1. 初心者	状況を無視	なし	分析的	合理的
		2. 上級ビギナー	状況的	なし	分析的	合理的
		3. 一人前	状況的	意識的選択	分析的	合理的
		4. 上級者	状況的	経験に基づく	全体的	合理的
		5. 熟達者	状況的	経験に基づく	全体的	直観的

図 5-4　熟達の5段階モデル

出所：松尾（2006），41頁／出典：Dreyfus（1983）を筆者修正

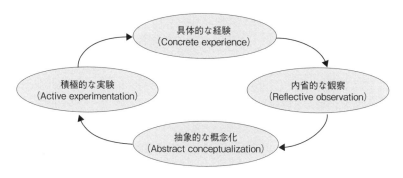

図5-5　経験学習サイクル

出所：松尾（2006），63頁／出典：Kolb（1984）

職においては職務によりそのプロセスは若干異なるものの，熟達者と呼ばれるレベルに到達するには，10年かかるということを意味しています。

　次に，熟達者となるために経験からいかに学んでいるかをモデル化したものが，図5-5に示すKolb（1984）の経験学習サイクルです。

　このモデルによれば，人は①経験をして，②その経験を振り返り，③何らかの教訓を引き出して，④次の状況に応用することで学習のサイクルを回していくことになります。熟達するには，このような学習サイクルを回す中で，前述の限界的練習や心的イメージを上手く取り入れることが重要となります。

5-8

正統的周辺参加と知識・技能の習得

　サービス活動を行為と様式としてとらえ，経験学習サイクルを回すことで熟達者に到達しサービスとして適切に表現する方法を説明してきましたが，同時にサービスとして適切な行為を提供するにはどのような方法があるのかを考える必要があります。認知科学の領域では，「AはBである」のように言語化しやすい「事実としての知識」を知識と呼び，技能のように言語化し

にくい「やり方に関する知識」を技能（スキル）と呼び，前者を「宣言的知識」，後者を「手続的知識」と区別してとらえてきました。この点，Lave & Wenger（1991）は，知識・技能の習得に対する学習方法は状況に埋め込まれた学習であるとして，正統的周辺参加（Legitimate Peripheral Participation：以下 LPP）の概念を提唱しています。この LPP は，ある状況において正統的に（＝正しく）周辺参加（＝見習い）することを示しており，新人である学習者が否応なく実践者の共同体の中に参加し，知識や技能を習得するために共同体の社会文化的実践において十全参加（full participation）へと移行することを意味しています（邦訳 1 頁）。LPP は，親方が弟子に一子相伝の知識や自身が持っている卓越した技能をどのように伝え残すかという，徒弟制の研究から生まれた概念です。

　医療に関連する徒弟制の例としては，メキシコのユカタン地方のマヤ族の産婆たちが，何年もかけて産婆術について周辺参加から十全参加へと移行する過程を詳細に記述し，熟練者である親方の役割は，我々の想像に反して，教えることは熟練者になる産婆のアイデンティティにも学習にも，なんら中心的役割を果たしていないと記述しています（邦訳 46 頁）。ここでの徒弟制は，日常生活の流れの中で生じ，そこには教える努力といえるものはまったく見られません。将来産婆になるマヤ族の少女はたいてい母親か祖母がやはり産婆であり，産婆術は家族の系譜に沿って伝承されるからです。少女は，産婆の徒弟だとは認められずに単なる成長過程の中で，産婆術の実践のエッセンスを多くの手続的知識として吸収していきます。少女は，産婆の生活がどのようなものかを知り（例えば，産婆は日中であろうと夜中であろうとあらゆる時間に出かけて行かなければならなくなること），産婆に相談者がどのような話をするのか，どんな種類の薬草やほかの治療薬を集めてこないといけないか，というようなことを知るのです。やがて，彼女自身が子供を産んだ後，彼女は出産に立ち会い出産前のマッサージを施し，自分の出産の時にほかの女性たちがしてくれたことを，今度は自分がその分娩中の女性にしてあげることになります。どこかの時点で，自分がこの産婆という仕事を実際にしたいと決意するかもしれませんが，彼女の指導者である母親や祖母は，彼女自身のために役に立っていると考えています（彼女は，もうマッ

サージの仕方を知っているから忙しい時には彼女を行かせよう，と考えています）。時間が経過するにつれ，徒弟は一層多くの仕事を代行し，退屈で簡単な仕事から有意義で複雑な胎盤娩出まで到達するという流れです。これが，LPP から十全参加へと移行する全体像となります。

　医療現場においても，外科手術に代表される高度な専門知識や技能を必要とする複雑な場面が数多くあると考えられますが，これらの習得には正しく・見習う LPP から始まり，自らが十全参加することで技能習得が成されることが必要となります。

【注】

1. 熟達プロセス研究

Dreyfus & Dreyfus（1986）では，技能獲得の 5 段階について，ビギナー，中級者，上級者，プロ，エキスパートに分類して説明しています。このようなエキスパートの能力は，人工知能には代替できないとする立場を取る哲学者 Dreyfus と，一方，代替できるとする人工知能研究者である Simon との間で大きな論争を巻き起こした結果，Simon らが開発した人工知能がチェス世界チャンピオンに勝利したことで，今日の人工知能の原型（プロトタイプ）であるエキスパート・システムの開発に繋がっていった経緯があります。

6

働く人の動機

　繰り返しになりますが，サービス・マネジメントの重要な要素は
人です。サービスを提供する組織の成員である各個人を見ていくこ
とが大事なのです。何故ならば，サービス提供の大部分が人によっ
て行われているからです。医療・介護は労働集約型の事業ですか
ら，人（主に医療専門職）が中心になって活動することで治療やケ
アが行われます。つまり，医療・介護のサービス生産が人に依存し
ているのです。サービスの品質は結果と過程で決まりますが，その
両方で人（従業員）の活動に大きく影響されるのです。

6-1

サービス・マネジメントにおける人的資源

　サービス産業である医療・介護は顧客（患者や家族）に満足してもらわな
ければいけません。つまり，顧客満足がサービス産業のアウトプットであ
り，顧客によって価値あるサービスを従業員の持てる能力と組織（病院・ケ
ア施設）の能力（設備や機器など）のすべてを使って顧客満足を高める必要
があるのです。従業員の持てる力を引き出すには，従業員にやる気になって

図 6-1 ミクロの循環

出所：Norman（1991），邦訳279頁より

　もらうことが大切です。従業員の動機付けの強さと顧客満足が因果関係にあり，双方が影響を与えあっているといわれています[1]。ノーマン（Normann, 1991）は，顧客とサービス提供者との間に相互作用があるととらえて，それを「ミクロの循環」（図6-1）と呼んでいます。サービスは生産と消費が同時に行われますが，サービス提供の際，そのサービスを提供する企業と顧客の接点となる場のことを「サービス・エンカウンター」といいます。そのサービス・エンカウンターにおいて顧客と従業員の双方に高揚する気分が感じられれば，その従業員の働きかけによって顧客が気分の良い体験と感じ（顧客満足），その結果，顧客はそのサービスを高品位のサービスと評価します。また，その評価が従業員にフィードバックされ従業員満足を生むことになります。

　ヘスケット（Heskett et al., 1994）は，サービス企業が売り上げや収益の向上，企業の成長などの成果を上げるための関連する要素を明らかにした「サービス・プロフィット・チェーン」を提示しましたが，その中で従業員満足に関係する部分を取り上げたのが図6-2で，内部サービス品質の向上が従業員の満足度を高め，それにより生産性向上や離職率低減に寄与し，その結果，顧客サービス品質が向上することを示します。サービスの品質が良ければ従業員が満足します。そうすると，生産性の向上や従業員の離職が減

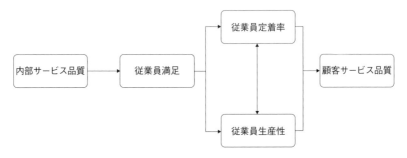

図6-2　サービス・プロフィット・チェーン（一部再掲）
出所：J. L. ヘスケット他「サービス・プロフィット・チェーンの実践法」
『DIAMONDハーバード・ビジネス』1994年6-7月号より

り，その結果，顧客サービスの品質が高められることを示しています。ここ
で，内部サービス品質とは，従業員を支援するサービスの品質のことで，こ
の品質が高いと従業員が満足して業務に対してのモチベーションが上がるの
です。

　一方で，職務満足の向上と成果（顧客満足）の関係には，「人のタイプ」
の影響を指摘する研究もあります。自尊心や達成動機が無ければ，職務満足
によりさらに成果を高める行動に「繋がらない」との主張です（Jacobs &
Solomon, 1977）。

　職務満足を内在的職務満足と外在的職務満足に2分類すると，前者は仕事
に対しての満足の原因を，仕事を通じて職員の心の内側から湧き出てくるよ
うな充実感（仕事そのものが面白い，周りからの承認，達成感など）である
とし，後者は職務満足を職場の環境側（賃金，労働条件，人間関係など）を
原因とするのです。実は，このような2分類は古典的研究でも主張されてい
ます。ハーズバーグ（Herzberg, 1966）が提唱した動機づけ・衛生理論で
す。このように職務満足や従業員満足を理解するには，モチベーション理論
を学ぶ必要があります。また，顧客満足という成果を高めるためにもその1
つの要因となる従業員満足を見ていく必要があります。したがって，従業員
の満足を高める様々な代表的なモチベーション理論を見ていきましょう。

モチベーション理論

　モチベーション理論とは，経営学の分野ではモチベーションを管理する理論とされています。それはテイラー（F. Taylor）の科学的管理法[2]という，いかに労働者に効率よく働いてもらい生産力を上げるかという経営管理や労務管理を源流とするからです。モチベーション理論には内容説と過程説があります。内容説とは，人は何によって動機づけられるか，要因は何かを説明する理論です。他方の過程説は，人が動機づけられるプロセスを説明し，動機づけ要因がどのように実際の行動にいたるかを明らかにする理論です。これらのモチベーション理論を順に見ていきましょう。

6-2-1　内容説

　まずは，マズロー（Maslow, 1954, 1968）のモチベーション理論，欲求階層説を説明します。この理論は人を動機づける源泉が，人がアプリオリに持っている欲求にあるとしています。人は何かが満たされなく欠乏していると，それを満たそうとする欲求が活力となり動機づけられるという理論です。欲求が階層になっていて，下位欲求が満たされると順次より高次欲求を満たしたくなるという理論です。欲求は低次元のものから生理的欲求，安全欲求，社会的欲求，承認欲求，自己実現欲求となります（図6-3）。

　　1段階：生理的欲求（生命を維持したい，食事，睡眠など）
　　2段階：安全欲求（身の安全を守りたい，収入を安定したい）
　　3段階：社会的欲求（他者とかかわりたい，所属と愛の欲求，社会への帰属）
　　4段階：承認欲求（他者から認められたい，褒められたい）
　　5段階：自己実現欲求（あるべき自分になりたい）

　また，前述したハーズバーグの動機づけ・衛生理論も同様に人のアプリオリな欲求により動機づけられています。それは，2要因理論とも呼ばれま

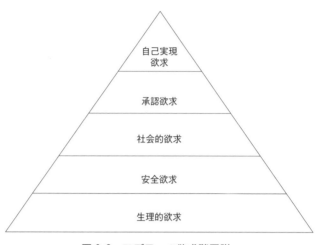

図 6-3　マズローの欲求階層説

出所：Maslow（1998）邦訳419頁

　す。マズローの欲求階層説に対し，欲求は階層的にあるのではなく，順次高次元欲求を満たそうとするものでもないとしています。動機づけ理論は，なくても不満が出るわけではないが，あればあるほどやる気が出てくるもので促進要因といわれます。例えば，承認されたり昇進したりすること，達成感や責任感などです。一方の衛生要因は，あることが当然で整備されていないと不満を感じるものです。例えば，給与や福利厚生，人間関係，仕事条件，マネジメント技術などです。

　デシ（Deci, 1975）の内発的動機づけの理論は，テイラーの科学的管理法を代表する外発的動機づけとは異なり金銭などの物質的・経済的報酬や対人的・社会的報酬（外的報酬）がなくても仕事・業務活動そのものが動機づけの原因（内的報酬）となるようなモチベーションです。つまり仕事すること自体が楽しく，やりがいがあるという感情が，自分の心の内から湧き上がってくるような状態を「内発的」というのです。デシは，内的報酬が源泉となって仕事や業務を行い，その活動を通じてコンピテンス（有能さ，能力，力量）と自己決定の感覚が得られ，それが満足感を与えてくれるというモチベーション理論として内発的動機づけ理論を提示しました。内発的動機づけ

は外発的動機づけと異なって金銭的コストがかからないので安上がりで動機づけられます。病院や介護施設のマネジャーは個々の職員に対して，コンピテンスや自己決定の感覚を感じさせるようなマネジメントを行っているでしょうか。

　内発的動機づけの要因を研究していたチクセントミハイ（Csikszent-mihalyi, 1975, 1990）は，フローという概念を提示しました。フローとは，1つの活動に深く没入しているので，他の何ものも問題とならなくなる状態，その経験それ自体が非常に楽しいので，純粋にそれをするということのために多くの時間や労力を費やすような状態で，その特徴は下記のようなものです。

① 達成できる見通しのある課題と取り組んでいる時に生じる
② 自分のしていることに集中できている
③ 明確な目標がある
④ 直接的なフィードバックがある
⑤ 意識から日々の生活の気苦労や欲求不満を取り除く，深いけれども無理のない没入状態
⑥ 自分の行為を統制している感覚をともなう
⑦ 自己についての意識は消失するが，フローの後では自己感覚はより強く現れる
⑧ 時間の経過の感覚が変わる

　フローを理解することでモチベーション理論の重要な要因を考察できるでしょう。

　マクレガー（McGregor, 1960）は，人の性質や行動に対する2つの見方を提示しました。それがX理論とY理論です。X理論は人を否定的に見ます。人は基本的に仕事が嫌いで，報酬，命令や強制，罰によってしか働かないものと見ます。そしてそのマネジメントは，伝統的な上司からの権限による強制管理のスタイルが合っているとしています。しかし，米国では20世紀の初頭に社会制度が整備され労働協約ができると，経営者が従業員を恣意的に解雇することができなくなり，相対的に経営者の権力が下がったので伝統的な強制によるマネジメントが通用しなくなってきました。むしろ高度な

技術や知識が生産活動に必要となったので，経営者が従業員に依存すること
が多くなってきました。そこでマクレガーは，伝統的な統制の方法とは異な
るマネジメントが必要と考え，人に対する見方としてY理論を示しました。
Y理論は人を肯定的に見ます。従業員は仕事を遊びや休憩と同じようにと
らえ状況によっては進んで責任を受け入れ，しかも自分で自分をコントロー
ルできて創造的な意思決定もできるものとして見るのです。したがって，従
業員の動機づけのマネジメントは，責任のある，やりがいのある仕事を与
え，自ら意思決定をさせ，組織の意思決定にも参加させることが重要である
と提言しました。医療介護業界では実際のマネジメントはどうでしょうか。
各専門職の守備範囲内では，ある程度の意思決定は現場に任せているでしょ
うが，組織の意思決定に参加させているでしょうか。医療技術は高度に専門
化・分化してきたので各専門職に依存しているのが現状です。したがって，
組織の意思決定にも医師以外の専門職にも参加させるのが好ましいでしょ
う。

6-2-2　過程説

　プロセスに着目したモチベーション理論にAdams（1965）の公平理論が
あります。公平理論は自分と他者との比較において公平であるかないかが理
論の源泉です。個人が受け取る報酬（物質的・経済的・社会的報酬）と他の
人が受け取る報酬との関係性に関心を持ちます。この理論を式で表すと下記
のようになります。

$$\frac{O}{I} \leq \frac{O}{I} \Rightarrow \frac{O}{I} \geq \frac{O}{I}$$

自分　　他者　　自分　　他者　　　I：input　O：output

　自分の報酬が左の式のように他者と比べて少ないと感じれば右の式になる
ように行動します。基本的にはインプットとアウトプットを操作しようとし
ますが，それ以外の行動もあります。それらをまとめますと，

① 自身のインプットやアウトプットを操作する
② 他者にインプットやアウトプットを変えさせるように行動する
③ 自身や他者のインプットやアウトプットの認知を変える
④ 比較対象の相手を変える

⑤　他のフィールドに移動する（離職する）
となります。インプットやアウトプットを変えるだけでは公平性を担保でき
なければ，心の中で敢えて対象を変えて自分で納得しようとします。それで
も補うことができなければ離職して不公平な状況を解消しようとします。前
述したようにアウトプットの報酬は物質的・経済的な金銭的報酬だけでなく
社会的報酬も含まれますが，インプットも学歴・能力・経験・努力など様々
な要因があります。いずれの要因を選ぶかは判断する個人の主観になり，そ
のインプットとアウトプットの比率の他者との比較の結果が動機づけになり
ます。人は不公平で不平等と感じるとモチベーションが下がるのです。

　公平理論を医療機関に当てはめてみましょう。筆者が医療機関でランダム
に実施した調査の結果，医師，看護師，臨床検査技師，臨床工学技士，リハ
ビリ（PT，OT），薬剤師などを対象に「医療専門職をグループに分けると
したら，どのように分けますか」という質問した結果，多い分類結果として
医師と看護師とそれ以外の専門職という３つの分け方が一番多かったので
す。その次に医師とそれ以外というのも多くなりました。面白いのは薬剤師
自身は，薬剤師と看護師や他の医療専門職と区別しているのですが，看護師
や他の専門職は薬剤師を同じグループであると認識していたことです。これ
を公平理論に当てはめると看護師や他の専門職から見ると薬剤師との待遇の
差（薬剤師の待遇が良いとする場合）があれば不公平と感じモチベーション
が下がることになります。

　次に，過程説において最も総合的に動機づけを説明するとされる理論がブ
ルーム（Vroom, 1964）に代表される期待理論です。期待理論は，行動に
よって得られる報酬の魅力と，その行動を起こせば仕事の成果が出るだろう
という見込み（期待：Expectation）の積によって行動へのモチベーション
の強さ（強さ：Force）が表されると提示している。すなわち，F＝（魅
力）×（期待：Expectation）と表される。魅力は，その人にとっての報酬
の魅力の度合い（誘意性：Valence）とその行動による結果が成果報酬を得
るのにどれだけ役立つか（道具のように役立つか）の見込み（道具性：
Instrumentality）で表せます。したがって「モチベーションの強さ＝報酬
の魅力×成果の見込み」を式で表すと，F＝E×I×Vとなります。複数

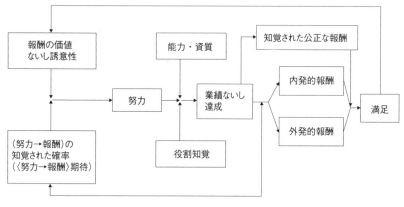

図 6-4　期待理論のポーター＝ローラー・モデル

出所：Porter & Lawler（1968）p. 165.

の結果があれば，すべてを加えて，$F = E \times \Sigma (I \times V)$ という式でモチベーションの強さが表せます。期待，道具性，誘意性の積でモチベーションの強さを説明しているので，1つでも無かったら，すなわち0であればモチベーションは無くなります。ブルームの後，ブルームの式を発展させた期待理論のモデルが作られました。ここでは，Porter & Lawler（1968）の期待理論のモデルを紹介します（図6-4）。

　このモデルは先に示したブルームの式に準じています。それに加え成果に至るまでのプロセスが詳しく描かれています。モデルの一番左側に［報酬の価値ないし誘意性］とありますが，これはブルームの式での誘意性（V）にあたります。また［知覚された確率（期待）］は，ブルームの式の期待（E）に相当します。したがってポーター＝ローラーの期待理論のモデルはブルームの式を含有していることがわかります。［報酬の価値ないし誘意性］と［知覚された確率（期待）］の要因に加えて［努力］をすれば業績に結びつき達成します［業績ないし達成］。そうすると，やりがいや達成感などの［内発的報酬］や金銭的報酬や承認［外発的報酬］を受け取り［満足］するのです。しかし，いくら［努力］しても［能力や資質］を持ち合わせていないとか，［役割知覚］すなわち自分の業務での役割を正しく認識できなければ（正しい努力する方向性を理解していなければ），無駄な努力をしてしまうこ

とになります。すなわち［業績ないし達成］には至らないのです。報酬に関しても自分の業績に対して公正な評価をされているという認識［知覚された公正な報酬］がなければ［内発的報酬］や［外発的報酬］があっても［満足］には至らないのです。この部分は前述した公平理論の視角が垣間見れます。そして，［満足］の程度によってフィードバックの後の［報酬の価値ないし誘意性］や［知覚された確率（期待）］に影響を与える度合いが変わります。以上がポーター＝ローラーの期待理論のモデルの概略です。

6-3

モチベーション理論の現場での実践

　様々なモチベーション理論がありますが，どのようにして実際の職場でそれらを応用して利用し，理論を実践に結びつけているかを見てみましょう。適切で意識的に設定された目標が人を動機づけるという理論が，Locke & Latham（1984）が提唱した目標設定理論です。あいまいな目標を設定するよりも具体的な目標を設定した方が効果的であり，測定可能な目標を立て，結果をフィードバックすることによりモチベーションを高められるとしています。また，困難な目標も一旦受け入れられれば容易な目標より成果を上げることができます。目標設定理論を用いて人を動機づけ高い成果を上げるためには4つの条件が必要です。それは，①目標が適度に難しいこと（難しすぎない），②目標があいまいでなく具体的なこと，③設定された目標が実際に活動を行う本人に受容されていること，④結果のフィードバックがあること，の4つです。

　目標設定理論を実践に役立つようにするためには，目標による管理（MBO：Management by Objective）のプログラムを導入するのが一般的です。MBO は，組織全体の目標を各部門や課の単位や個々のメンバーの目標に組織のトップから下方へ降りていくプロセスを使って個人に落とし込むようにして運用しています。病院でいえば，病院長から表明する病院の目標の

方向性を各部門長の目標に落とし込み，そのコンセプトを受け継ぎながらより下位の職員の目標に合うように設定していきます。MBOの目標は測定可能なものが設定され業績評価が容易なので人事考課に利用される傾向がありますが，元々ドラッカー（Drucker, 1954）が「目標と自己統制による管理」を提示したもので，ドラッカーは目標による管理の有用性を2つの側面から説いています。1つは，目標が従業員の貢献を共通の方向に向ける役割です。各々の従業員が動機づけられ努力した結果がバラバラの方向を向くのではなく組織の目標や戦略に沿って統合されなければならないからです。2つ目は，個々の従業員が目標設定に参加することによって従業員自身によって自己統制ができるようになるということです。ドラッカーが目指しているのは，組織が目標を達成し，組織が成長することだけではないのです。組織が従業員に目標を与えて個々が従属的に働くのではなく，組織に属する個人自身が自発的・自律的に自己の目標を設定し自分自身が成長していこうとする組織をMBOによって設計しようとしているのです。したがって，目標設定理論とMBOの異なる点は，職員自身の目標の設定の参加に関する点なのです。図6-5にMBOの一般的な流れを示します。表6-1にMBOで使われる目標管理シートの例を示します。表6-1は，病院の医療技術部の画像診断部門に属する診療放射線技師の目標管理シートの例です。

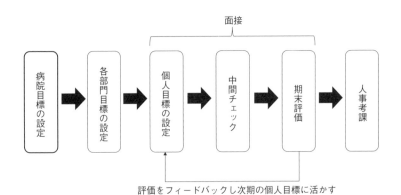

図6-5　MBOによる管理のフロー

出所：筆者作成

表6-1 MBOにおける目標管理シートの例

病院目標	地域連携の中核病院となる					
部門目標	連携する施設に当院の医療画像を提供する					
	当期目標(本人)	現状分析・達成事実(本人)	達成基準・進捗事実(上司)	期末達成事実(上司)	上司評価	評価理由
部門目標達成に向けて	インターネットを利用した画像提供サーバーを構築する。	サーバー構築は約8割完成。セキュリティが未完成。	実際は9割くらいの進捗。	ほぼ完成に至っている。	A	彼のコンピュータの知識のおかげで地域連携が進んだ。
業務目標	CT,MRIの3D画像を短時間で構成するプロトコルの開発。	画像エンジンの性能不足のために現時点では達成できていない。	機器の能力に依存している。他の方法がある筈。	技術的な解決に至っていない。	B	他の技師と協働して業務シフトで解決できる。
自己啓発目標	画像診断におけるAI技術を習得する。学会発表。	学会発表に繋げたい。AIの書物を読んでいる。	日々の業務に追われて勉強する余裕が無いようである。	勉強できていない。	C	学会発表する段階ではない。

出所:筆者作成

　目標による管理は，従業員自身による動機づけや人事考課の機能の他，人材育成や組織戦略と従業員の仕事活動の連動させる役割もあります。なお，目標による管理の問題点として，次の3点が挙げられます。まず，人事考課の視点に重点が置かれると，従業員が組織目標と関連の無い簡単な目標を設定し，短期的な効果を目指してしまいます。2つ目に，初めの目標設定と期末評価の結果さえ良ければ評価されるので，職場のコミュニケーションや連帯感が減少してしまう傾向があります。3つ目に，画一的なMBOの手法が組織の職員全員に実施されるので，病院のような様々な専門職の特質が考慮されず技術や専門性のスキル・知識への評価が適切にされないことです。これらの問題を補うために情意評価やコンピテンス評価があります。前者は，従業員の仕事への取組み方・姿勢・意欲を評価するので，コミュニケーションを取らない者や規律も守らない者，協調性がない者はマイナスの評価となります。後者のコンピテンス評価は，コンピテンスという特定の職務で高い

業績を発揮する能力で行動する専門職や技術者の評価に適しています。病院などのヘルスケア組織は様々な技術のある専門職で構成されていますのでMBOの実施においてコンピテンス評価を加えて行うことが必要だと思われます。

目標設定理論の他に360度評価も，その目的の1つである組織の人のモチベーションを上げるために実際の現場で使われるようになってきました。360度評価は人事考課のために使われるのがプライマリーな目的ですが，実際は評価をフィードバックすることで組織の成員のモチベーションを上げたり，本人の行動を変容させたりすることが目的となっていることが多いです。金井・髙橋（2004）は，360度評価を規定する6つの特徴を次のように挙げています。①日常の職務行動，職務遂行能力，コンピテンシー，スキル，期待される行動などを，②自己評価すると同時に，③上司・先輩・同僚・部下・後輩・取引先・顧客などから得た評価と自己評価とを比較することによって，④自己の強みと育成点を認識し，⑤評価結果を反映させた行動計画を作成・実施することを通じて，⑥自己啓発を促す施策です。

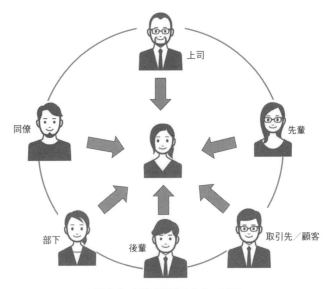

図 6-6　360 度評価イメージ図

出所：筆者作成

表 6-2　360 度評価の例

小児科専攻医　360度評価表　　　日付　　年　　月　　日

専攻医名　　　　　　　　評価者名　　　　　　　　職種

病院名

該当する欄にチェック（✓）を入れてください　（Nは評価機会がない場合，職種として評価できない場合を含む）

	A よくできる	B できる	C 少し足りない	D できない	N 評価不能
1.　小児科医としての総合的な臨床能力					
臨床手技の能力，現場での様々な配慮 重症度・緊急度の判断，適切な対応					
患者・家族とのコミュニケーション，信頼関係構築 心理社会的側面への配慮					
効果的な時間配分 社会・医療資源の精通と活用（制度，多専門職）					
2.　小児保健・育児支援の姿勢					
健康審査，予防接種活動の理解と参画 健康増進活動，療養指導，育児支援の理解と関与					
3.　子どもの代弁者としての姿勢					
患者・家族の思いを診療に反映する姿勢 患児の社会生活への配慮と支援					
4.　学識を積み，探求する姿勢					
最新の情報を常に学ぼうとする姿勢 検討会，研究会等への積極的参加，成果の発表					
5.　医師としてのプロ意識					
同僚とのコミュニケーション・チームワーク 多専門職を尊重する姿勢					
リーダーシップ 同僚・多専門職を教え，共に学ぶ姿勢					
自己の限界の認識（適切な相談） 自己のストレス・健康管理					
6.　概略評価					
総合的に判断して評価して下さい					

優れている点（自由記載）

気になる点（自由記載）

小児科専攻医とは：初期研修を修了し，小児科専攻医取得を目指している後期研修医のことです

出所：日本小児科学会 HP（https://www.jpseds.or.jp）から引用，転載許諾済

そして，最大の特徴は，複数の評価者の目を通じて，1人の対象者の特性を評価することにある（Ward et al., 1995）としています。360度評価は先述したように評価プロセスより，一般的にはフィードバックプロセスに重きを置きます。対象者本人の行動が，周囲の人にどのように伝わっているのか，どのように受け取られているのかのような点が本人に伝えられますので，周囲の多くの人の評価が自分の評価と異なれば，それを認知することにより，自分の行動・活動を修正することを狙っています。1人の上司の評価では公正でなく，客観的でない可能性があります。360度評価を行うことで，その可能性を防ぎ本人も納得することができるので，客観的で公正な評価をされているという認知によって成員個人のモチベーションが上がるのです。

医療専門職の評価の基準に関しては，医師は，診療実績（手術数，担当患者数等）や患者満足などのアウトプットが明確なので成果を軸に評価します。それに比べ医師以外のメディカル・スタッフは，アウトプットが明確でないことが多いです。例えば，看護師は1人の患者に複数の看護師が交代で対応します。そうすると，患者の回復度に対してどの看護師の貢献度が高いのかは評価できません。他の医療専門職も同様で放射線技師であればよい画像を提供しても，それが患者の回復にどれだけ貢献したかを測るのは困難です。したがって，メディカル・スタッフの評価は継続的な専門性知識の更新・取得の程度やその知識を発揮しての現場業務での貢献度を評価の対象とします。事務職は一般企業と同様に職能を軸に評価します。

6-4

その他のモチベーション理論

これまで内容説と過程説の主な理論を見てきましたが，これら以外に内容説，過程説の両方の特徴を併せ持つモチベーション理論があります。それは仕事の中身や職務の特性そのものが，モチベーションに深くかかわるという

ことを主張している Hackman & Oldham (1980) の職務特性モデルです。私たちは誰しも経験していると思いますが，やる気がでるタイプの仕事と，そうでない仕事があると感じています。単純で同じことの繰り返し，歯車の一部のような業務に従事すると人のモチベーションは下がります。典型的な例があります。自動車のT型フォードの生産で大成功を収めたヘンリー・フォード[3]のフォード生産システムです。彼は低コストで高い信頼性の生産を実現するために，「作業の時間・動作分析」を行い「作業の標準化・マニュアル化」を実現しました。これは先述したテイラーの「科学的管理法」を実際の生産現場に導入したものです。そうすると熟練工作業はどんどん多くの単純作業に分割してしまい，1人の作業員は毎日同じ作業をひたすら繰り返すようになりました。徹底した分業化とベルトコンベアによる流れ作業という生産体制を確立したのです。作業員は同じ作業をするのでミスがなく生産性は上がり，車は売れたのでフォード社は大儲けをしました。その結果，従業員に高い給料を支払うことができたのです。しかし，多くの従業員がフォード社を辞めていきました。何故ならば，いくら賃金が良くても，毎日携わっている労働が単純作業の繰り返しで，全体の工程のほんの一部にしかかかわっていない業務をさせられると，人は耐えきれないのです。つまり，経済動機には限界があることが判明したのです。これが後のメイヨー（E. Mayo）[4]の人間関係論の扉を開くことになったのです。

　職務特性理論によると，あらゆる職務は次の5つの特性によって説明できます。

① 技能多様性：職務がどの程度多様なスキル，技術，才能を必要とするかを示す特性

② タスク完結性：ある仕事の全体にかかわって完結させるのか，それとも一部にしか関わらないのかを示す特性

③ タスク重要性：その職務が顧客や同僚など組織の人に，どの程度影響を与えるかを示す特性

④ 自律性：ある職員が行う業務を，その職員自身がどの程度独立して自由に裁量権を持って行えるかを示す特性

⑤ フィードバック：ある業務において職員が実行した結果の有効性につ

いての情報を，どの程度その業務を行った職員に提供されるかを示す
特性

図6-7に職務特性モデルを示します。

これらの5つの職務特性により，職員が仕事に対する有意義感，仕事に対
する責任感，結果の認識を感じる心理状態となり，その結果，職員は内発的
モチベーションが上がり，成長していると感じられ，行っている仕事や業務
に満足し，それが有効であることを認知できるのです。このプロセスと5つ
の要因となる特性を示したのが職務特性モデルなのです。

病院や介護施設などのヘルスケア組織の専門職の業務をこの職務特性モデ
ルの視角で見ると，各専門職の特性が理解できるようになります。医師法，
医療法においてヘルスケア組織の医療行為は医師の指示がなければ行うこと
ができません。したがって医師が，職務特性5次元が高いのは容易に理解で
きるでしょう。しかし，各専門職も時代とともに求められる専門性や技術が
上がってきて，技能多様性，タスク重要性が上がってきています。また，医
師も以前は管理できていた各専門職の業務も，やはり専門性や技術のハイレ
ベル化のため，医師の業務を行いながら片手間では十分に理解できなくな
り，また，育ってきた文化も教育内容も異なるので各専門職の心情も理解す
るのも難しいことから，部長などのマネジャー職も医師から専門職出身のマ
ネジャーに変わってきて（医療技術部長など）おり，自律性の次元も上がっ

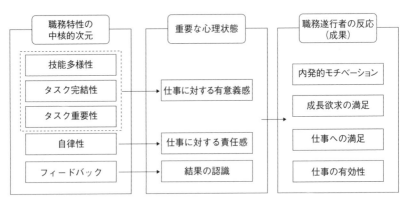

図 6-7　職務特性モデル

出所：金井（1982）を引用，筆者が簡略化

ています。さらにタスク完結性を見ると，患者が入院してから退院までの全
工程で見ると一部の業務を行うのでタスク完結性は低いが，それぞれの検査
や看護，調剤は1つの完結する職務であるので，そのレベルで見るとタスク
完結性は高いことになります。最後に残ったフィードバック次元を見ると，
主治医には当然，血液や画像の検査データ，患者の状態，使用している薬な
ど患者のすべての情報が集まります。そして患者を診断・治療を行うので直
ぐに患者の容態がわかります，すなわちフィードバックが得られます。しか
し現在は医師以外の看護師やメディカル・スタッフにおいても，電子カルテ
などのICT技術を使って患者情報を見ることができますのでフィードバッ
クが得られるのです。したがって，医師をはじめとする各医療専門職の職務
特性の5次元は高いのでモチベーションを得られやすい業種だといえるで
しょう。ただし，これは各ヘルスケア施設の方針によって変わります。各専
門職に権限を委譲し，各専門職に任せる文化がない施設であれば，医師以外
のモチベーションは低下するでしょう。

　以上，6-2〜6-4節までモチベーション理論を中心に見てきました。サー
ビス・マネジメントは人が重要な要素なので，人の動機の仕組みを理解する
ことが大事なのです。次の6-5節では，第7章で扱うヘルスケア組織のマネ
ジメントを理解するのに欠かせない，ヘルスケア組織で働く医療専門職の特
徴を提示します。

6-5

医療専門職の特徴

6-5-1　医療専門職と専門職の定義

　Drucker（2002 邦訳2002）は「ネクスト・ソサエティは，知識を基盤と
する経済であるがゆえに，主役の座を知識労働者に与える。知識労働者とい
う言葉は，今日のところ，医師，弁護士，教師，会計士，化学エンジニアな
ど高度の教育と知識をもつ一部の人たちを指すにとどまっている。だがこれ

からは，コンピュータ技術者，ソフト設計者，臨床検査技師，製造技能技術者など膨大な数のテクノロジスト（技能技術者）が必要となる。彼らは，知識労働者であるとともに肉体労働者でもある。むしろ頭よりも手を使う時間のほうが長い。だがその手作業は，徒弟制ではなく，学校教育でしか手にいれられない知識を基盤とする。とびぬけて収入が多いわけではないかもしれない。しかし彼らは，プロフェッショナル，すなわち専門職業人である。」（6頁），「知識労働者とは新種の資本家である。なぜならば，知識こそが知識社会と知識経済における主たる生産手段，すなわち資本だからである。今日では，主たる生産手段の所有者は知識労働者である。」（21頁），「医師，弁護士，科学者，聖職者，教師は，この100年間に増加したとはいえ，大昔から存在していた。しかし今日では，20世紀以前には存在していなかった新種の知識労働者が急速に増加している。それがテクノロジストである。仕事に身体は使っても，報酬は学校教育で得た知識によって決まる。X線技師，超音波技師，理学療法士，精神科ケースワーカー，歯科技工士がいる。特にアメリカで最大の増加を見せた職業が，これら医療テクノロジストである。」（23頁），「知識は，専門化して成果をあげる。このことは，特に今日急増中のテクノロジスト，すなわちコンピュータ技師，プログラマー，弁護士補助職など知識を基盤とする知識労働者についていえる。そして知識労働者は，その専門性のゆえに，大組織においてさえ少数が散在するにすぎない。」（174頁），「医療テクノロジストの専門分野は30種類はある。理学療法士，検査技師，精神科ケースワーカー，腫瘍治療の専門家，手術室の担当者，睡眠治療室の担当者，超音波検査の担当者，心臓治療室の担当者，その他諸々の知識労働者である。それら専門家が，それぞれの規則と規制，資格，学位をもつ。しかもどの病院にも数人しかいない。」（175頁）などと述べている。ドラッカーは近年増加している職業として病院で働く医療専門職の診療放射線技師，超音波技師（日本では臨床検査技師＆診療放射線技師等），臨床心理士，理学・作業療法士，臨床検査技師，手術室の担当者・心臓治療室の担当者（日本ではME，放射線技師，看護師等），歯科技工士などを挙げています。これは米国での調査ですが，米国と日本では医療システムが異なるにしても医療を行ううえで患者にとって最良の医療を行う技術的

な差異はない筈ですから日本にも当てはまるでしょう。病院は世界的な経営学者のドラッカーが述べているように，将来的にも伸びていくと期待されている専門職で構成される組織です。経営者は，このような専門職を調整・統合して成果を出すマネジメントを行わなければなりません。そのために医療専門職の特徴を理解しましょう。

Millerson（1964）は，専門職の定義の共通した要件として①理論的知識に基づく技能，②訓練と教育，③試験による資格付与，④倫理綱領により保たれる専門職への忠誠，⑤利他的サービスや公共善の達成を目的とし，⑥組織づけられていることを挙げています[5]。

それを踏まえて進藤・黒田（2003）は，「専門職の特徴は必ずしもこの用語に込められた独特の意味を示すものではない。たとえば，国家資格試験に基づいた免許制度と職能団体を有する医療あるいは法律領域の複数の職種は，これらの規準を満たしているように見える。しかし，医師あるいは弁護士が専門職であるというのと同じ意味で，看護師あるいは司法書士・弁理士が専門職であるという用語法は確立しているといえない。医療領域でいえば現在コ・メディカル（メディカル・スタッフ）と呼ばれている医療関連職種は，かつては準専門職（パラ・メディカル）と呼ばれていた。こうした事態が示しているのは，専門職という用語が職業分類上の中立的なカテゴリーではなく，社会的威信あるいは評価と密接に関連しているカテゴリーであるという点である。」（47頁）としています。

中島明彦（2007）は医療専門職について，完全専門職と準専門職を区分する指標として「自律性」を挙げ医療専門職を区分しています。その代表的な

表6-3　医療専門職の専門性

	職　　種	業務内容
①	医師	医療行為
②	薬剤師，看護師	独自業務+医療補助業務
③	放射線技師，臨床検査技師，理学療法士，作業療法士，管理栄養士，臨床工学士，言語聴覚士	医療補助業務

出典：中島（2007）142頁の一部を掲載

表6-4　専門性とコンタクト・レベルによるマトリクス

高	A	B	C
1		医師	
2	看護師		薬剤師
3		理学療法士 作業療法士 管理栄養士	放射線技師 臨床検査技師

医療レベル（高←→低）

高　　　　　　　　　　　　　　低
患者との接触度

出典：中島（2007）144頁の一部を掲載

ものは，①医療行為を行う医師，②薬剤業を行う薬剤師と看護業務を行う看護師，③医師の医療補助業務を行う医療技術職という分類です（表6-3）。

　また，医療専門性のレベルと患者とのコンタクト・レベルから職務内容を類型化しています（表6-4）。しかし，これらの医療専門職に対する見方は，2022年現在においては，少々古くなってきています。現在では各専門職も高学歴化して博士号も持つ者が増え，医療専門性レベルは看護師，薬剤師に劣っていません。そもそも医療専門性レベルを自律性の程度だけでは測れず，自律性は業務をどのように見るかによって変わります。

　本章の第6-4節Hackman & Oldhamの職務特性モデルで示したように，看護師，薬剤師以外の医療専門職も職務特性は高く，検査などの業務に限ると「自律性」は高いのです。医師から見ると，検査などの結果の情報を受け取り治療に活かすために画像検査などの指示は出すが，医師は工学系などの専門分野に対しては造詣は深くないので，技師に任せるのが実情です。したがって，その視点で見れば自律性などの職務特性はかなり高いと言えます。

　古くからある職業で医療の中心業務として医師（歯科医師も含む）・看護師・薬剤師はメディカルとするという見方や，医師と看護師は患者に近く接することからメディカルとし，薬剤師は医学ではなく薬学を基本としているので別ものとする見方もあります。或いは病院によっては，薬剤師をメディカル・スタッフグループに含め，医療技術部に属させているところもあります。病院によって考え方は様々ですが，現在ではチーム医療の精神を重んじて医師（歯科医師）以外のすべての医療専門職をメディカル・スタッフとし

て呼んで分類しています。ほとんどの医療専門職の領域の知識・技術が高度化して社会的にも認められるようになってきています。情報工学・電磁気学・コンピュータ技術を基礎にした医療専門職，化学・薬学を基礎にした医療専門職，看護学・社会学を基礎とした医療専門職などが，それぞれの学問体系を長期間学び訓練することで専門職化が進んでいるのです。このような背景がありチーム医療の考え方が強まってきていると考えられます。

6-5-2 専門職からプロフェッショナルへ

現在は，前述した古典的な専門職の特徴を満たさない職業がプロフェッショナルと呼ばれるようになっています（芸術家や建築家，ジャーナリストなどの多くの職業）。太田（1993）によると，次の要件をどれだけ満たしている程度によってプロフェッショナル度が決まるとして，相対的なものだとしています。①体系的な教育訓練によってもたらされる理論的基礎と汎用性を有する専門的知識・技術に基づく仕事であること。②専門家団体あるいは専門家社会の基準による能力その他の評価システムが何らかの形で存在していること。これらの要件を見ると，専門的知識・技術・能力がプロフェッショナルには必要だとわかります。

つまり現在は，知識の担い手として専門職を見るように社会の見方が変わってきたのです。それは，資格（免許）があるだけではその人をプロフェッショナルであるとはみなさない見方なのです。ICT や AI 技術の高度化によって，医療専門職の多くの専門知識や技能がなくても，仮に法律が許すならば事務職でも行えてしまうようなルーチンワークを行っている医療専門職が実際には存在するのではないかと思いますが，そのような医療専門職はプロフェッショナルとはみなされないのです。

Schön（1983）は，プロフェッショナルを自らの能力を状況に応じて使い，業務の実行を通じて常に自らの行動やその影響を内省し，必要ならばその能力や思考，行動を変え刷新していける者（reflective practitioner）としました。簡単にいえば，今ある知識だけでは満足しないで常に内省しながら新しい知識を獲得して業務に活かしていくのがプロフェッショナルなのです。したがって Schön は，プロフェッショナルの用語の意味を古典的な要件を満たすだけでなく，知的業務従事者に拡大したのです。同様にプロ

フェッショナルを知識の担い手としてとらえた研究者に Abbot（1988）が
います。Abbot は，業務を診断，推論，治療の３つ要素に分けました。

診断：専門職の知識システムに情報を取り込み，業務上の問題を構造化す
　　　ること。

治療：診断のもとに問題解決のために適切な行動し解決策を出すこと。

推論：診断と治療の間にあるプロセスで，診断した理由づけと治療の方向
　　　性と範囲を決めること。

　Abbot は，推論がプロフェッショナルに必須の要件であると主張してい
ます。何故なら推論は，診断と治療の関係が明確でない時にプロフェッショ
ナル（専門家）の系統化された知識を使うことによってはじめて導かれるか
らです。A ならば B と明確に解答が出るようなルーチンワークには推論は
必要ないからです。

　それではプロフェッショナルの仕事の特徴は，どのようなものなのでしょ
うか。図 6-8 を見ながら考えていきましょう。プロフェッショナルとは，あ
る分野に特化して（水平分業を細かく分けたある部分に関して）誰にも負け

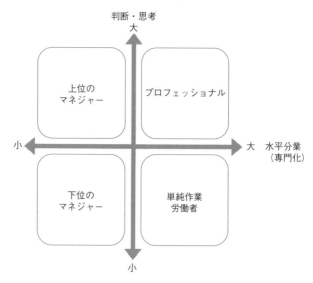

図 6-8　水平分業と判断・思考による仕事のタイプ分け
出所：Mintzberg（1983）p. 33 および沼上（2004）113 頁を参考に筆者作成

ないくらいの知識と経験を持つ人に対して使う言葉です。さらにプロフェッショナルは，その仕事を行うに際し深い思考や判断が求められます。それに対して工場の流れ作業を行うような単純作業労働者は水平分業した業務，つまり，ある工程を細切れにした部分を担当しますが深い思考や判断はあまり行わず，また全体のことを把握して業務を行っているわけではありません。機械の歯車のようになって単純に同じ作業を繰り返すような業務（ルーチン業務）を行います。一方，部長や経営層のマネジャーの業務は多様な問題にかかわりますので，ある分野に関しては専門家ほどの知識や経験はありませんが広くて多様な知識が要求されます。つまり中程度の専門知識を広く保有して，いかなる問題にも対処できる総合的な力で課題に対し思考・判断して組織の意思決定を行います。対処法が決まると後は内外部の専門家や一般従業員に任せます。より下位のマネジャーである職場の長は，職員たちが行うルール化された業務の中で，例外的に生じる問題に対応します。その担当している部署の業務に関しては広く知っておく必要がありますが，上位のマネジャーのように深い思考や高度の判断をして困難な課題に対応するわけではありません。

6-5-3　医療専門職と外部専門職団体

　医療専門職は大学や専門学校で学び資格に合格することでヘルスケア組織に就職ができるのですが，医療技術の高度化，環境の変化のために絶えず学び続けなければならないのです。その教育者の役目を担っているのが専門職団体や学術団体です。医療専門職たちは，それらの団体で学んで知識・技術を習得し，学術団体である学会で発表することが1つの目標となって彼らを価値付けます。同じ専門職の中の他者から評価され承認欲求が満たされ自己実現に向かいます。専門職種や個人にもよりますが医師をはじめとする自然科学系をベースにする医療専門職にこの傾向が強く表れています。このような専門職の人々は，自分が給料を貰って所属している病院などのヘルスケア組織に対するより，専門職団体や学術団体に対しての方に忠誠心が強いのです。すなわち準拠集団が所属組織の外部にあることになります。彼らは知識・技術を磨くことで優位性を持ちコンピタンスを獲得するので技術へのコミットメントが強くなります。その結果比較的転職が容易になり，所属して

いる病院を離れ自分の欲求を満たしてくれる病院に移っていくという転職に対して心理的抵抗が低い特徴があります。Gouldner（1958）は，このような志向をコスモポリタンと概念定義をし，それと対照的な所属している企業や病院などの組織にコミットしているような志向に対してローカルという概念を与えました。ローカルの特徴は一般の企業の事務職やゼネラリストに多く見られます。特に日本企業の社員に多くその特徴が見られます。日本では雇用の流動性が低いので転職が難しく，転職できても労働条件が悪くなることが多いため1つの会社に居続けるローカル特性を持った社員が多いことになります。企業の方もコストをかけて教育してきた社員を辞めさせないような職能性・年功序列・企業別労働組合という仕組みを作ることになります。

　したがって，専門職団体等との関係性を見ることも大切です。鈴木（2013）は，個人と組織の関係を公共哲学の公－公共－私の三元論を援用して，組織－職場－個人という三元論の有効性を主張しました。個人と組織の間にある職場を媒介すること（関わりあう職場にすること）で，組織における協働・秩序と個人の自律のバランスが実現できるとしました。つまり，職場をマネジメントする組織と個人をマネジメントする職場というように役割を分化して経営管理することが重要だとしました。鈴木の三元論を専門職に援用してみましょう。専門職の場合は職場だけでなく専門職団体や学術団体にコミットしますので，組織-職場＆プロフェッション-個人の三元論のようになると考えられます。このプロフェッションというのは前述のMillersonなどの要件を満たす職業のことではなく，ここでは専門職団体や学会を指しています。この職場とプロフェッションを分離すると図6-9のような専門職の四元論のモデルが考えられます。専門職個人は職場とプロフェッション（専門職団体や学会）に影響されるのです。四元論のモデルのようにかかわることで専門職に協働（秩序・自律）させることができます。さらに，医療専門職の知識労働者という特徴が，その知識を習得するために長期にわたって教育機関や実務を行う職場での教育を受けるため，それらの場での異なった文化により，明確に各組織のアイデンティティの差異が顕現すると考えられます。

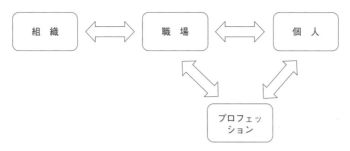

図 6-9　専門職の四元論モデル

出所：筆者作成

6-5-4　小括

　専門職は前述したように専門知識に根ざす深い思考や判断を自ら現場で行いますので，官僚制の上意下達の管理の権限によって統治を行うメカニズムに適合しない特性があります。したがって，医療専門職を組織構造内部でどのように統制していくのかがヘルスケア組織の課題となります。

　本章では，サービス・マネジメントの重要な要素の人が「やる気になる」モチベーション理論や概念を中心に見てきました。医療や介護などの医療系サービス業であるヘルスケア組織の成員各個人のモチベーションを理解することが重要であり，顧客とサービス提供者との間には相互作用があるので，従業員満足を上げることができれば顧客満足も上がるという R. ノーマンが主張する命題や J. L. ヘスケット他のサービス・プロフィット・チェーンのモデルが示すように，従業員満足が顧客サービスの品質に繋がるという命題においても，成員個人のモチベーションが重要であることが理解できたと思います。

　次の第 7 章では，どのようなマネジメントを行うと，多職種の医療専門職の能力を統合させて組織のパフォーマンスが上げることができるかを考えます。チーム医療や組織構造，リーダーシップの視角から組織のマネジメントを見ていきましょう。

【注】
1. 職務満足と生産性の関連性
　Schwab & Cumming（1970）は，職務満足と生産性の関連性を3つに整理して，1. 職務満足が生産を向上させる，2. 逆に個人の成果が職務満足を向上させる，3. 特定の条件の時だけ，職務満足が生産性を向上させる，として必ずしも職務満足→生産性（顧客満足）だけでないことを示しました。
2. フレデリック・テイラー（1856〜1915）
　経営学はテイラーから始まったとされています。それまでは労働者の作業管理は，あいまいで目分量でされていましたが，テイラーは現場の生産性向上のために実験・研究をして作業を計測し科学的な業務管理を初めて行いました。その方法を科学的管理法と言います。1911年には成果を『科学的管理法の諸原理』（中谷ほか邦訳，晃洋書房）にまとめました。
3. ヘンリー・フォード（1863〜1947）
　ヘンリー・フォードは，フォード・モーターの設立者でT型フォードという自動車を開発し，大成功を収めました。テイラーの科学的管理法を実践化したフォード生産システムよって高い信頼性と低コストを実現しました。
4. エルトン・メイヨー（1880〜1949）
　人は賃金などの経済的対価が良いだけでは労働意欲は上がらず，むしろ感情に左右され人間関係が重要であるとし人間関係論を展開しました。後の組織行動論の始祖であり，モチベーション研究やリーダーシップ論の礎を築きました。
5. 専門職の定義
　N. アバークロンビー・S. ヒル・B. S. ターナーの辞典（『新しい世紀の社会学中辞典』ミネルヴァ書房）によると，専門職の特徴を伝統的な解釈として①理論的知識に基づいた技能の使用，②こうした技能の教育と訓練，③試験によって保障された専門職の能力，④専門的一貫性を保証する行動基準，⑤公共のためのサービスの達成，⑥成員を組織化する専門職団体，を挙げています。

7

組織のマネジメント

サービス・マネジメントは人のマネジメントが重要であることは前章で示しました。医療や介護などのヘルスケア組織は，多職種専門職の分業によって業務を行っています。合理性を求めると組織は分業していくのです。しかし，分業したものを組織全体として纏まるような調整をして統合しなくては，組織全体の成果は達成できません。本章では，医療専門職の特徴をとらえ，多様な専門職たちをどのように調整して統合したら良いのかを考えます。また，病院のような多職種の専門職が存在するプロフェッショナル組織をマネジメントするには，どのような概念を使ってアプローチをすれば良いのかも提示します。

7-1

ヘルスケア組織の組織構造

7-1-1 チーム医療の「チーム」とは

医療現場においてチーム医療を実施することは容易ではありません。職種間の壁を取り除くことが難しいからです。現在，「チーム医療」という言葉

はヘルスケア組織においてよく聞かれますが，これは現実には「チーム医療」はなかなか行われていないことを表していると思います。ヘルスケア組織は，権限の強い医師を絶対的な者とした支配型リーダーによってマネジメントされてきた歴史があります。そのような医療の文化を改革するためと医師の負担軽減や医療技術の高度化への対応，患者へのきめ細やかな対応に対するニーズの高まりなどによって「チーム医療」という概念が現れました。医師中心ではなく患者中心となり従来の医療パターナリズムを批判し，患者のために最良の医療行為を様々な専門職がチームとなり各々の専門技術を基にした意見を出し合い議論し，医療行為のパフォーマンスを向上することが狙いです。厚生労働省も 2009 年 8 月 28 日に第 1 回の「チーム医療の推進に関する検討会」を設置し公的な議論が始まり[1]，現在は地域医療連携にまでその趣旨は拡大しています。

　しかし，チーム医療の「チーム」とはどういう意味があるのかを今一度考えてみます。Katzenbach & Smith（1993）は，チームとは「共通の目的，達成するべき目標，そのためのアプローチを共有し，連帯責任を果たせる補完的なスキルを備えた少人数の集合体」としています。そして，メンバー全員で協同作業に取り込むグループすべてがチームということではないと述べています。すなわち真のチームとそれ以外のグループを区別して考える必要があるのです。多くの人がチームワークが大切であるといいます。それは当然正しいでしょう。また Katzenbach & Smith は，チームワークとは「他人の意見を聞き，それに建設的に反応し，時には他人の主張の疑わしき点も善意に解釈し，彼らの関心ごとや成功を認めるといった価値観が集約されたもの」としています。これは，チームの高パフォーマンスを達成する 1 つの価値観の特徴です。しかし，これはチームだけに限定された特徴ではなくグループワークにも当てはまります。またチームワークがなされていても高業績が確約されているとは限りません。すなわち，たとえチームと呼ばれていても，それがすべてチームたりえるわけではなく，チームとグループは根本的に異なるのです。Katzenbach & Smith によると，ワーキンググループの成果は各メンバーの成果の総和でしかなく，情報，着眼点，洞察などが共有され各メンバーが協力し合うように意思決定がなされます。各メンバーの業

績水準を上げることが目的なので各メンバーの目標と責任に焦点が当てられ，他のメンバーの成果の責任は負いません。コラボレーションによって大きな成果を求めないのです。

　一方のチームは，2人以上のメンバーが分担された業務を協力して実現させた「協同の貢献」が反映されたものであって，コラボレーションによる大きな成果が求められます。すなわちメンバーの成果の総和以上の成果がチームには求められるのです。そして，チームには個人責任と連帯責任が要求されるのです。

　現在ヘルスケア組織でのチーム医療と呼ばれているものは様々あります。しかし，それは本当にチームなのでしょうか。それとも実際はワーキンググループでしょうか。今一度考えてみて下さい。

7-1-2　チーム医療と組織構造

　鈴木（2018）は，チームは原初的な組織の単純構造に近いものとしています。単純構造（図7-1）とは，リーダーが1人いて，あとはみな直接リーダーの下にいるような構造です。その単純構造を持つチームを並列的にたくさん抱えるのがチーム組織であるとして，とてもフラットな組織であるために権限の階層がほとんどなく，権限もチームならびにチームリーダーに与えられるため，権限の流れがなくなるとしています。また鈴木は，組織のメンバーをそのチームやプロジェクトに参加させるだけでは十分でなく，そのメ

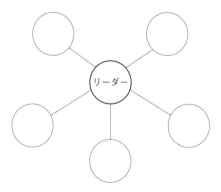

図7-1　単純構造

出所：筆者作成

ンバーはチームで働くために専門性の異なる人と働くスキルを必要としているとしています。さらに，前述した Katzenbach & Smith のチームの定義と同様に，チーム一つひとつはそれほど大きなものでないので，チームにその道の専門家が1人しかいないことが頻繁に起こるとしています。つまり，1人でもその分野のことを熟知し，チームに対して十分な責任をもって業務ができる知識・技術能力を獲得していなければチームに参加する資格が無いのです。

　その単純構造を並列的に多く抱えるのがチーム組織です（図7-2）。

　しかし，Alex "Sandy" Pentland（2012）が述べているように「各人が，チームリーダーを通じてだけではなく，他のメンバーとも直接に繋がりがある」ことをチームの特性ととらえれば，チームのメンバーの関係は，リーダー中心の単純構造からネットワーク構造までの様々な構造が考えられます。ネットワーク型の方がより民主的であり平等な形態です。各々の病院の状況により選択していくべきでしょう。例えば，メンバーの専門職たちが各々の分野のプロフェッショナルであるとしたら，ネットワーク型が適して

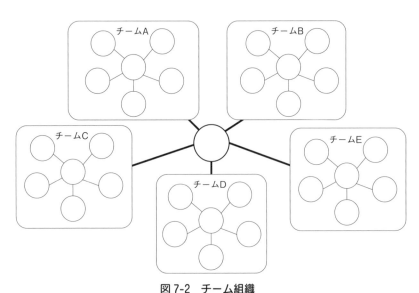

図7-2　チーム組織

出所：鈴木（2018），94頁

います。図7-3は，ネットワーク型のチームを表しています。線の太さがコミュニケーションの多さを示し，リーダーのAはメンバーF，E，と頻繁にコミュニケーションを取り意思決定をしていますが，Cは積極的にチームに参加していないことがわかります。ここで重要なことは，各メンバーはリーダーのAを通さないコミュニケーションも行っていることです。プロフェッショナルはリーダーの指示を得ることなく自ら考えて行動するのです。

Pentland（2012）は，高業績チームの特徴を下記のように示しました。

① チーム全員が平等に話したり聞いたりする機会がある。また，簡潔に話をすることを心がけている。

② メンバー同士が顔を向き合わせコミュニケーションをし，会話や身振りに熱量がある。

③ 各人が，チームリーダーを通じてだけではなく，他のメンバーとも直接に繋がりがある。

④ 秘密事項や内輪話をチーム外に漏らさない。

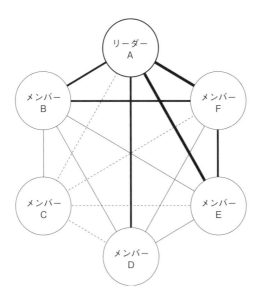

図7-3　単純構造のネットワーク化

出所：Alex（2012）を参考に筆者が作成

⑤　折に触れてチーム活動を中断し，チーム外の情報を持ちより議論する。

これらの特徴の視角でチーム医療を考えてみますと，単にいろいろな専門職が集まって自らの業務をするだけでは高業績のチームが実現するわけではないことがわかります。

7-1-3　ミンツバーグの組織構造分類とヘルスケア組織

Mintzberg（2007）は，組織の持つ機能要素は「戦略的トップ」，「ミドルライン」，「現業部門」，「テクノストラクチャ（分析スタッフ）」，「サポートスタッフ」に分けられるとし，その組み合わせにより組織の構造を「5つのコンフィギュレーション」として5つの形態に区別しました。①単純構造，②機械的官僚制構造，③プロフェッショナル的官僚制構造，④事業部制構造，⑤アドホクラシー（臨機応変）構造，です（表7-1）。この5つのコンフィギュレーションの中でヘルスケア組織，特に病院組織の多くはプロフェッショナル的官僚制構造をしています。プロフェッショナル的官僚制構造は，組織の主な調整手段としてスキルの標準化が用いられます。一般的な機械的官僚制と異なり従業員（専門職）のプロの技術・知識のレベルを調整することによって任せられる仕事が決まりますので，訓練を受けた現場の専門職たちに仕事の権限が委ねられます。そのために専門職が依拠している専門職団体や学術団体に対しても間接的に権限を委譲していることになります。その結果，組織は専門職たちをコントロールすることは比較的難しくなり分権化の程度が高くなります。したがって，組織内の専門職たちはコスモポリタン的性格を帯びていきますので，多くの意思決定が現場のオペレーションの主役である専門職が行うことになります。専門職にとっては，この構造が一番民主的な構造であるので好まれるのかもしれません。正にヘルスケア組織の多くは，5つのコンフィギュレーションの内のプロフェッショナル的官僚制構造になっているのです。ヘルスケア組織以外でも大学や弁護士事務所，会計事務所などの組織もこの構造が多くなっています。

機械的官僚制構造の組織は，規則と手続き，階層的権限，分業によって特徴づけられます。組織から情実（エコびいき，コネなど）を排除して公平性を保ち，効率よく安定した業務を遂行していこうとする組織構造が官僚制構

表 7-1　5つのコンフィギュレーションの比較

	単純構造	機械的官僚制構造	プロフェッショナル的官僚制構造	事業部制構造	アドホクラシー構造
主な調整手段	直接監督する	仕事の標準化	スキルの標準化	アウトプットの標準化	相互に調整
組織の中枢	戦略の司令塔	テクノストラクチャー	オペレーションの主役	ミドル・ライン	サポート・スタッフ
構造の要素					
職務の専門化	専門化の度合いは小さい	水平均・垂直的専門化が多い	水平専門化が進んでいる	(事業部と本社の間に) 若干の水平的および垂直的専門化	水平専門家が多い
訓練と教育	訓練と教育は殆どない	訓練と教育は殆どない	訓練と教育が実施されている	(個々の管理者に対し) 若干の訓練と教育を施す	多く実施される
行動の公式化-官僚的/有機的	公式化は殆どない有機的	公式化が多い官僚的	公式化は殆どない官僚的	公式化されている (事業部内)官僚的	公式化は殆どない有機的
グルーピング	一般的に機能別	一般的に機能別	機能別と市場別	市場別	機能別と市場別
計画とコントロールのシステム	殆どない	アクション・プラン	計画・統制は殆どない	業績によるコントロール	(特に管理的アドホクラシーで) 限定的活動計画
リエゾン装置	わずか	殆どない	管理部門にある	わずか	全体的に多い
分権	中央集権型	限定的だが水平的に分権化	水平および垂直分権	限定的に垂直分権	選別的に分権
状況要素					
組織の年数と規模	一般に若く小規模	一般的に古く大規模	さまざま	一般的に歴史があり、超大規模	一般的に若い (業務的アドホクラシー)
技術システム	単純で調整的でない	規制的だが自動化はしていない, あまり複雑でない	規則的でも複雑でもない	分割可能, 他は機械的官僚形態に類似	極めて複雑, 自動化されることが多い (管理的アドホクラシー)。規則的でも複雑でもない (業務的アドホクラシー)
環境	単純でダイナミック, 時に敵対的	単純で安定的	複雑だが安定的	比較的単純で安定多角化市場 (特に製品とサービス)	複雑でダイナミック, 時々異種類 (管理的アドホクラシー)
権力	CEO が統制。オーナーのものである場合が多い。組織形態として流行らない	テクノクラートと外部統制による。組織形態として流行らない	専門家による統制。組織形態として流行中	ミドル・ラインがコントロール。組織形態として流行中 (特に工業界で)	専門家がコントロール。組織形態として流行中

出所：Mintzberg (2007) 邦訳 266-277 頁を一部修正

造です。また，組織の規模が大きくなっていくと組織をコントロールするために官僚制的な側面が必要になってきます。一般的な企業，行政機関など規模の大きなあらゆる組織は組織構造の基本に官僚制構造が含まれています。

　そもそも官僚制組織は，Weber（1924，1947）が最高効率の理念型組織として考えた組織の概念で合理性を追求した組織構造です。私たちは現在，「官僚制」と聞くと悪いイメージがありますが，それは官僚制の逆機能と呼ばれるものが原因です。分業によって業務が単純化し規則に拘束されると人はやる気をなくすという意図せぬ結果が生じるのです。また，環境が安定しなく変化して個々に対応しなければならない業種には官僚制は適さないとされています。このような官僚制組織の逆機能の弊害により，機械的な官僚制組織から有機的な組織への志向が生じました。

　官僚制組織のもう1つの発展型としてマトリクス組織があります。命令系統が2通りあり柔軟に対応できますが，組織の成員は異なった命令の狭間で苦しむことも生じます。ヘルスケア組織も，成員が所属している専門職組織の命令系統と医師の指示により医療を行うという2通りの指示系統を持った一種のマトリクス組織だといえます。

　官僚制組織の中では，職能制（機能別）組織が最も単純な組織形態です。組織のサブユニットが機能に応じて分割しています。企業なら生産，販売，研究開発などの機能別に分割されています。病院なら外科，内科，中央検査部，薬局などにその機能に応じてサブユニットが構成される組織形態です。機能性個々のユニットだけでは存在できません。内科だけでは検査もできないし薬も出せないので病院の目的が果たせないのです。これに対して事業部制構造は，官僚制組織の発展型です。個々の組織のユニットが自律的に存続できるようにサブユニットを構成するのが事業部制構造です。企業だとA事業部，B事業部，C事業部というようにビジネスユニットに分けてそれぞれのユニットに生産，販売，研究開発などの部門を持たせます。すなわち一つひとつのユニットが，ある程度自律的に存続しうる1つの会社のように分割するのです。病院では事業部制は難しく，敢えて構築するなら各々の部門に看護師など様々な医療専門職と機器を配置させるようなイメージです。ヘルスケア組織で可能なのは，例えば大きな病院グループが持つ多くの病院

を，ある病院は外科専門病院とし別の病院は内科専門病院と分けて事業を行うイメージです。

単純構造は，地域で活躍する診療所に適しているとされます。開業している医師自身が司令塔となって診療所に関してのことをすべて直接監督します。例外はあるでしょうが，診療所で働く医療専門職はプロフェッショナルの専門職ではないことが多いので，組織の意思決定はリーダーの医師が行うことで効率的に組織を動かせるのです。

アドホクラシーとは，その場の状況に応じて柔軟に対処する性質を意味し，官僚制（ビューロクラシー）に対する語です。したがって，官僚制組織構造と対照的な組織構造です。それは複雑であり標準化されておらず，官僚制では当然とされる組織原則やアウトプット一貫性，マネジャーによる統制，トップダウンの指揮命令系統などがないのです。また，構造が流動的で組織の権限は常に移動していて，調整と統制は関係者間の相互調節により，インフォーマルなコミュニケーションや専門家同士の相互作用を通じて達成されます（Mintzberg, 2007）。すなわち相互に作用しあうプロジェクト・チームの形態がアドホクラシーです。チーム医療を目指しているヘルスケア組織のあるべき姿で最終的な組織構造と思われるかもしれませんが，病院などの大きな組織では困難かもしれません。何故なら，組織が大きくなれば官僚制構造は必然的に現れます。また，病院は多くの専門職組織で構成され，院内のプロジェクト・チームは専門職組織が存在することが前提ですので官僚制構造は取り除くことができません。また，アドホクラシー構造をとる組織は，病院より技術システムや環境がより不安定で複雑な組織（宇宙産業，シンクタンク，映画産業など）です。病院は，技術システム・環境は複雑ですが安定しているのです。さらに重要なことは，アドホクラシー構造が要求される組織は，イノベーションを生みだす必要がある組織です。病院はサービス産業であり，毎日の業務の技術レベルは高いがイノベーションの要求は少ないのです。患者に対して最良の手術・検査・治療の選択をし，決まった手順でそれらをミスなく行う組織なのです。イノベーションの機能は，専門職学会や大学・大学病院，企業等での基礎研究の場で行われることが多いでしょう。

ヘルスケア組織に適すると考えられる形としては，イノベーションは重要視されない進化型組織といわれるティール組織[2]（Laloux, 2014），或いは，鈴木（2018）のいうチーム組織が挙げられます。ティール組織とはどのようなものかは，ラルー（Laloux, 2014）のあとがき「本書によせて」のケン・ウィルバーの文章にわかりやすく書かれているので紹介します。「新しい組織では，階層全体はすべて取り払われ，通常10～15名のチームに分かれている。どのチームのどの人も，会社のために事実上どんな意思決定でもできる。そして，実際に，組織の大きな意思決定はほぼすべてチーム・メンバーによって下される。その結果，それぞれのチームとチーム内の各メンバーは一段と統合的になる」（邦訳552頁），つまり管理職がマネジメントする体制を敷かず，すべての組織のメンバーに権限と責任を与え階層のないフラットな組織であり，メンバー全員が自主的に考え行動する組織といえるでしょう。また，チーム組織とは，鈴木（2018）によると「チーム組織は，組織全体が複数のチームによって構成されています。チームの人数はそれほど多くなく，1つ1つのチームは独立の目的を持っています。チーム組織では，それぞれのチームメンバーやチームリーダーに十分な権限を与えることが重要になります。［中略］チーム組織のチームは，原初的な組織の単純構造に近いものと考えることができます。別の見方をすれば，単純構造を持つ組織を並列的にたくさん抱える組織がチーム組織ということですから，とてもフラットな組織であると考えることもできます。チーム組織はフラットであるために権限の階層がほとんどなく，権限もチームならびにチームリーダーに与えられるために，いわゆるピラミッド型の組織にあるような権限の流れがなくなるのです。」というものです。

　介護サービス業界ではティール組織の成功事例があります。それはオランダで地域密着型の在宅サービスを提供する組織のビュートゾルフです。ビュートゾルフは，看護師がチームを組んで担当地域の介護をマネジメントします。どのチームも誰からも指示されず自らがチームをマネジメントしていきます。チーム内にはリーダーがいません。重要な判断は集団で決めます。管理層（マネジャー層）がなくスタッフ機能もほとんど置いてないのです。権限は現場の看護師にあり，専門職自らがすべてマネジメントするので

す。病院の事務業務も看護師が自ら行い経営していく自主経営組織で，成員は平等が基本です。しかし，上下関係が存在しない代わりに，看護師に対する評判や影響力，技術的なスキルに基づく自然発生的な階層は生まれてきます。また，このティール組織は大きな柔軟性と適応性があるので看護師自ら意思決定ができますからモチベーションが上がり働きやすい組織です。したがって，評判を聞きつけどんどん看護師が集まり，全体では看護師の数は7000名にも膨らみ大きな組織に成長し続けています。組織が大きくなってもビュートゾルフは，あくまで各々の担当地域のチームが主体で，それが集まったチーム組織の組織構造をしています。日本のヘルスケア組織にも参考になるでしょう。

7-2

リーダーシップ

　組織のマネジメントを考えるときには，リーダーシップの話も重要になってきます。マネジャーには様々な能力が必要ですが，リーダーシップはその中でも重要なものです。しかしリーダーシップという概念は一言で説明できるものではなく，マネジメントとリーダーシップの両概念は似ているようで異なります。また，リーダーシップは必ずしもマネジャーだけが行うものではありません。組織の成員であれば，誰にもリーダーシップを行う機会があるのです。本節ではリーダーシップ研究の大きな流れをリーダーシップにおけるフォロワーの重要性という立場から，その代表的な概念を紹介します。何故なら初期のリーダーシップ論とは異なって，現在ではフォロワー視点のリーダーシップ論が主流になっているからです。これはヘルスケア組織の従来型の医師を中心とした医療父権主義（医療パターナリズム）から脱却してチーム医療を目指している方向性と一致すると思われます。そして，マネジメントとリーダーシップの違いを説明し，ヘルスケア組織に必要なリーダーシップを考えていきます。

7-2-1　リーダーシップの定義

　「リーダーシップとは何か」を考えたときに，実はこの概念に対して研究者間で考え方や定義が完全には一致していません。初期のリーダーシップ研究では，リーダーの資質に注目していました。どのような特性を持つ人がリーダーに適しているのか，逆にどのような資質を持っていない人はリーダーには向いていないのかが研究の関心事だったのです。これを資質アプローチといいます。しかし，Stogdill（1948）は，多くの研究を調査・検討した結果として，資質だけではリーダーシップを説明するには不十分であることを提示しました。

　その後，資質アプローチに代わって，リーダーの行動に注目する研究が主流になりました。リーダーの資質よりも，フォロワーに影響を与えるリーダーの行動に関心が移っていったのです。この視角による研究枠組みを行動アプローチ[3]といいます。フォロワーもリーダーの行動を見て，この人についていけるかどうかを判断します。ここでリーダーシップには，フォロワーの視点が大事であるということが認識され始めます。

　小野（2018）が整理したリーダーシップの定義によると，Chemers（1997）の定義は，「ある共通の課題の達成に関してある人が他者の援助と支持を得ることを可能にする社会的影響過程」としています。この定義では，リーダーが共通の課題を達成するために，フォロワーに影響を与えるものとしてリーダーシップをとらえています。ここではまだ，リーダーを主体にした見方が強いのです。それがYukl（2013）になると，「リーダーシップとは，他者達（フォロワー）に（組織や集団にとって）何が必要なのか，どのようにしてそれを効率的に遂行するのかについて理解と合意を得るために影響を及ぼす過程であり，共有された目的を達成するために個人を動かし，（フォロワーの）努力を結集する過程である」としています。つまり，フォロワーを主体にリーダーシップをとらえようとしています。フォロワーがリーダーの働きかけに対して反応し，理解・承諾してフォロワーの意識を変え目的を実現しようとしています。

　またNorthouse（2015）では，「リーダーシップとは，共通の目的を達成するために集団のメンバーに個人的な影響力をもたらすプロセスである」と

しています。リーダーとフォロワーにおいて共通の目的を実現するために，フォロワーの意識の変化を促しているのです。小野は，これらの定義を整理してリーダーシップを，フォロワーを中心にして以下のようにまとめています。

- リーダーとフォロワーが目的を共有するように促すこと
- フォロワーに前向きな意識の変化をもたらすこと
- 前向きに意識が変化したフォロワーが目的の実現に向かって積極的に行動すること

7-2-2　フォロワー中心のリーダーシップ

このように資質アプローチから行動アプローチに変わることによって，フォロワーの視点が強調されてきました。また，フォロワーの意識が前向きになり能動的に組織にかかわることが重要とする考え方に変わってきたのです。

近年，リーダーシップにおけるフォロワーの役割がますます重要になってきています。Heifetz（1994）は，適応型リーダーシップ理論を提示しました。この理論は，フォロワーが積極的に適応するようにリーダーが促します。すなわち，リーダーの行動だけに注目するのではなく，フォロワーがリーダーに促されて自発的に意識を変えて問題に取り組むようにするのがリーダーシップであるとしています。したがって従来のように，成功も失敗もすべてリーダーに帰するのではなく，責任はリーダーとフォロワーの両方にあるとするのです。これらのような特徴は，チーム概念にも通じる考え方で，チームにおけるリーダーシップに必要とされる特徴です。ヘルスケア組織においても従来のような医療パターナリズムによる，すべての責任を医師に負わせるのではなくフォロワーとされる他の医療専門職にも責任を負わせることで医師以外の医療専門職にも積極的に医療に取り組むことが求められていくでしょう。

さらに，リーダーがフォロワーに行動を促すこと以上に，フォロワーに対して奉仕までするリーダーシップが，Greenleaf（2002）が提唱したサーバントリーダーシップです。NPO法人日本サーバント・リーダーシップ協会[4]によると，サーバントリーダーシップとは，「支配型リーダーシップの反

対が，サーバントリーダーシップです」，「リーダーである人は，まず相手に奉仕し，その後相手を導くものである」というリーダーシップ哲学であるとしています。また，「サーバントリーダーは，奉仕や支援を通じて，周囲から信頼を得て，主体的に協力してもらえる状況を作り出します」とされています。このサーバントリーダーシップは，次項で見る変革型アプローチを含めた上からの強いリーダーシップ（支配型リーダーシップ）への反省から生じたと思われます。

　サーバントリーダーシップと支配型リーダーシップの行動の違いを表 7-2 に示します。この比較からサーバントリーダーシップも適応型リーダーシップ理論と同様に，リーダーの行動だけに注目するのではなく，フォロワーがリーダーに促されて自発的に意識を変えて問題に取り組むことが理解されます。サーバントリーダーシップは，フォロワー視点を重視したフォロワー中心のアプローチなのです。

　また，Spears（1998）は，サーバントリーダーシップを実践するための 10 属性を提示しています。池田・金井（2007）はそれを表 7-3 のようにまとめています。

　ヘルスケア組織においても旧来の医療パターナリズムの反省から，昔に比べ多くの医師がチーム医療の精神を尊重し，他の医療専門職に対しての接し方が変わってきているのではないでしょうか。上述したサーバントリーダー

表 7-2　サーバントリーダーと支配的リーダーによるフォロワーの行動比較

支配的リーダーに従うメンバー行動	サーバントリーダーに従うメンバー行動
主に恐れや義務感で行動する	主にやりたい気持ちで行動する
主に言われてから行動する	主に言われる前に行動する
言われたとおりにしようとする	工夫できるところは工夫しようとする
リーダーの機嫌を伺う	やるべきことに集中する
役割や指示内容だけに集中する	リーダーの示すビジョンを意識する
リーダーに従っている感覚を持つ	リーダーと一緒に活動している感覚を持つ
リーダーをあまり信頼しない	リーダーを信頼する
自己中心的な姿勢を身に付けやすい	周囲に役立とうとする姿勢を身に付けやすい

出所：NPO 法人日本サーバント・リーダーシップ協会ホームページ（https://www.servantleader.jp/about）

表7-3　サーバントリーダーシップを実践するための10属性

1. 傾聴 (Listening)	大事な人たちの望むことを意図的に聞き出すことに強く関わる。同時に自分の内なる声にも耳を傾け，自分の存在意識をその両面から考えることができる。	6. 概念化 (Conceptualization)	大きな夢を見る (dream great dreams) 能力を育てたいと願う。日常の業務上の目標を超えて，自分の志向をストレッチして広げる。制度に対するビジョナリーな概念をもたらす。
2. 共感 (Empathy)	傾聴するためには，相手の立場に立って，何をしてほしいかが共感的にわからなくてはならない。他の人々の気持ちを理解し，共感することができる。	7. 先見力，予見力 (Foresight)	概念化の力と関わるが，今の状況がもたらす帰結をあらかじめ見ることができなくても，それを見定めようとする。それが見えたときに，はっきりと気づく。過去の教訓，現在の現実，将来のための決定のありそうな帰結を理解できる。
3. 癒し (Healing)	集団や組織を大変革し統合させる大きな力となるのは，人を癒すことを学習する事だ。欠けているもの，傷ついているところを見つけ，全体性 (wholeness) を探し求める。	8. 執事役 (Stewardship)	執事役とは，大切な物を任せても信頼できると思われるような人を指す。より大きな社会のために，制度を，その人になら信託できること。
4. 気づき (Awareness)	一般的に意識を高めることが大事だが，とくに自分への気づき (self-awareness) がサーバントリーダーを強化する。自分と自部門を知ること。このことは，倫理観や価値観とも関わる。	9. 人々の成長に関わる (Commitment to the growth of people)	人々には，働き手としての目に見える貢献を超えて，その存在をそのものに内在的価値があると信じる。自分の制度の中のひとりひとりの，そしてみんなの成長に深くコミットできる。
5. 説得 (Persuasion)	職位に付属する権限に依拠することなく，また，服従を強要することなく，他人の人々を説得できる。	10. コミュニティづくり (Building community)	歴史の中で，地域のコミュニティから大規模な制度に活動母体が移ったのは最近のことだが，同じ制度の中で仕事をする (奉仕する) 人たちの間に，コミュニティを創り出す。

出所：池田・金井 (2007), 76-77頁を筆者が一部修正

シップを実践するための 10 属性を参考にリーダーシップを行うと，フォロ
ワーの行動が表 7-2 のようになり，より組織が活性化すると思われます。

7-2-3　変革型アプローチ：リーダーシップとマネジメントの違い

　前項ではフォロワー中心のリーダーシップを見てきましたが，フォロワー
が積極的に適応するようにリーダーが促すだけではなく，フォロワーに働き
かけフォロワーを変革していくのがカリスマ的リーダーシップと変革型リー
ダーシップです。両者は様々な理論がありますが，その中でも本項では
House（1977）のカリスマ的リーダーシップと Kotter（1985）の変革型リー
ダーシップ，Zaleznik（1977）のリーダーとマネジャーの研究を扱います。

　カリスマ的リーダーシップは，元々は Weber（1921）によって提唱され
ていた支配の 3 類型，合法的，伝統的，カリスマ的のカリスマ的支配に由来
しています。Weber は，大衆の心をとらえ圧倒的支持のあるスター性と
いったカリスマ性に裏づけられた，ある特定の人物の非日常的な資質によっ
て人はコントロールされるとしました。リーダーがフォロワーにカリスマと
認知されることで，フォロワーに憧れを抱かれ同一化しようとする意識の変
化の効果をもたらす影響力としたのです。House は，リーダーがカリスマ
として認知されるには，リーダーは優位性，影響力行使に対する欲求，自
信，強い倫理的価値を持ち合わせる必要があるとしています。

　House のカリスマ的リーダーシップは，リーダーのフォロワーに影響を
与える行動とフォロワーのリーダーが行うリーダーシップの認知の両方の視
点でリーダーシップを捉えるようになったのです。

　カリスマ的リーダーシップの後，リーダーのフォロワーに影響を与える行
動とフォロワーのリーダーシップの認知の視点にフォロワーを組織の変革に
関与させるという観点を加えたのが変革型リーダーシップです。ただし，
サーバントリーダーシップと比べれば，まだリーダー中心の支配的リーダー
シップと考えられています。変革型リーダーシップの 1 つに Kotter（1985）
の変革型リーダーシップがあります。

　Kotter（1985）は，組織に変化をもたらすリーダーと組織を維持発展させ
るマネジャーは異なるとし，組織を変革させるのがリーダーシップの核心だ
としたのです。表 7-4 に Kotter によるリーダーシップとマネジメントの特

表7-4　Kotter（1985）によるリーダーシップとマネジメントの対比

	リーダーシップ	マネジメント
	方向性の設定	計画と予算の策定
第一の課題	・さまざまなデータを収集して，パターンはもとより，関係性や関連性などを見出し，ものごとを説明する ・ビジョンと戦略を生み出す（ビジョンと戦略とは，事業・技術・企業文化について，長期的にどうあるべきかを描き出すと同時に，この目標の達成に向けた現実的な道筋を明示する	・何らかの結果を秩序だって生み出すように設計する ・方向性の設定の補完手段として，方位性が現実に即して設定されているかを検証するのに役立つ
	人心の結合	組織編成と人員配置
人の動かし方	・利害関係者(部下，上司，同僚，他部門のスタッフ，関係業者，政府当局，顧客)とのコミュニケーション ・信頼関係の構築 ・フォロワーへのエンパワーメント	・職務体系や指揮命令系統の決定 ・適材適所の人員配置 ・必要に応じた研修の実施 ・社員への計画の説明 ・権限委譲の程度の判断 ・報酬制度の用意 ・実現状況を把握する仕組みづくり
	動機づけ	コントロールと問題解決
フォロワーへの働きかけ	・達成感や帰属感，承認欲求，自尊心，自分の人生を自分で切り開いているという実感，理想に従って生きているという思いを満足させる ・組織を動かしているという実感を与える ・ビジョンを実現するための取り組みをサポートする	・目標と現状の乖離がないかどうかチェックし，乖離があれば必要な行動をとる ・システムと構造を構築して，毎日の平凡な仕事をうまくこなせるようにする

出所：小野（2016），44頁

徴を整理した表を記載します。これを見ると Kotter（1999）で示しているように，リーダーシップとマネジメントは異なるものとしてとらえています。Kotter によるとリーダーシップとは，「変革を成し遂げる力量を指す」としています。つまり，現状の構造を壊し，変革を成し遂げるために新しい方向性を示し，フォロワーの意識の変化を促すのがリーダーシップです。一

方のマネジメントは，「複雑な環境にうまく対処していくのが，マネジメントの役割」としています。つまり，現状の方向性を維持するために，環境変化に対処しながら効率的に運営していくのがマネジメントなのです。

また，Kotter（1999）では，リーダーシップとマネジメントに対して，「リーダーシップとマネジメントは，別々の個性を持ちながら，お互いを必要としているといえ，どちらも独自の役割と特徴を持っている。そして複雑さと変化の度合いが増すビジネス環境においては，ともに欠くべからざるものである。」と述べ，相互に補完しあうものであると主張しています。

Kotter の変革型リーダーシップに関連する研究に Zaleznik（1977）のリーダーとマネジャーの研究があります。Zaleznik は，リーダーとマネジャーは異なった特徴を持つ存在で，両方の特徴を持つ人材を育成するのは困難と主張しています。表 7-5 にその特徴を示します。

ヘルスケア組織においても医局長，内科部長，外科部長，検査や臨床工学技師長，看護部長や看護師長など各部門のマネジャーがいますが，上記の考え方に従うと，これらの人たちがリーダーであるとは限りません。中にはリーダーの特徴を持ったマネジャーがいるかもしれませんが，これらのマネジャーの主な仕事は現在すでに決まっている業務をいかに効率よく効果的に運営するかという課題を解決するのが優先的な業務なのです。これに対してリーダーは，現状の業務や決めごと，仕事の方法などに疑問を呈し，新たな方向性を示しフォロワーを巻き込んでいく人材こそがリーダーといえるでしょう。

これらのことから，リーダーは決して所属部門のトップのポジションにいる人だけがなるものではなく，職場のあらゆる部署や階層にいる成員がなりえる可能性があるのです。

これまで順に資質アプローチ，行動アプローチ，変革型アプローチを見てきました。この流れに沿って，リーダーを主体にし，リーダーの中心に考えるリーダーシップ概念から徐々にリーダーがフォロワーの意識を変化させていき，フォロワーがリーダーをどのように認識していき，さらに組織変革にまでフォロワー自らが参加していくようになるというように，リーダーシップの分析視角が変化してきています。次項ではさらにリーダーとフォロワー

表7-5　Zaleznik（1977）によるリーダーとマネジャーの比較

	リーダー	マネジャー
目標に対する態度	・目標に対して能動的な態度をとる ・目標達成のためのアイデアを創出し，フォロワーの考え方を変える	・目標に対して消極的な態度をとる ・管理上の目標は，仕事の必要性から生じる
仕事に対する考え方	・懸案の課題に新しい方法論を導入して，新しい選択を模索する ・高度のリスクを伴う立場で行動し，とくに機会や報酬が高度な場合，危険や冒険に身をさらす	・戦略を立て決定を下すため，関係者のアイデアを結びつけ，問題解決を進める ・利害調整，損失の算定，コンフリクトの調整，緊張緩和に関するスキルを活用する
フォロワーとの関係	・自らのアイデアを実現するために，直感的で感情移入的な方法で人間関係を築く ・ものごとや決定がフォロワーにとって「何を」意味するかに関心を示す ・集団に対する自己の一体感と孤独感，あるいは感情と憎悪というような強烈な感情でひきつける	・役割の範囲でフォロワーとかかわり，低レベルでの感情移入しか持たない ・ものごとをフォロワーが「どのように」進めるかに関心を示す ・組織の調和と権力のバランスを維持するために，ウィン－ウィンの関係を維持する ・人間関係から生じる不安，懸念，恐怖のたぐいの潜在的な無秩序状態に直面しており，そのために秩序を求める
自己の持つ意味	・自分を取り巻く環境から分離独立していると考える ・組織とのかかわり合いの中で自己を決めることはしない	・自分を取り巻く環境に従属している ・現体制を維持させて，強化させることで自己価値の評価を高めると考える

出所：小野（2016），44頁から引用

が対等に相互作用していくという相互作用アプローチを見ていきます。

7-2-4　相互作用アプローチ

　小野（2016）によれば，リーダーシップはリーダーからフォロワーへ一方向の影響力の行使であるとする見方から，リーダーシップはリーダーによる影響力の行使とそれを受け入れるフォロワーとの相互作用によって生じるというとらえ方に変化してきたとし，相互作用アプローチのリーダーシップは，リーダーからの一方的な影響力だけでは成立せず，リーダーとフォロワーとの間の相互作用によって成り立つとして，よりフォロワーの重要性を

図 7-4　特異性－信頼理論

出所：小野（2018），95頁を一部修正

指摘しました。

　代表的な理論に Hollander（1978）の特異性－信頼理論があります。この理論は，リーダーとフォロワーが相互作用することで，リーダーがフォロワーからの信頼を得てそれを蓄積することにより両者の信頼関係が築かれ，それを基盤としてフォロワーが信頼できるリーダーに対して集団の変革を期待し，最終的にリーダーが変革を成し遂げるというプロセスの理論です。重要な点は，相互作用して信頼を得るということです。フォロワーを重視し，リーダーとフォロワーは対等な立場と考えられています。このリーダーシップの特徴も，チーム医療にも通じる考え方です。医師の一方的な指示で医療を行うより，それぞれの専門の知識を双方向に伝えあい議論して信頼を得ることが患者中心の医療に繋がります。図 7-4 は，特異性－信頼理論のプロセスを表しています。

7-2-5　シェアド・リーダーシップ

　石川（2022）によると，シェアド・リーダーシップ研究は，公式の職場や役割に関係なく，職場やチームの誰もがリーダーシップを発揮することができる，という前提に立っています。メンバーによって性格や能力，保持している情報が異なるので，それぞれが必要に応じてリーダーシップを発揮した方が職場やチームとしての仕事能力は高まり，結果的に成果も高まる可能性がある，としています。7-2-3 項で述べたようにリーダーシップとマネジメントは異なります。リーダーとマネジャーの行動や思考も異なるのです。石

川（2016）が提示したリーダーシップの「職場やチームの目標を達成するために他のメンバーに及ぼす影響力」という定義からすると，リーダーはチームや職場に1人だけいるとは限りません。状況によっては数人のリーダーがいてもよいのです。

　ヘルスケア組織に目を向けると，職場のマネジャーだけが一方的にリーダーシップを発揮している部門は少ないのではないでしょうか。マネジャーの外科部長より，例えば大腸がんの手術に関しては部下の医師の方が知識も経験もあれば，大腸がんの手術に関しては部下の医師がリーダーになりえます。マネジャーの看護師長よりメンバーの看護師の方が褥瘡予防に関して詳しければメンバーの看護師がリーダーになりえます。或いは，MRIやCTを購入するときには，院長や放射線科医などのマネジャーより，それらの医療機器の原理や性能，相場の価格などに詳しければ放射線技師がリーダーになりえるのです。

　シェアド・リーダーシップの特徴として，石川（2016）は3つの特徴を挙げています。①全員によるリーダーシップ，②全員によるフォロワーシップ，③流動的なリーダーとフォロワー，です。

　リーダーシップのタイプは図7-5のように3つのタイプ（Ⅰ，Ⅱ，Ⅲ）があります。シェアド・リーダーシップはどのタイプでも可能ですが状況によりリーダーが入れ替わったり，複数のリーダーが状況によって同時多発的にリーダーシップをシェアしあうのです。リーダーを固定しないイメージで

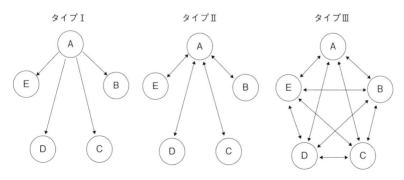

図7-5　リーダーシップの3つのタイプ

出所：石川（2016），54頁から引用のうえ筆者加筆

す。

　シェアド・リーダーシップは，公式的な地位とは関係なく，状況に応じて流動的に必要な人がリーダーシップを発揮するのです。タイプⅢの状態がそれを典型的に表していますが，他のタイプでもありえます。タイプⅠは，支配型リーダーシップで，ある1人のリーダーが他のメンバーに一方向にリーダーシップを行っている状態です。タイプⅡは，1人のリーダーがリーダーシップを発揮しますが，リーダーとフォロワー間に相互作用があります。行動アプローチや変革型アプローチに近い考え方です。タイプⅢは，様々なメンバーが絶えず双方向に相互作用をしながらリーダーシップを行っている状態であり，状況によりメンバー全員がリーダーシップを発揮することができるのです。タイプⅠ，Ⅱをより進めたシェアド・リーダーシップといえるでしょう。

　ヘルスケア組織においては，まだまだタイプⅠのリーダーシップが多いのではないでしょうか。権限も知識もある医師が一方向のリーダーシップを発揮し，他の医療専門職が受動的に従うことが当たり前のこととされているかも知れません。しかし現在，医師の負担軽減や医療技術の高度化への対応，患者へのきめ細やかな対応に対するニーズの高まりなどを背景にして，医師から他の医療関係職種へのタスク・シフト/シェア[5]が進められています。そうすると自ずと医師以外の他の医療専門職が活躍する状況が増えていきリーダーとフォロワーに相互作用が生じる状況になっていくでしょう。その結果，他のメンバーに及ぼす影響力を持つほどの知識や経験があれば，流動的に様々な医療専門職がリーダーとなるシェアド・リーダーシップのようなリーダーシップが発揮されると考えられます。

7-3

ヘルスケア組織のデザイン

　本節では，多職種の医療専門職の能力を活かして組織を統合し成果を上げ

るには，どのような組織デザインにすればいいのかを見ていきます。

7-3-1　専門職と組織アイデンティティ

　まず，医療専門職を分析するのに適した組織アイデンティティ概念を紹介してその適切性を示します。そして，その組織アイデンティティ概念を用いてヘルスケア組織の成果を出すために医療専門職の統合マネジメントを考えます。

　組織アイデンティティの定義は，Ashforth & Mael（1989）によると「組織を1つの主体としてとらえ，自分らしさとは何かについての自己認識であり，3つの基準①中心性，②独自性，③連続性を満たすような組織の特徴」としています。中心性は，「組織の本質だとみなされている性質」のことであり，独自性とは，「比較されるだろう他組織と組織を区別する性質」のことです。

　例えば，看護部と薬剤部の組織アイデンティティを比較してみると，看護部の中心性は「患者に対する療養の世話，診療の補助」，独自性は「看護学の知識による医療への貢献」になるでしょうか。薬剤部の中心性は「薬剤の提供」，独自性は「薬学の知識による医療への貢献」となるでしょうか。もちろん比較する相手の組織によっても中心性，独自性は変わります。この例の場合，「絶えず患者に寄り添う」というのが看護部の独自性になるかも知れません。連続性は中心性や独自性の特徴が不安定でないことを示しています。

　専門職は自らの職業を他者と比べ，より価値のあるものとする特徴があります。その特徴は，カテゴリーの社会的比較，外集団との比較から内集団をポジティブに扱い内集団びいきが生じるとする組織アイデンティティ概念の特徴と似ていますので，多種の医療専門職が働くヘルスケア組織を分析するのに適しているのです。

　組織アイデンティティは，その組織に1つだけあるのではありません。Glynn（2000）がアトランタ交響楽団で起こったストライキを調査したところ，ストライキの原因は，楽団員が認識する楽団の規範的組織アイデンティティと経営管理者が認識する功利的組織アイデンティティが楽団組織に存在することでした。組織の中の2つの組織アイデンティティが対立することで

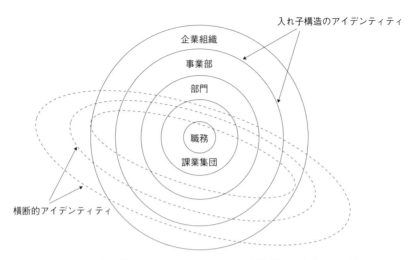

図 7-6　入れ子構造のアイデンティティと横断的アイデンティティ

出所：Ashforth & Johnson（2001）

ストライキが起こったのです。このように組織アイデンティティは多重に存在します。また，1人の成員が認知する組織アイデンティティも多重（ハイブリット・アイデンティティ）にあることがわかっています（Foreman & Whetten, 2002）。

　Ashforth & Johnson（2001）は，企業組織において，組織的コンテクストにおける社会的アイデンティティ[6]が入れ子構造のアイデンティティと横断的アイデンティティが多重にあることを図7-6で示しました。入れ子構造は中心から職務，課業集団，部門，事業部，企業組織と多重になります。横断的アイデンティティは，インフォーマルな様々な集団が考えられます。例えば，サークル活動，同じ趣味を持つグループ，出身地が同じなどの集団です。

　また，専門職組織で問題となるのが病院組織に対する組織同一化と職業に対する同一化のコンフリクトですが，Apker & Fox（2002）は，看護師を対象に組織（病院）への同一化とプロフェッショナル（看護職業）への同一化は強い正の相関が見られ，コンフリクトは発生せず両立していることが検証されています。

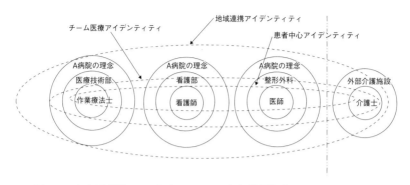

図7-7　入れ子構造のアイデンティティと組織横断的アイデンティティ

出所：筆者作成

　Ashforth & Johnson の入れ子構造のアイデンティティと横断的アイデン
ティティの図7-6をヘルスケア組織に援用してみますと（図7-7），病院組
織の中には様々な医療専門職やその他の従業員の組織アイデンティティが存
在します。作業療法士の例を見てみると，現場の作業療法士アイデンティ
ティ，その上位のリハビリテーション部門や医療技術部アイデンティティ，
またその上位の病院アイデンティティが入れ子状に多重に存在することにな
ります。看護師，医師も同様です。これら病院内の医療専門職が領域を越え
て協働するために共通した心理的な集団アイデンティティ[7]，例えばチーム
医療を目指す集団アイデンティティ，患者中心の理念を持った集団アイデン
ティティ等を組織横断的に設計すれば，その共有した心理的な志向によって
同じ集団の成員性を認知することでき心理的集団に同一化していきます。同
一化していくと仲間意識が生まれてインタラクティブなコミュニケーション
が頻繁に起こり協働していくようになるのです。つまり，横断的アイデン
ティティがプロフェッショナル官僚制組織構造の組織の縦割りの壁という弱
点を補って協働ができるようになるのです。したがって，組織のマネジャー
層は，このように組織をデザインすることが大切なのです。また病院組織外
の介護施設等の組織に対しても，そのような組織横断的アイデンティティを
構築する施策を行えば，外部の医療専門職と繋がることができ，領域を越え
た外部組織とも協働ができるのです。その結果，地域連携ができることにな

ると考えられます。

ここで入れ子構造の最上位に A 病院の理念を置いていますが，高尾・王（2012）によると，経営理念は組織自身による組織のあるべき姿として内外に提示されたものであり，意図的なイメージと理解することも可能であるとして，「経営理念は，意図的に提示された組織アイデンティティの一部」とみなすことができるとしています。したがって，経営理念はその組織の成員を包括する共通した組織アイデンティティとして設定するもので，組織の成員の活動をマネジメントするうえで重要なものなのです。

7-3-2 医療専門職を活かす組織デザイン

ヘルスケア組織が医療専門職をコントロールするという意識ではなく，彼らを活かすための組織のあり方を考える必要があります。それが前述したようにプロフェッショナル的官僚制を組織の基本構造としたうえで，官僚制の弊害を避けるために適切な場面で，チーム医療を用いて補完をさせるような組織づくりです。また，各医療専門職の組織アイデンティティを大切にしながらも，その上位に包括させるような部門アイデンティティや病院アイデンティティを多重に構築し，さらに各医療専門職を横断するような心理的アイデンティティであるチーム医療アイデンティティや経営理念を，従業員すべての人の自己概念に取り込ませることが重要なのです。

現在の専門職は，単に資格を持っているだけではプロフェッショナルとしては見なされないのです。日々内省して知識を更新し技術を向上させていくことを実践する者が本当のプロフェッショナルです。この専門職に対しての見方を医療専門職に当てはめれば，資格（免許）を取得することはその道のスタートにすぎないのです。免許を持っているだけでなく，深い思考や判断を行い，プロフェッショナルとして評価されていくことが重要なのです。

また，これからは医療専門職の異動施策も必要になるかも知れません。ヘルスケア組織には組織全体を運営できるマネジャーが不足しています。組織内からマネジャーを育成する施策が必要になってくるでしょう。医師だけがリーダーシップ，マネジャーの資質があるのではありません。他の職員にも経営者として適した人材がいるはずです。自分の専門だけでなく広く病院運営を経験させていくキャリア設計施策も考慮に入れる必要があります。何故

ならば，コスト削減のために職員の数はなかなか増やすことができない環境ですので，医療専門職をどのように活かしていくのかを考える時代になったと思われるからです。事務部門への異動施策を行うことで病院全体を見渡す視座を養い専門職の領域を越えるマネジャーを育成することができるかも知れません。

　チームには，プロフェッショナル的官僚制構造によって活かされる医療専門職の能力を協働させることを補うためと，チームを設定することでシナジーが生じることが期待されています。組織のどの階層にでもチームの設定は可能です。しかもチームは階層や専門領域を越えて構築でき，その特徴により各専門職を「つなぐ」役割もあるのです。しかし，各専門職の技術が分業によって発揮でき，それを統合するだけで成しえる業務ならば，チームは必要ないのです。必要のないチームは逆に形式だけのものになり無駄が生じます。医療専門職が互いに尊重し合う精神を持つだけで十分に結果を出せる業務も多いと思います。したがってヘルスケア組織構造の基本は，プロフェッショナル的官僚制によって各専門職の能力を高めることが重要で，それでは成しえない業務や事業，計画，研究などをチームによって補完するような構造が適しているでしょう。

7-4

組織学習

　組織をマネジメントするに当たって組織のイノベーション能力を高めることも重要です。各々の医療専門職組織が組織能力を高めていくには専門職個人だけでなく組織の学習が必要です。組織学習は成員個人が学習する視点と組織が学習する視点があります。成員が各々学習したものの総和より組織の中で，皆で学習した方がより大きな学習効果が期待できるということが，組織学習の前提です。組織と個人の両方のレベルで上手く学習していこうとする仕組みが組織学習という考え方です。March & Olsen（1976）は，組織学

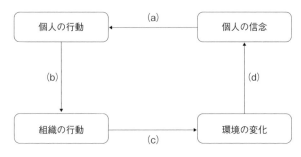

図 7-8　組織学習サイクル

出所：March & Olsen（1976，邦訳 1986）を基に筆者作成

習サイクルという組織学習のプロセスをモデル化しました（図 7-8）。個人の信念→個人の行動→組織の行動→環境の変化→個人の信念……のように表したのが組織学習サイクルです。しかし，このサイクルが上手く回らない不完全な学習が 4 パターンあります。(a)役割制約的学習：個人は学習しているのに自分の行動に繋がらない学習，(b)傍観者的学習：個人の学習が活かされないで組織の学習に繋がらない学習，(c)迷信的学習：個人や組織は学習しているのに，それが間違った理解なので環境に影響を与えない学習，(d)あいまい学習：個人が環境の変化を明確に認識できずに漠然と理解するので個人の信念が変わらない学習。これが 1 つでもあれば，組織の学習は失敗してしまうのです。

　次に，Argyris（1977）が提示したシングル・ループとダブル・ループという組織学習概念を見てみると，ダブル・ループという概念は，既存の前提やパラダイムを捨てて新しい考え方や行動の枠組みを取り込むことで新たな仕組みを確立するための学習プロセスのモデルであり，業務の改革や変革を起こす組織学習プロセスです。一方のシングル・ループは，既存の前提やパラダイムの中で PDCA[8]を行って業務の改善をするような組織学習プロセスです（図 7-9）。組織にとっては，両方が併存している状態が良く，その結果，組織と成員個人が上手く機能していくのです。

　以上，サービス業であり多職種の医療専門職で構成されるヘルスケア組織をマネジメントするヒントを得るために，病院の組織構造，チーム医療，リーダーシップ，組織に関するアイデンティティ概念，組織デザイン，組織

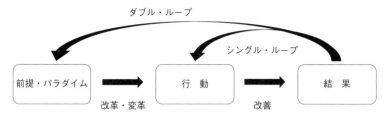

図7-9 シングル・ループ学習とダブル・ループ学習

出所：Argyris（2007）を基に筆者作成

学習などの概念，理論，考え方を通してサービス・マネジメントの重要な要素である人とその成員が属する組織の観点から医療組織のサービス・マネジメントを紐解いてきました。医療や介護などの業種はサービス業であることを忘れてはいけません。サービス業のマネジメントは，人のマネジメントが重要なのです。

【注】

1. 厚生労働省「チーム医療の推進に関する検討会」（https://www.mhlw.go.jp/stf/shingi/other-isei_127348.html）から引用。
2. ティール組織とは，フレデリック・ラルー（2014）が提示した組織の進化過程を表した5つの組織モデル［衝動型（赤）→順応型（琥珀色）→達成型（オレンジ）→多元型（緑）→進化型（ティール）］の最終型組織です。ティールとは青緑色のことで，進化過程のそれぞれの段階を理解しやすいように色で示しています。衝動型（赤）：マフィアやギャングのような暴力性で支配する組織。順応型（琥珀色）：規律を重視する軍隊・学校のような組織。達成型（オレンジ）：合理性・結果を重視する企業のような組織。多元型（緑）：権限の委譲・価値観・人間関係を重視する組織。進化型（ティール）：自主経営・全体性・存在目的という3つの特徴の全部或いは一部を備えています。この全体性というのは，誰もが本来の自分で職場に来ることができ，同僚・組織・社会との一体感を持てるような風土や慣行があることです。また，存在目的は，組織自体が何のために存在し，将来どの方向に向かうのかを常に追求し続ける姿勢を持つことです。
3. 行動アプローチには，オハイオ研究，ミシガン研究，PM理論等があります。その後にコンティジェンシー・アプローチ，変革型アプローチ理論，相互作用アプローチなどのリーダーシップ研究が現れました。これらは紙面の都合上詳細には説明できないので，リーダーシップの専門書を参考にしてください。
4. 日本サーバント・リーダーシップ協会のホームページ（https://www.servantleader.jp/）参照。
5. 厚生労働省医政局は，「現行制度の下で実施可能な範囲におけるタスク・シフト/シェアの推進について」という政令を出しタスク・シフト/シェアを推進しています（医政発0930第16号，令和3年9月30日）。
6. 社会的アイデンティティ理論と自己カテゴリー化理論
　組織アイデンティティの理論的基盤になっているのが社会的アイデンティティ理論と自己カテゴリー化理論です。社会的アイデンティティとは「価値や感情的な意味づけを伴う，1つ（あるいは複数）の社会集団のメンバーであるという知識から得られる個人の自己定義の一

部」であり，人はポジティブな社会的アイデンティティを獲得しようという欲求によって内集団と外集団の間で社会的比較を行い，最終的な目標として内集団に独自でポジティブな地位を付与しようとする特徴があるとされます。自己カテゴリー化理論とは，個人が集団の一員として自己をカテゴライズする集団過程の一般理論であり，どのように個人が集団の一員として行動するのかは，集団内の文脈や状況によってカテゴリーの顕現性が変わることにより選択される心理的カテゴリーも変わるので，アイデンティティも変化していくと考え，そのカテゴリー集団の特徴を引き受けて脱個人化をするという集団行動の理論です。

7. 心理的組織アイデンティティ

Turner et al.（1987）が提唱した自己カテゴリー化理論は，人がある集団の成員として自己をカテゴライズする認知過程に注目し，個人がどのように集団の成員として行動するかを説明する理論です。彼らは心理的集団も集団の1つとして扱っていますので，組織アイデンティティ理論も同様に心理的組織（集団）のアイデンティティも組織アイデンティティに包含しました。

8. PDCA とは，Plan（計画）→ Do（実行）→ Check（評価）→ Action（改善への行動）の略で継続的に PDCA を繰り返すことによって業務の改善を目指す方法です。

8

医療情報システム

　サービス・マネジメントの価値向上には，製造業や流通業と同様にICTの活用が不可欠です。本章では，国のデジタル技術の保健医療領域への活用指針，進化するICT機器の具体的な説明，歴史的経緯および進化の方向性，ICTを活用した医療安全への貢献，医療情報のリスク・マネジメントなどを説明し，最後にICTを活用したサービス・マネジメントの価値向上の可能性を議論します。

8-1

デジタル化推進の動向

　情報技術（ICT）は，現在の医療が直面する多種の課題解決に，貢献が期待されています。日本の医療制度は取り巻く環境が大きく変化し，①急速な高齢化による医療費の増大，②経済基盤の変調による保険医療財源の確保，③高齢化と人口変動による地域医療の問題，④自分が受ける医療の詳細を知り多くの意見を聴き選択の幅を広げたい要望，このような課題や要求に応えるため，ICTの活用が今後の重要課題といえます[1]。

　保健医療の領域は，様々な制度や法律が関与して，確実な医療基盤の確立

と医療品質の維持を目指しています。一方で政府による産業振興の側面の政策および法令の影響も受け，政府の成長戦略の重点施策には「健康・医療・介護・障害福祉」といった医療領域の改革が含まれています[2]。疾病・介護予防に加え，感染予防にも役立つ平時からの健康状態把握を可能にし，リスクの早期発見・予防の促進，オンライン診療等，国民の利便性向上と，医療・福祉現場の負担軽減と働き方改革の実現などに，ICT活用が期待されています。

　日本のデジタル改革推進の経緯は，2000年に高度情報通信ネットワーク社会形成基本法（IT基本法）の制定が始まりです。インターネット等の「高度情報通信ネットワーク」の整備により，国民が「容易にかつ主体的に利用する機会」を持つことを目指し，「産業の国際競争力の強化，就業の機会の創出，国民の利便性の向上」といったあらゆる分野において，創造性と活力のある発展を推進しています。2001年に決定された「e-JAPAN戦略」以降は，主にインフラ整備とICT利活用を推進し，その後，「データ利活用」と「デジタル・ガバメント」が戦略の柱として推進されています。

　私たちの生活や医療領域を取り巻く情報環境は，近年相当程度整備が進みましたが，それによる負の側面も顕在化しています。個人情報の保護やリテラシーの育成，大規模な自然災害や感染症といった事態を想定した強靭性の確保や，少子高齢化といった社会的な課題への対応です。これら状況に対応するために，2021年9月1日デジタル庁が新設され，デジタル社会形成の司令塔として総合的な調整機能を発揮しています[3]。

8-2

データヘルス改革

　データヘルス改革とは，厚生労働省のICTを活用して健康・医療・介護領域のビッグデータを集約したプラットフォームを構築し，健康増進や病気の予防に活用しようとする取り組みです[4]。

表8-1 データヘルス改革の8つのサービス

サービス	内　　容
がんゲノム	がんゲノム医療提供体制の整備と，パネル検査に基づく適切な治療等の提供やがんゲノム情報の集約
AI	重点6領域[1]を中心としたAI開発基盤の整備と，AIの社会実装に向けた取組
乳幼児期・学童期の健康情報	乳幼児健診等の電子化情報の市町村間引き継ぎとマイナポータルによる本人への提供
保健医療記録共有	全国的な保健医療記録共有サービスの運用により，複数の医療機関等の間で患者情報等を共有
救急時医療情報共有	医療的ケア児等の救急時の医療情報共有により，搬送先医療機関で適切な医療が受けられる体制の整備
データヘルス分析	NDB[2]，介護DB[3]等の連結解析と幅広い主体による公益目的での分析
科学的介護データ提供	科学的に効果が裏付けられた介護を実現するため，分析に必要なデータを収集するデータベースの構築
PHR[4]・健康スコアリング	自社の従業員等の健康状態や医療費等が「見える化」され，企業・保険者の予防・健康作りに活用

注1) 重点6領域：ゲノム医療，画像診断支援，診断・治療支援，医薬品開発，介護・認知症，手術支援
注2) ＮＤＢ：National Database「高齢者の医療の確保に関する法律」に基づき，厚生労働省は2009年より，電子化されたレセプト情報ならびに特定健診・特定保健指導情報を収集した「レセプト情報・特定健診等情報データベース（通称：NDB）」を構築した。
注3) 介護保険法第197条第1項の規定に基づき，介護保険給付費明細書（介護レセプト）等の電子化情報を収集したものであり，2013年から厚生労働省が管理するサーバ内へ格納し，運用を開始
注4) 個人の健康診断結果や服薬歴等の健康等情報を電子記録として本人や家族が正確に把握するための仕組み
出所：2019年9月9日第6回データヘルス改革推進本部資料（厚生労働省）

　日本は急速に高齢化が進行しており，2015年の65歳以上の人口比率27%が2065年には38%を超える試算があります[5]。こうした社会の変化を背景に，保健医療制度を維持しながら，一人ひとりの健康寿命をどう延ばすかという問題解決が必要です。これまでの健康・医療・介護領域の施策は，様々な縦割り構造を背景に，その前提となるデータが分散し，相互に連結されない形で取り組みが進められてきました。顕在化する課題例として，個人が健康な時から疾病・介護段階までの保健医療データが連結されていない結果，個人自らがデータを基にした有効な健康管理が困難であったり，災害時など避難所における被災者の緊急医療対応での困難事例や，医療的ケアの必要な障害児等の救急搬送時の医療情報欠如による搬送受け入れ困難事例などが挙

表8-2　データヘルス改革が目指す姿

将来の目標	具体的な姿
ゲノム医療・AI 活用の推進	□全ゲノム情報等を活用したがんや難病の原因究明，新たな診断・治療法等の開発，個人に最適化された患者本位の医療の提供 □ AI を用いた保健医療サービスの高度化・現場の負担軽減
自身のデータを日常生活改善等につなげる PHR の推進	□国民が健康・医療等情報をスマホ等で閲覧 □自らの健康管理や予防等に容易に役立てることが可能に
医療・介護現場の情報利活用の推進	□医療・介護現場において，患者等の過去の医療等情報を適切に確認 □より質の高いサービス提供が可能に
データベースの効果的な利活用の推進	□保健医療に関するビッグデータの利活用 □民間企業・研究者による研究の活性化，患者の状態に応じた治療の提供等，幅広い主体がメリットを享受

出所：2019 年 9 月 9 日第 6 回データヘルス改革推進本部資料（厚生労働省）

げられます[6]。特定検診制度やレセプト（診療報酬明細書）の電子化により，デジタル化されたビッグデータの分析が可能となることで，将来に向けて表8-1 の 8 つのサービスが推進されています。さらに，これら 8 つのサービスが複合的に作用することで，データヘルス改革は 4 つの姿（表8-2）の実現を目指しています。

　データを統合的に活用することで，これまで提供できていなかった高いレベルのサービス提供による満足度向上が期待できます。そのためにも，最新の ICT 情報に配慮し，サービス提供者自らが日々の仕事の中で ICT 活用を考える必要があります。

8-3

医療情報システムの発展の歴史と全体像

　現在の保健医療分野の全体像の理解するために，その発展の歴史的経緯に立ち返り，ICT 活用の狙いとその進化を鳥瞰します。病院業務の中で最初に ICT が活用されたのは，1960 年代に導入が始まった医療機関の診療報酬の請求のための医事会計システムです[7]。この時期は，銀行の窓口業務が電子化されたり，日本国有鉄道（JR 旅客鉄道会社の前身）が「マルスシステム」と呼ばれる指定券予約システムを導入したりするなど[8]，基幹系システムと呼ばれる領域の ICT 活用が進んだ時期です。実施された医療行為や薬剤を入力することで，患者への請求額計算と請求書出力が自動的にできる仕組みです。

　1970 年代には医療の現場での ICT 化が進み，検査部門の自動分析装置や生態情報モニター，ナースコールシステムといった，医療行為に直接関与する部門システムの導入が始まりました。初期は，医事会計システムと検査部

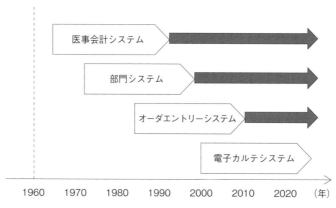

図 8-1　情報システム発展の歴史

出所：筆者作成

門のシステムは独立に存在したため，仕事の依頼や結果の重複入力作業が存在していましたが，1980年代には検査部門等への情報伝達のツールであるオーダエントリーシステムが導入され，情報の連携が進みました。医師が依頼情報をインプットすると，検査部門とその内容が共有化され，検査部門は自動分析装置や放射線検査の情報を発信し，さらに医事会計システムに実施した診療行為が記録される仕組みです。このように，医療機関における電子化は，事務処理の合理化等を目的として展開されてきました。

　1999年に厚生省は，一定の基準を満足する診療録等の電子媒体による保存を認めたことで，診療録をコンピュータシステム上で管理する電子カルテシステムが導入されました。放射線検査の画像も，フィルム記録からデジタル情報に置き換わりサーバー上で統合管理され，システムが扱う情報量の増加は検査記録の立体データ（3D）化を促進し，任意断面の検査が可能になるなど，医療画像システムによる検査能力の高度化が進みました。

8-4

医事会計システム

　医事会計とは，保健医療現場の医療の会計事務を指します。医療は，コアとなる医行為以外にも入院サービスや療養の食事サービスなど，多数のサービスが複合しその総体が医療サービスですが，医事会計の表現は医療行為の対内業務の費用回収の部分を指し，その他物質の調達や提供の費用回収は含まないのが慣例です。医事会計システムは，負担金の計算とレセプト（診療報酬明細書）作成の機能から発展し，現在は統計機能などが加わり病院経営に欠かせない基幹システムとして稼働しています。このシステムの機能を，①患者の受付，②会計，③レセプト作成，の3つに区分して説明します。

　患者の受付では，初診の場合保険証による受給資格の確認から基本情報を登録，次に診療録（カルテ）の作成および診察券の発行を行います。再診時は保険証による本人確認と各患者のカルテが抽出され，電子カルテの場合は

図 8-2　医事会計システムのシステム間連携
出所：筆者作成

受付情報が直接カルテに登録されます。会計では，カルテ情報と医療報酬ルールに基づいて診療報酬点数の計算を行い，患者の受給資格に合わせて窓口支払額と領収書および診療明細書が出力されます。レセプトは，患者ごとに1か月間の医療内容を明記して，保険請求する医療報酬明細書にまとめ，個々の医療報酬明細書を統合して医療報酬請求書を審査支払機関に提出します。

　最近では，医事会計の基本機能に加えて，電子カルテとの連携や処方箋や薬剤情報提供文章などの帳票類の発行機能が加わった統合的なシステムに拡張され，作業効率や品質の向上に寄与しています。2000年以降医療報酬請求の電子化（電子レセプト）の導入が進み，2015年4月からは，紙での提出が原則として認められなくなり，厚生労働省が定める方式でCSV形式のテキストデータを電子的に記録させ媒体（例：CD）やオンラインを利用して，審査支払機関に請求データを提出します。

8-5

オーダエントリーシステム

　保健医療の現場では，診療に当たる医師や看護師に加えて，検査部門や薬剤部門および会計を担当する医事部門の，多くのメンバーのチームワークによって支えられています。連携の強化には治療情報の共有が不可欠で，その連携の中心にあるのがオーダエントリーシステムです。

　オーダエントリーシステムは医師の診察によるオーダーを起点とし，検体

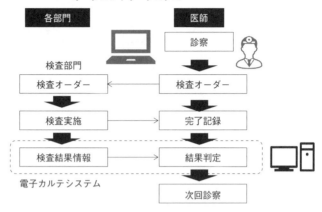

図8-3 オーダエントリーシステムと電子カルテ
出所：筆者作成

検査オーダーは検査部門，注射や調剤は薬剤部門に，情報が配信されます。オーダーは患者の診察や検査の予約の流れと連携し，各部門の作業スケジュール管理と密に連携することが必須です。

　外来を例に，診療の流れに沿って使われ方を説明すると，初めに診察した医師（または代行者）がコンピュータに直接オーダーを，例えばこの検査を実施するやこの薬を処方するといったインプットを行います。インプットに対して必ずペアとして「情報を受け取る側」が存在し，検査部門や薬剤部門がそれに相当し，受け取った情報に従って業務を実施します。情報を受け取った部門は，指示の通り例えば採血やレントゲン検査を実施し，その業務を実施した旨をオーダエントリーシステムにインプットすることで指示が完了します。指示と業務完了がセットで記録されるために，仕事の抜け漏れや間違いが防止でき，最後にすべての情報が医事会計に集約され，業務完了の確認と会計処理が行われます。仕事の指示が電子化されると，その結果（例：検査結果）も指示と連携して電子的に管理できると，業務効率は格段に向上します。この要求に対して，コンピュータ性能が向上した1990年代後半に，電子カルテが誕生しました。患者の記録がオーダーに連携して電子的に管理されると，検索性向上や保管場所の解消に留まらず，複数部門で同

時にデータ閲覧が可能となりチームワーク向上に貢献できます。

　近年の人工知能（AI）技術の進化は，保健医療現場に新たな価値を提供します。AI技術はオーダー発行時に，インプットされた情報を蓄積されたデータと照合して，過去のオーダー情報や医学的知識から総合的に判断して，リアルタイムに警告や助言を発生する仕組みの実用化が進んでいます。人工知能技術を活用したリスク・マネジメントの進歩は，医療事故防止と品質向上への貢献が期待できます[9]。

8-6

電子カルテシステム

　電子カルテはカルテの一部もしくは全部を電子的に記録したもので，1999年の厚生労働省の通達で，「患者に対する質の高い医療の提供」を目的に，①真正性の確保，②見読性の確保，③保存性の確保，の３つの基準を満たすことで運用が可能となりました。

　真正性の確保とは，正当な人が記録し確認された情報に関して，第三者から見て作成の責任と所在が明確で，故意や過失で虚偽入力，書き換え，消去，混同（患者を取り違えた記録）が防止されている状態です。見読性の確保とは，電子媒体に保存された内容を，必要に応じて肉眼で確認できる状態に容易にできる状態です。情報が分散され相互関係が不明になったり，システムの更新で旧情報が見られなくなったり，情報の所在やアクセス権が不明になることを，防止しなければなりません。保存性の確保とは，記録された情報が法令等で定められた期間にわたって，真正性を保ち見読可能にできる状態です。記憶媒体の劣化や，ウイルス等による破壊の防止が必要です。

　電子カルテシステムは「紙のカルテ」と同じ扱いで，様々な法律によってその扱いや内容が規定されています。医師法では，診察時に診療に関する事項を遅滞なく記載することと，その記録の保管を５年としています。診療録の記載事項も，医師法施行規則で内容が細かく規定されています。

医療法では，病院が備えるべき人員と施設および記録が規定され，診察に関する諸記録の保管を指示し，過去2年間の病院日誌，各科診療日誌，処方箋，手術記録，看護記録，検査所見記録，エックス線写真，入院患者および外来患者数の帳簿，入院診療計画書などが指定されています。

　保険医療機関及び保険医療担当規則という省令では，保険適用となる診療を受け持つ医療機関や医師についての規定で，診療録の記載，記載の様式，帳簿および書類の保管期限などが指定されています。

　これら法律の規定は，電子カルテの法的要件であり，運用に当たっての法律やガイドラインも各省庁から示されています。電子署名法（電子署名及び認証業務に関する法律）では，電子署名の法的効力を定め，電子データ上の署名が紙に対するサインや押印と同じ効力を発揮するため，本人性の証明と非改ざん性の証明を確保する基盤を定めています。通称e-文書法と呼ばれる法律[10]では，法律で保管が義務付けられている文書や帳簿類の電子データによる記録について，見読性，完全性，機密性，検索性の技術的基本要件が定められています。厚生労働省は，e-文書法や個人情報保護法などの整備法として，2005年に医療情報システムの安全管理に関するガイドラインを発行し，現在においても継続的改定が行われています[11]。

　電子カルテシステムは，法的要件を確保しながら次のような機能やシステムから複合的に構成されます。カルテ二号用紙に関する診察記録の作成に加え，クリニカルパス機能，文書作成システム，看護支援システム，画像参照システムなどで構成され，近年ではオーダエントリーシステムも統合されています。

　代表的な2つの機能を説明します。クリニカルパスは，「患者状態と診療行為の目標，および評価・記録を含む標準診療計画であり，標準からの偏位を分析することで医療の質を改善する手法」と定義されます[12]。入院から退院までの期間にやるべきことを診療計画表として準備し登録することで，プロセスの標準化と可視化が進み，医療の質の保証と品質の向上，時間と医療資源の効率的利用が期待できます。電子的にクリニカルパスを管理することで，部門間やスタッフ間の情報共有が進みチーム医療を促進します。クリニカルパスは，ある疾患に注目した標準的な治療計画で，患者の臨床的要因や

医療者などの影響で，必ずしも全患者に問題なく適用できるものではなく，標準計画から外れるばらつき（バリアンス）が生じます。バリアンス情報を蓄積し分析に活かすことで，クリニカルパスを発展的に改善することが可能となります。

　電子カルテシステムと連携する看護支援システムは，看護計画と記録，体温・脈拍・呼吸数といったバイタルデータの記録，観察情報の編集・印刷といった基本機能からシステム化が始まりました。近年のモバイル機器の普及で，ベッドサイドでの記録の入力や，バーコード機能を用い患者やボトル認証によるインシデント防止が強化されています。オーダーエントリ情報との連携も進み，入院患者のアナムネ（患者情報）記録管理やリアルタイムの指示受け，病院を俯瞰したベットマップや病室と患者のリスト管理，医療の質向上を助けるバイタルデータのグラフ化，といった看護業務を支援する多種の情報が統合的に扱えます。

　看護業務の流れを整理すると，入院した患者に対してアナムネを取り記録し，ゴードン・ヘンダーソン・ロイ・NANDAといった概念枠組みと看護師の判断でアナムネを看護診断して，具体的な看護目標と計画を立案します。この計画に基づき看護実践がスタートし，看護目標と患者反応と達成度から看護評価を実施します。この評価を，看護計画やクリニカルパスにフィードバックする「PDCAサイクル」を循環させ，その中心に看護支援システムが位置付きます。

　システムの活用により，作業時間の減少やそれに伴う看護の質向上と，看護手法のマスター化と標準化も進み，これら収集データは現場主導の改善活動（QC活動）に活用することが可能です。最も期待したい効果が，人為的ミスの低減です。一例として三点チェックのシステム化があります。患者装着のID・輸血バックのID・看護師のIDをバーコードで入力し，オーダエントリーシステムの指示と照合することで，直前の指示変更にも着実に対応できる環境構築が可能です。

　電子カルテシステムは，看護に必要な情報を集約して共有化することで，看護現場の効率化や医療品質向上に作用します。患者の検査結果から診断を下し医療の本来目的にすることを，情報の一次利用と呼びます。今後，周辺

の作業のICT化が進展し，院内にビッグデータが集約され，本来目的以外の二次利用の可能性が広がります。分析のために，業務系の情報と分析系の情報は分離され，分析用にデータウェアハウス（DWH）[13]の導入が増加しています。

　ビッグデータの二次利用の目的に，経営改善や医療研究があります。前者は，経営分析に必要なグラフやKPIを算出して，経営改善に活用します。KPIの例に，重症度，看護必要度・救急患者受入数・通院不要的退院率・手術件数などがあり，地域貢献度と病院評価を高めるために活用します。病院の機能や診療，サービスの質について客観的数値で示す指標として，QIが提言されています[14]。指標を分析し各部署に改善を促し，患者さんにとってわかりやすい医療情報を提供することを目的とします。

　電子カルテシステムで集約された情報は，前述のように各病院内だけで活用するに留まらず，地域での施設間の連携といった地域医療連携や，国レベルでの活用が期待されます。大規模災害を想定すると，患者情報のバックアップによる保健医療施設の早期復旧や患者の転院を支援し，国民の安全安心に直結する仕組みです。これらの実現には，保健医療分野の安全かつ効率的な情報連携基盤の整備と，特定の個人の情報を照会する識別子（ID）が必要です。診療情報の電子化とネットワーク整備の基盤整備により，①地域内や複数地域をまたがる医療機関・介護事業者等の連携や地域包括ケアの提供，②健康医療の研究分野での大規模な分析研究，③国民自らが健康・医療の履歴や記録を確認して健康増進に活用，などの新たな効果やサービスが期待されます[15]。

8-7

部門システム

　保健医療領域のICTは，大きく基幹系システムと部門システムに区分できます。基幹系システムは病院の各部門を横断して総合的に業務支援する仕

組みですが，部門システムは基幹系システムとは独立して，対象の部門がク
ローズで使用する仕組みとして生まれました。近年は，院内物流システムや
栄養部門システムのように，部門横断で利用することで能力を発揮し，看護
支援システムと電子カルテシステムが連携して機能向上するように，部門と
システム間の相互連携が強化される方向で進化しています。

　次に，代表的な部門システムの概要を説明します。生態モニタシステム
は，救急部門・ICU・手術室などで，血圧・体温・脈拍などの検査機器と接
続され，患者のバイタルサインの測定情報を集約します。情報はグラフに
よって可視化され（波形・分析値・トレンド），ナースコールシステムに異
常情報を発信するなど，各種仕組みとの連携を強めた 24 時間患者を見守る
仕組みです。また，電子カルテシステムとオーダエントリーシステムが連携
することで，確実な医療実行の担保と医療活動の効率性を高めます。

　ナースコールシステムは，患者からの連絡をスタッフに伝えるコミュニ
ケーション・ツールを目的に，入院患者の基本情報の提供やナースコール履
歴の記録といった，二次的な活用で医療水準を高めます。ベッドサイドの
コール用子機からの呼び出し情報は，スタッフステーションの親機に取り込
まれ，院内電話システムと連携してスタッフの PHS やスマートフォンに通
知します。院内に設置されたコールボタンや，廊下や出入り口の IP カメラ
とも連動して，突発事故や徘徊などに対応します。さらに，離床センサーを
接続することで，患者の独り歩きによる転倒や離棟を防止できます。また，
勤務管理システムとの連携やグループ着信機能の活用で，ナースコールの質
向上が進みます。例えば，電子掲示板機能を活用して，ナースコール親機，
リハビリステーション，廊下，病室（ベッドサイド）といった，場所別・仕
事別に必要とする情報を絞り込んで表示し，多くのスタッフの協働と効率化
および，医療リスクの低減を支援します。

　病院物流管理システムは，薬品（内服薬・注射薬・検査試薬・放射線造影
薬），材料（診療材料・衛生材料・注射器・カテーテル），一般消耗品といっ
た医療に必要な物品の管理を最適化する仕組みです。これら物品は，常時過
不足なく整備して治療に提供する必要があり，提供した物品費用を正確に計
上して医療報酬として回収する必要があります。例えば，医薬品の場合，次

のような流れで仕事が進みます。診療部門で医薬品を使用し在庫が減少すると、薬剤部に対して必要量を請求します。次に薬剤部では、請求に合わせ在庫を確認し出庫および診療部門に搬送します。薬剤部での在庫管理の仕組みで、在庫が基準値を切れば仕入れ会社に発注指示が出され、納品・入庫・在庫管理が繰り返されます。医療材料や医薬品の費用は、病院支出の約25%を占めるといわれ、その効率的運用は病院経営に影響します。病院物流管理システムと電子カルテシステムが連携することで、収支に対する医薬・材料支出の適正化や購入価格交渉の取り組み、使用実績から医師に対する使用量に適正化の指導、余蔵在庫や破棄破損の削減、といった活動が可能となります。さらに、医薬品や医薬材料にバーコードシステムを活用することで、医薬品使用時の製品名・製造番号と患者および施用日のトレサビリティが担保できます。

部門システムは、対象部門の使用に特化した仕組みで誕生しましたが、電子カルテシステムやオーダエントリーシステムと連携することで、サービス品質向上に留まらず、病院経営を支える情報を生み出しています。

8-8

患者安全に関するリスク・マネジメント

保健医療の安全確保には、リスクに対してのタイムリーな警告、リスクを予測する情報収取と分析、人材育成と教育が必要です。本節では、情報システムがリスク・マネジメントに対して、どのような貢献をできるかを考えます。

現在の保健医療は、高度に専門分化が進み多くの専門家が協働するチーム医療が実践されます。多くの関係者が協働するが故に、コミュニケーション・エラーが重要な事故要因であることが指摘されています[16]。過去の紙媒体に書かれたカルテや処方箋では、情報（紙媒体）が保管されている場所と、実際に作業する現場が「一致しない」場合が想定され、正確なエラー

チェックが困難となり，状況変化に伴うフレックスな指示変更も口頭に頼るしかありませんでした。モバイル端末を活用したオーダエントリーシステムや電子カルテシステムの連携は，作業場所と患者情報の所在を一致させ，情報共有エラーによるアクシデント・インシデント削減に大きく貢献しています。

　すべての医療行為は，実施時にオーダーされた事項に対する再度の安全確認が必要で，三点確認と呼ばれる，オーダー・患者・製剤の組み合わせに間違いがないかを確認します。モバイル端末によるオーダー確認と，患者用リストバンドとバーコード認証による患者の本人確認，および薬剤の確認を行います。入力の負荷を低減するため，RFIDと呼ばれる患者のICタグのデータを非接触で読み書きするシステムも利用されています。ICTを活用した三点確認は，危険度の高い医療行為，例えば，輸液・輸血実施時，諸検査実施時，手術実施時に重要となります。現在，医薬品には，同じ量のデータを小さい面積で表現できるGS1データバーと呼ばれるバーコードが活用されています。これまでの事業者コードと商品コードに加え，使用期限や製剤ロット番号といった情報も記録され，流通段階での複数段のチェックも加わり，偽造医薬品の排除と医療のトレサビリティ向上に寄与しています。

　医療行為は医師のオーダーが中心で進められますが，最新のAI技術を活用した，オーダー内容のエラーチェックの導入が進んでいます。処方入力段階で，電子カルテの処方チェックシステムにより，これまでの蓄積情報との整合性確認が自動で行われ，重複投与や相互作用，禁忌，薬剤アレルギーなどの警告発生と作業停止が可能となります。調剤時にも問題がある場合には警告が発せられ，必要時には疑義照会を行います。入院時の食事管理の例では，検査当日の朝食提供停止といった，様々なオーダーと組み合わせたチェックが可能です。注意すべきは，緊急性が低い警告が多く発信されると，本当に必要な警告が埋もれ見落とされる危険性です。不用意な警告突破を防ぐため，警告を無視する場合のルール設定（例：コメントの入力）が重要となります。

　患者の安全確保のために，ICTを活用した患者の単独移動の防止も進んでいます。ベッドに様々なセンサーが組み込まれ，例えば赤外線センサーで

表 8-3　医療事故情報として報告する事例の範囲

1. 誤った医療又は管理を行ったことが明らかであり，その行った医療又は管理に起因して，患者が死亡し，若しくは患者に心身の障害が残った事例又は予期しなかった，若しくは予期していたもの上回る処置その他の治療を要した事例。
2. 誤った医療又は管理を行ったことは明らかでないが，行った医療又は管理に起因して，患者が死亡し，若しくは患者に心身の障害が残った事例又は予期しなかった，若しくは予期していたものを上回る処置その他の治療を要した事例（行った医療又は管理に起因すると疑われるものを含み，当該事例の発生を予期しなかったものに限る）。
3. 1.及び2.に掲げるもののほか，医療機関内における事故の発生の予防及び再発の防止に資する事例。

出所：医療法施行規則第9条の20の2第1項第14号

感知範囲に入ると感知するタイプ，ベッドにビームセンサーを配置してビームの遮断を感知するタイプ，マットに設置されたセンサーで荷重を感知するタイプなどが利用されています。これらセンサーはナースコールシステムと連携し，離床が警告されます。三点確認で使用するICタグは，計測装置を廊下や出入り口に設置することで，高齢者の徘徊や乳児の連れ去りといった重大事象にも対応が可能です。

　院内のリスク・マネジメント強化には，医療従事者が過去のヒヤリハット事例[17]を学び，日々の危険予知能力を磨き，事前に適切な対応を処置する必要があります。厚生労働省は2004年より医療事故情報収集等事業より院内情報の収集を開始し，医療機関から報告された医療事故情報やヒヤリハット事例を分析し，ホームページで提供を始めました。医療安全対策に有用な情報を全国で共有し，事故の発生予防・再発防止を促進しています。医療機関は，表8-3で示す事例の発生を認識した日より，2週間以内に報告が義務付けられ，集約された情報は，公益財団法人日本医療機能評価機構のホームページより，多種のキーワードで絞り込み検索が可能です。インシデント・アクシデントは，単純にスタッフ個人の要因ととらえるのでなく，事象の本質を見極めて，背景に潜む組織全体の課題を把握し，仕組みによる再発防止が必要といえます[18]。

8-9

プライバシーと情報セキュリティ

ICT の活用により，これまで以上に膨大な医療情報や個人のプライバシー情報を扱うことになります。これら重要情報を扱うために，注意点を考えます。厚生労働省は「個人情報の保護に関する法律」（2003 年）を踏まえて，法の対象となる病院，診療所，助産所，薬局，訪問看護ステーション等が行う，個人情報の適正な取り扱いに関する，具体的な留意点や事例を示します[19]。

個人情報とは，生存する個人に関する情報で，氏名，性別，生年月日，顔画像等個人を識別する情報に限られず，個人の身体，財産，職種，肩書等の属性などの情報です。保健医療の領域では，診療録，処方箋，手術記録，助産録，看護記録，検査所見記録，エックス線写真，紹介状，診療経過の要約，調剤録などの，医療関係従事者が行った判断や評価といった情報も対象です。また，個人識別符号と呼ばれる，細胞から採取されたデオキシリボ核酸（別名 DNA）を構成する塩基の配列，保険者番号や被保険者等記号・番号といった公的番号の取り扱いに注意が必要です。さらに，当該患者・利用者が死亡した後においても，医療・介護関係事業者が当該患者・利用者の情報を保存している場合は，漏えい，滅失またはき損等の防止のため，個人情

表 8-4　医療研究分野における関連指針

○「ヒトゲノム・遺伝子解析研究に関する倫理指針」（平成 16 年 12 月 28 日文部科学省・厚生労働省・経済産業省告示第 1 号）
○「遺伝子治療等臨床研究に関する指針」（平成 16 年 12 月 28 日文部科学省・厚生労働省告示第 2 号）
○「人を対象とする医学系研究に関する倫理指針」（平成 26 年文部科学省・厚生労働省告示第 3 号）

出所：「医療機関等，介護関係事業者医療・介護関係事業者における個人情報の適切な取扱いのためのガイダンス」別表 5（2017 年）厚生労働省

表 8-5　保健医療分野のセキュリティ脅威の例

情報の管理形態	脅威の例
医療情報システムに格納されている電子データ	・権限のない者による不正アクセス，改ざん，き損，滅失，漏えい ・権限のある者による不当な目的でのアクセス，改ざん，き損，滅失，漏えい ・コンピュータウイルス等の不正なソフトウェアによるアクセス，改ざん，き損，
入力の際に用いたメモ・原稿・検査データ等	・メモ・原稿・検査データ等の覗き見，持ち出し，コピー，不適切な廃棄
個人情報等のデータを格納したノートパソコン等の情報端末	・情報端末の持ち出し ・ネットワーク接続によるコンピュータウイルス等の不正なソフトウェアによるアクセス，改ざん，き損，滅失，漏えい ・ソフトウェア（Winny 等のファイル交換ソフト等）の不適切な取扱いによる情報漏えい ・情報端末の盗難，紛失，不適切な破棄
データを格納した可搬媒体等	・可搬媒体の持ち出し，コピー，不適切な廃棄，盗難，紛失
参照表示した端末画面等	・端末画面の覗き見
データを印刷した紙やフィルム等	・紙やフィルム等の覗き見，持ち出し，コピー，不適切な廃棄
医療情報システム	・サイバー攻撃による IT 障害 ・非意図的要因による IT 障害 ・災害による IT 障害

出所：「医療情報システムの安全管理に関するガイドライン第 5 版」（2017 年）厚生労働省

報と同等の完全管理を行う必要があります[20]。

　学会や論文等で研究成果を公開する場合，当該個人情報から，当該情報に含まれる氏名，生年月日，住所，個人識別符号等の，個人を識別する情報を取り除く「個人情報の匿名化」が必要です。症例や事例によっては，これだけで十分な匿名化が困難な場合は，本人の同意を得なければなりません。研究や学会発表で個人情報を扱う場合，医学研究分野における関連指針や，学会等関係団体が定める指針に従う必要があります[21]。

　保健医療施設および従事者は，個人情報を含む保護すべき情報資産を流出させる「脅威」に対して，セキュリティ（防御）を考慮する必要があります。表 8-5 にその医療環境における代表例を示します。自然災害といった意図しない脅威や，サイバー攻撃や不当目的によるアクセスといった意図的な脅威，消失や廃棄といった従事者の不注意で生じる脅威といった，様々な要

因で脅威が生じ，その可能性は身近なところに潜んでいます。すべての保健医療従事者は，①IDパスワードの適切な管理，②インターネット接続可能な機器の接続管理（例：患者貸し出し用心電計），③パソコンの外部持ち出しのルール設定と維持，④個人端末やスマートフォンの院内LANの接続禁止，⑤サイバー攻撃への備え，⑥情報のバックアップ，⑦専門家による情報機器の廃棄，といった仕組み作りとその順守が必要です[22]。

8-10

ICT活用の意義とサービス品質向上

　保健医療の現場では，患者一人ひとりの心身の状態や生活習慣をはじめとする多種の情報を把握することで，病気を特定して治療計画を判断します。サービス提供者が患者に寄り添い，これまでの治療の履歴や副作用情報なども考慮した処置の選定が，個人の経験や研究に頼るだけでなくICTを活用することで高度化することが期待できます。本節では，保健医療現場のサービス品質向上に，ICTを活用する意義と期待について考えます[23]。

　ICT進化は，大量のデジタルデータの移転・蓄積・共有を可能としました。これは，保健医療に留まらずすべての産業で，場所にとらわれない仕事の実現，現実世界の複雑な事象の解明，仕事現場のプロセス分析と改善，といった影響を与えています。

　保健医療領域への影響を考えると，1つ目が情報通信機器を活用した遠隔医療への活用，オンライン診療，オンライン受診勧奨，遠隔医療健康相談などの拡大です。特に，通信遅延の減少が進むことで，遠隔の治療支援への適用が可能になります。2つ目が複雑系の解明で，保健医療サービスの品質向上には，患者一人ひとりの体質・年齢・生活習慣といった多種の要因の考慮が必要で，臨床研究の設計・実施の精密化や，症例数・施設数の大規模化，症例検索の効率化にICT活用が期待されます。3つ目が，仕事現場の負荷低減や合理化支援です。患者の複雑で複合的な個別性に合わせて，高度な専

門知識や経験を持つ多職種の人たちの協働を確実な品質で提供するため，コ
ミュニケーション・ツールとしての ICT 活用が不可欠です。日々現場で実
施される改善活動の成果も，ICT の仕組みに組み入れることで，改善プロ
セスの実施が担保できます。

　進化する ICT 活用の意義として，保健医療専門職，研究機関，民間企業，
行政，患者が，それぞれの持つ力を最大限に発揮し，効率性の向上と新たな
価値創造が期待できます。遠隔診療の拡大は，専門医師がいない地域でも良
質な保健医療サービスの提供を可能とし，感染症拡大防止への期待や，移動
時間などの削減は治療中断を防ぎ継続性の向上を支援できます。医療データ
のプラットフォームは，保険者には，個人の健康状態などに合わせた効果
的・効率的な健康づくりを支援し，予防的な健康管理が可能となります。大
量の医療情報の活用は，製薬やヘルスケア産業の研究開発の高度化を支援
し，個人に最適な健康管理を実現する画期的なサービスやイノベーションの
創出が期待できます。行政の側面では，保健医療の質評価や費用対効果分析
など，医療資源の適正な配置・分配，感染症・副作用等の発生の早期の把握
や対応，医療安全対策の実施など，合理的な医療政策や迅速な危機管理対策
に貢献します。進化する ICT の活用は，我が国の保健医療が抱える課題を
解決するとともに，保健医療サービス品質向上と効率化，および保健医療シ
ステム全体の価値向上をもたらします。

【注】
1. 保健医療福祉情報システム工業会（編）（2020）『医療情報システム入門 2020』社会保険研究
所。
2. 世界最先端デジタル国家創造宣言・官民データ活用推進基本計画（内閣官房内閣広報室）。
3. 「デジタル社会の実現に向けた改革の基本方針の概要」（内閣官房内閣広報室）。
4. 「データヘルス計画作成の手引き」（厚生労働省）。
5. 国立社会保障・人口問題研究所「日本の将来推計人口（平成 29 年推計）」（総務省）。
6. 2017 年 1 月 12 日第 1 回データヘルス改革推進本部資料（厚生労働省）。
7. 黒田智弘（監修）電子情報通信学会（編集）（2012）『現代電子情報通信選書「知識の森」医
療情報システム』オーム社。
8. 竹井和昭（2019）「みどりの窓口の予約システム『マルス』の開発史」『通信ソサイエティマ
ガジン』13(1)，pp. 58-67。
9. 高田彰・長瀬啓介・大野四弘・梅田政信・長澤勲（2007）「医療情報システムにおける診療
判断支援機能（CDSS：Clinical Decision Support System）の構築について」『医療情報学』第
27 巻第 3 号，pp. 315-320。
10. 2005 年 4 月に施行された「民間事業者等が行う書面の保存等における情報通信の技術の利

用に関する法律」と「民間事業者等が行う書面の保存等における情報通信の技術の利用に関する法律の施行に伴う関係法律の整備等に関する法律」の2つの法律の総称。

11. 執筆時の最新版は，「2021年1月29日医療情報システムの安全管理に関するガイドライン第5.1版」。

12. 舩田千秋（2019）「クリニカルパスと看護記録の効率化」『臨床看護記録』vol. 29 no. 1 pp. 2-6。

13. DWH：Data Ware House データの統合的な分析を目的にした，分析に特化したデータ集合体。本来業務に負荷をかけないように，業務用データベースとは分離して構成され，データ転送の仕組みを持たせ複数の業務用データを取り込んでいます。例えば，ある年齢代の赤血球の平均値を求めるために，患者基本情報と検査データの両方を統合して分析するなどができます。

14. QI：Quality Indicator

15. 2015年12月10日医療等分野における番号制度の活用等に関する研究会 報告書（厚生労働省）。

16. 「厚生労働白書2004年版 現代生活を取り巻く健康リスク—情報と協働でつくる安全と安心—」。

17. ヒヤリハットとは，大きな事故やケガには至らなかったものの，事故になっていた可能性のあるトラブルを指し，ハインリッヒの法則では，300件のヒヤリハットの背景には29件の軽微な事故があり，そのうち1件の重大事故が発生するといわれています。

18. 「医療事故情報収集事業—事業の内容と参加方法」（2020年）公益財団法人日本医療機能評価機構。

19. 「医療機関等，介護関係事業者医療・介護関係事業者における個人情報の適切な取扱いのためのガイダンス」（2017年）厚生労働省。

20. 遺族から診療経過，診療情報や介護関係の諸記録について照会が行われた場合，医療・介護関係事業者は，患者本人の生前の意思，名誉等を十分に尊重しつつ，特段の配慮が必要で，「診療情報の提供等に関する指針」診療情報の提供等に関する指針の策定について（2003年9月12日医政発第0912001号）の9において定められている取り扱いに従う必要があります。

21. 「医療機関等，介護関係事業者医療・介護関係事業者における個人情報の適切な取り扱いのためのガイダンス」別表5（2017年）厚生労働省。

22. 「医療情報システムの安全管理に関するガイドライン第5版」（2017年）厚生労働省。

23. 「ICTを活用した『次世代型保健医療システム』の構築に向けて—データを『つくる』・『つなげる』・『ひらく』—」（2016年）保健医療分野におけるICT活用推進懇談会。

9

ICT を活用した医療品質向上と
サービス再設計

　　医療のサービス・マネジメントは，個々の施設のマネジメントか
ら地域の様々な医療施設との関係の下で実施する，チーム医療に拡
大しています。本章では ICT を活用した地域連携と遠隔医療の最新
状況や，サービス品質の改革事例を紹介します。注意すべきは，
ICT は単なるツールであり，導入しただけでは力を発揮しないこと
です。その活用には，ICT の特性を活かすサービス・ブルー・プリ
ンティング（SBP）の再設計が必要です。その実践を支援する，世
界の製造業で成果を上げてきた様々な手法を学びます。

9-1

病院内完結型から地域サービスの向上へ

　　医療現場のサービス・マネジメントを，病院内の医療提供者と患者の関係
性を中心に議論してきましたが，地域医療全体に視野を広げると様々な問題
が顕在化しています。高齢化や都市部への人口集中といった社会情勢は，専
門医の不足や偏在，緊急搬送の受け入れ態勢不足，医療と介護の連携ができ
ない，などの問題を引き起こしています。これらの解決には，患者に提供す

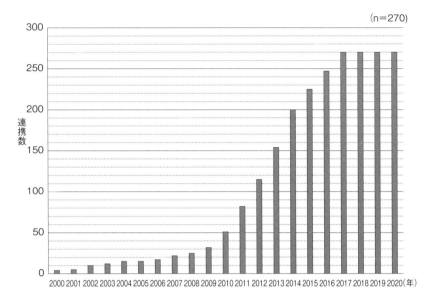

(n=270)

図 9-1　地域医療連携　開始年度別件数
出所：「ICT を利用した全国地域医療連携の概況（2019・2020 年度版）」日本医師会総合政策研究機構

る医療サービスを病院完結型から，地域全体で疾病を治し支える地域完結型に変化させ，地域包括ケアシステムを構築する必要があります。地域医療については第 12 章で詳しく説明しますが，ここでは特に ICT が果たす役割に着目して説明します。

　地域医療の再生に ICT を活用する取り組みは，1997 年頃から離島やへき地の医療改善を目的に遠隔医療の模索が始まりました。しかし技術的な問題などで普及は遅く，地域医療再生計画が始まった 2011 年以降，地域医療を病院完結型から地域全体で支える地域完結型に代えて，ICT を活用した地域医療連携の普及が進みました[1]。

　医療情報連携ネットワーク（EHR：Electronic Health Record）は，病院，かかりつけ医，薬局，訪問看護，救急医療機関，介護施設等の間で，患者の同意のもと，医療機関等の間で，診療に必要な医療情報（患者の基本情報，処方データ，検査データ，画像データ）を電子的に共有・閲覧できる仕組みです[2]。医療情報連携ネットワークにより，医療機関等で距離や時間帯の制

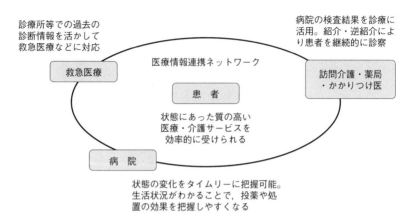

図 9-2　医療情報連携ネットワーク

出所：厚生労働省「医療情報連携ネットワーク支援ナビ」を参考に筆者作成

表 9-1　医療情報連携ネットワークの導入効果

2015 年度版

医療機関の人的ネットワークが進んだ	133
患者紹介の円滑化が進んだ	108
従事者間の情報共有が向上した	89
従事者間の連携が向上した	85
地域中核病院のサポートが受けられるようになった	83
患者サービスが向上した	81
医療機関間の知識やノウハウの伝達習得が進んだ	77
業務全体の負担軽減	67
医師の負担軽減	66
医療機関で機能分化が進んだ	63
診療所の支援が受けられるようになった	60
患者の負担が軽減した	44
医師の偏在を補う効果があった	39
看護師の負担軽減	39
事務職員の負担軽減	35
技術職員の負担軽減	17

全件数（n=253），「効果あり」の回答数

2019・2020 年度版

患者サービスが向上した	137
医療機関の人的ネットワークが進んだ	134
患者紹介の円滑化が進んだ	121
従事者間の連携が向上した	118
患者の負担が軽減した	78
地域中核病院のサポートが受けられるようになった	74
医療機関間の知識やノウハウの伝達習得が進んだ	71
医療機関で機能分化が進んだ	69
医師の負担軽減	64
業務全体の負担軽減	60
診療所の支援が受けられるようになった	58
看護師の負担軽減	39
事務職員の負担軽減	32
その他コメディカルの負担軽減	29
薬剤師の負担軽減	26
介護職の負担軽減	25
医師の偏在を補う効果があった	24

全件数（n=246），「効果あり」の回答数

出所：「ICT を利用した全国地域医療連携の概況」（2015 年度）日本医師会総合政策研究機構

約なく患者さんの正確な診療状況を把握できることで，患者さんについての関係者間のコミュニケーションが増え，紹介，逆紹介，転院，救急搬送時の連携等が円滑に進むなど，患者さんへの切れ目ない医療の提供が可能になります[3]。

2017年厚生労働省の調査データでは，全県単位の医療情報連携ネットワークが26県で運用が行われ，2次医療圏単位や市町村単位のネットワークも稼働しています[4]。連携の構成は，全数227の中で，病院・病診連携152件（67%），在宅医療・介護連携61件（27%）が多くを占めています。病院・病診連携152件を構成する施設数は，病院3180，医科診療所8301，歯科医療所420，薬局1851，介護施設133，その他493です。これらの仕組みを活用することで，表9-1に示す，地域医療を改善する様々な効果が報告されています[5]。

9-2

地域医療ネットワークの事例

近年，地域医療連携ネットワークの普及が進み，住民に質の高い医療介護サービスを提供する自治体が各地で生まれています。これらの連携は，①診療所が中心となった医療連携を構築している事例，②病院が中心になって医療連携を構築している事例，③病院・診療所・介護施設等の連携，④在宅医療を支える医療連携の事例，といった，地域の要望に合わせた様々な取り組みが行われています。

②の事例では，千葉県九十九里沿岸の山武地域6市町（東金市，山武市，大網白里町，九十九里町，芝山町，横芝光町）の医療を担う，千葉県立東金病院が中核となって構築した「わかしお医療ネットワーク」があり，2001年と早い時期に実証実験としてスタートし効果を上げています[6]。この地域は人口約22万人に対して医師数が約180人と全国平均を大きく下回り[7]，千葉県内で最も医療過疎が深刻な地域です。特に，糖尿病の専門医が少なく，

インシュリン治療を必要とする患者数約 600 人に対して医師 3 人で，医師の絶対数の不足と病院間の偏りが大きく治療に問題を抱えていました。2000 年に経済産業省の「先進的情報技術活用型医療機関等ネットワーク化推進事業―電子カルテを中心とした地域医療情報化―」に採択され，東金病院を中心に，診療所，保険調剤薬局，訪問看護ステーション，保健センター，介護施設等がネットワークで結ばれ，患者基本情報，紹介・逆紹介状，診察所見，検体検査データ，画像データなどを電子カルテ上で共有します。

　糖尿病といった生活習慣病の治療は，患者自身の普段の生活におけるコントロールが重要です。わかしお医療ネットワークの事例では，中核病院で診察を受けた患者は診療所に逆紹介され，内服療法はもとより，さらにインシュリン療法の管理までを実施します。患者は，携帯電話と接続された血糖測定器で血糖値を測定し，そのデータを電子カルテに登録し，医師によるコメントやインシュリン指示量をメール等で受けることで，生活のコントロールを行います。これら仕組みにより，患者は半年あるいは年 1 回のペースで地域の中核病院で診療を受け，毎月の診療は診療所で行いながら，病院と診療所を循環して受診する方式を実現しています。

　医療ネットワークを活用した地域医療の改善は，技術移転のツールとしての機能を発揮しています。本事例では，糖尿病専門医が記述する診療所見や診療情報提供書が関係者に共有され，サマリー情報でなく検査データ評価や治療方法の詳細情報が伝達され，さらに定期的な勉強会の実施により，糖尿病治療の技術やノウハウが中核病院から診療所に移転することが達成できました。当初 1 か所だったインシュリン治療施設が，2008 年には 36 診療所で可能となり，診療所でインシュリン治療を受ける患者は約 450 人となりました。標準化された治療基盤を基に，電子カルテによる治療方針や検査データを共有することで，関係者が同じ基盤に立って患者接し，知識や技術の平準化が可能になったといえます。

医療情報共有による遠隔医療

　ICT の活用は，地域医療ネットワークによる医療情報の共有と連携に留まらず，地理的に離れた場所における遠隔医療の活用推進も期待されます。厚生労働省は遠隔医療を，遠隔病理診断（テレパソロジー），遠隔画像診断

表 9-2　遠隔医療の種類

遠隔病理診断（テレパソロジー） 【概要】 体組織の画像や顕微鏡の映像を送受信するなどし，遠隔地の医師が，特に手術中にリアルタイムに遠隔診断を行う。 【効果】 リアルタイムで手術範囲の決定など専門医の判断を仰ぐことができる。
遠隔画像診断（テレラジオロジー） 【概要】 X 線写真や MRI 画像など，放射線科で使用される画像を通信で伝送し，遠隔地の専門医が診断を行う。 【効果】 専門医による高度で専門的な診断を受けられる。
遠隔相談（テレコンサルテーション） 【概要】 画像を見ながら遠隔地の医師との症例検討を行うなど，医師等に指導を行う。また，在宅の患者とのコミュニケーションを図る。 【効果】 医療の地域間格差の解消，患者やその保護者などの安心感向上につながる。
在宅医療（テレケア） 【概要】 情報通信端末で測定した生態情報（体温，血圧，脈拍，尿糖値等）やテレビ電話を通じ患者の映像・音声等を遠隔地の医師へネットワークを通じて送信し医師に対し有用な情報を提供。 【効果】 交通インフラが不十分であったり，高齢化・過疎のため受診が困難な慢性期疾患患者に対する医療の提供が可能となる。

出所：厚生労働省ホームページ（https://www.mhlw.go.jp/wp/hakusyo/kousei/17/backdata/01-03-03-11.html）

表 9-3　遠隔医療システムの導入状況（2020 年）

遠隔医療の区分	病　　院	一般診療所
遠隔画像診断	1,348	1,463
遠隔病理診断	210	411
遠隔在宅医療	21	449

出所：厚生労働省ホームページ「厚生労働省 2020 年医療施設数調査」（https://www.mhlw.go.jp/stf/seisakunitsuite/bunya/kenkou_iryou/iryou/johoka/index.html）

（テレラジオロジー），遠隔相談（テレコンサルテーション），在宅医療（テレケア）の4つに区分して，表 9-2 で概要と効果を説明します[8]。

　厚生労働省 2020 年医療施設調査によると（表 9-3），4つの遠隔医療の中で，遠隔画像診断が最も普及しています。遠隔画像診断とは，医療機関で撮影された CT や MRI などの医療画像データおよび関連情報を，インターネットなどの通信ネットワークにより複数施設間で相互伝達して行われる診断です。放射線科常勤医のいない地域においても，専門医がその読影診断能力を提供して医療の質の向上を図ることが可能になります。また，予防医療では二重の確認が有用ですが，同時に複数拠点に配信し読影することで，日本中の専門医にセカンドオピニオンの依頼が可能となります。

　遠隔画像診断の先進事例として，倉敷中央病院での地域連携ネットワークを活用した取り組みを紹介します。当院は岡山県が運用する晴れやかネットを利用し，近隣医療機関と地域連携ネットワークを形成し，病歴や治療内容および，血液検査データや処方内容等の共有により，回復期や維持期の地域連携パスで早期のリハビリ開始などの効果を上げています[9]。遠隔画像診断に必要な画像データは容量が大きいため，初期は DVD 等の可搬型媒体によりデータ共有されていましたが，岡山県が管理する岡山情報ハイウェイを使用して，岡山県内のデータセンターで共同利用型画像管理システム（PACS）を構築して，外部企業の遠隔読影サービスを受けています[10]。

　近年，通信ネットワークの整備による大量データの共有が可能となり，遠隔読影サービスを専門に行う企業が生まれています。画像情報を暗号化した状態で高速ネットワークを介して共有し，契約する専門医が読影を行ない医

療機関医師のセカンドオピニオンとしてサポートするサービスです。また，クラウド型遠隔読影用システムが普及し，専門医はモバイルパソコンなどで病院以外の場所でも放射線画像の読影が可能になり，業務の効率化が進んでいます。注意点としては，厳重な個人情報のセキュリティ対策と，対面でないコミュニケーションの強化が必要です（例：電話，インターネットなどの活用）。

厚生労働省は，2018年3月（2019年7月一部改訂）に「オンライン診療の適切な実施に関する指針」を提示し，遠隔医療普及の環境整備が進んでいます。通信ネットワークを活用した情報技術を，サービス・マネジメント向上に活用する可能性が，今後ますます広がります。

<h1 style="text-align:center">9-4</h1>

進化するICT技術の活用とサービス品質向上

　新たなデジタル技術を利用して，旧来のビジネスモデルを破壊してまったく新しいモデルを生み出す改革が，あらゆる産業で進んでいます。医療サービスの領域もサービス品質向上と競争力維持・強化のために，デジタルトランスフォーメーション（DX：Digital Transformation）の推進が急務です[11]。

　高齢化と人口減少が進む2040年頃を見据え，担い手不足・人口減少の克服，生活を支える社会保障制度の維持・発展のため，医療領域の改革が必要です。『厚生労働白書（2020年版）』によると，介護分野を中心に利用者数の急増が見込まれる中，必要となる就業者数も，2018年の826万人（就業者全体の約8人に1人）が，2040年には最大1070万人（約5人に1人）へ

表9-4　経済産業省によるDXの定義

企業がビジネス環境の激しい変化に対応し，データとデジタル技術を活用して，顧客や社会のニーズを基に，製品やサービス，ビジネスモデルを変革するとともに，業務そのものや，組織，プロセス，企業文化・風土を変革し，競争上の優位性を確立すること。

出所：経済産業省「デジタルトランスフォーメーションを推進するためのガイドライン」

<DXの3つのプロセス>

デジタイゼーション (Digitization)	→	デジタライゼーション (Digitalization)	→	デジタルトランスフォーメーション (Digital Transformation)
アナログ・物理データをデジタルデータ化すること		デジタル化した情報を活用して，個別の業務・プロセスで新しい価値を生みだす		全体の業務そのものや組織，プロセスを見直して，顧客に新たな価値を提供し競争優位を強化する

<医療領域を想定した事例>

・電子カルテ，ペーパレス ・ビデオ会議		・遠隔医療 ・患者見守りや検診にIoT機器を活用した省力化		・地域と連携した広域医療の質向上

図 9-3　デジタルトランスフォーメーションの3つのステップ

出所：経済産業省「地域社会のDXに向けて」（2021年）を参考に筆者作成

と大幅に増加する見通しを示しています。一方で，労働者や就業者の減少が見込まれ，労働力需給推計では，2019年に約6700万人である就業者数が，5200万人程度まで落ち込む可能性も指摘されています。このように，医療領域においてもDXによる効率的なサービス提供体制の実現が必要となります。現在，厚生労働省が進める，3つのDX事例を以下に紹介します。

9-4-1　オンライン資格確認等システム

医療機関と薬局では，患者が加入している医療保険の資格確認のために，記号・番号・氏名・生年月日・住所などを健康保険証から読み取り，医療機

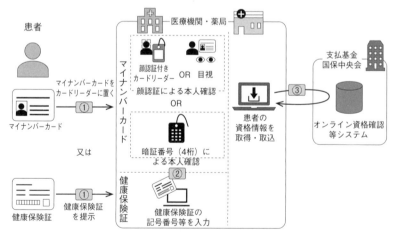

図 9-4　オンライン資格確認

出所：厚生労働省保健局「オンライン資格確認導入の手引き」

関システムに入力する作業が必要です。これら作業に工数と時間がかかり，受付時間が長くなる問題や，確認間違いによるレセプトの返戻処理があります。オンライン資格確認では，マイナンバーカードのICチップ，または健康保険証の記号番号等により，オンラインで資格情報の確認ができます。常時，支払基金・国保中央会とオンラインで接続されるため，支払基金・国保中央会の情報を医療機関・薬局に提供することで，診察時に患者の過去情報が確認可能となり，災害時は特別措置としてマイナンバーカードの確認無しで薬剤情報が確認できるなど，サービス向上が期待できます。また，高額医療費が発生した場合，これまでは保険加入者が自ら限度額適用認定証を取得し提出する必要がありましたが，オンライン資格確認では加入者が保険者への申請が無くても，医療機関は限度額適用認定証が取得可能となり，加入者は窓口において限度額以上の支払いが不要になります[12]。

9-4-2 電子処方箋

電子処方箋は医師が発行する処方箋を電子化したもので，電子情報は専用サーバに登録され，薬局の薬剤師は患者の本人確認後，処方情報に従い調剤や服薬指導を行う仕組みで，オンライン資格確認を活用したサービス基盤と

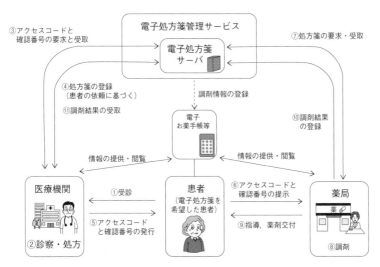

図 9-5 電子処方箋の仕組み

出所：厚生労働省「電子処方箋の運用ガイドライン第2版」

表9-5　電子処方箋のメリット

電子処方箋導入医療機関，薬局における主なメリット

① 医療機関からの電子的な処方情報をもとに，薬局で処方内容の照会や後発医薬品への変更などを含む調剤業務が行われ，その結果を医療機関に戻し，次の処方情報の作成の参考にするという情報の有効利用が可能となる。
② 医療機関・薬局間での情報の共有が進むことで，医薬品の相互作用やアレルギー情報の管理に資することが可能となり，国民の医薬品使用の安全性の確保など公衆衛生の向上にも資する。
③ 医療機関では，紙の処方箋の印刷に要するコストが削減される。紙の処方箋の偽造や再利用を防止できる。
④ 薬局から医療機関への処方内容の照会の結果等の伝達や，先発品から後発品に調剤を変更した際の伝達がより容易になり，医療機関でも患者情報のシステムへの反映が容易になる。後発品の使用促進のため，一般名処方や後発品への変更調剤が今後も増加することを踏まえれば，処方した医師・歯科医師への調剤結果（患者に交付された薬剤の種類，用法・用量等）の伝達が容易になることは，重要である。
⑤ 遠隔診療の際，処方箋の原本を電子的に受け取ることが可能となる。
⑥ 調剤に関する入力等の労務が軽減され，誤入力が防止される。調剤済みの紙の処方箋の保管スペース等を削減できる。
⑦ 電子版お薬手帳等との連携等により，医療機関や薬局の連携や処方内容の一元的・継続的把握の効率化等に資する。

患者や家族における主なメリット

① 遠隔診療の際，処方箋の原本を電子的に受け取ることが可能となり，それによって医療機関での待ち時間が短縮されることが期待される。
② 薬局が患者に調剤した情報を電子的に提供し，患者自らが実際に調剤された情報を電子的に保存・蓄積し，服薬情報の履歴を管理できる。
③ 電子版お薬手帳等との連携等によって，患者等が自ら保存・蓄積した調剤の情報を，他の医療機関等に自らの意思で提示することが，紙媒体よりも容易になる。生活習慣病など比較的長期にわたって治療が必要な疾病では，生活環境の変化などにより医療機関や薬局を変更した場合でも，診療の継続性の確保が容易になる。
④ 患者が公共性のある機関（自治体等）に情報を預ける等の方法により，例えば，在宅医療，救急医療及び災害時に，医療関係者が患者の服用している薬剤を知ることが可能となる。

出所：「電子処方箋の本格運用に向けた実証事業一式　最終成果報告」（厚生労働省）

して整備が進んでいます[13]。

　電子処方箋は，医療機関と薬局間の医薬品の相互作用やアレルギー情報の共有による医薬品仕様の安全性向上や，お薬手帳の管理を不要にするなどの患者サービスの向上が期待できます。さらに，紙処方箋の印刷費削減や，処

方箋の偽造・再利用防止といった社会的メリットも期待できます。厚生労働省は「電子処方箋の本格運用に向けた実証事業」を，2018年12月から2019年3月にかけて実施して，問題の把握と改善を進めました[14]。

9-4-3 パーソナルヘルスレコード

パーソナルヘルスレコード（PHR：Personal Health Record）は，病院や薬局ごとに管理されている個人の健康・医療・介護に関する情報を，自分自身で生涯にわたって管理する情報活用モデルです。私たちの健康に関する記録は，母子健康手帳，学校や職場の健康診断結果，お薬手帳，介護手帳といった紙資料で個別管理していました。それを，自治体サーバー（例：予防接種歴，乳幼児健診，妊婦検診）やオンライン資格確認システム（例：特定検診，薬剤情報，手術情報）等に統合して，管理・活用することを目指します。

保健医療分野では，予防・健康増進の重要性が高まるとともに，個別化されたより効果的な介入への期待が高まっています。そのために，①国民・患者が自らの保健医療情報を適切に管理・取得できるインフラの整備，②保健医療情報を適切かつ効果的に活用できる環境の整備，③質の高い保健医療を実現するための保健医療情報の活用（研究開発等の推進），を目指した取り組みが進められています[15]。

総務省は，妊娠・出産・子育て支援PHRモデルをつくり，妊娠・出産・子育における医療や介護，健康の個人データを集約し，ネットワークでつないで医療機関に提供し，母子に対する健康支援などへ活用するモデル事業を進めています。各自治体が保有している乳幼児健診や予防接種関連のデータ，産科医院で受診した妊婦健診関連のデータのほか，お薬手帳のデータ，妊婦本人のバイタルデータなどが含まれ，母子に対する効果的で適切な健康支援のみならず，緊急時の迅速な救急搬送や応急措置にも活かすことを目指しています[16]。

前橋市が実施するモデル事業では，マイナンバーカードを活用して，自治体保有の乳幼児健診や予防接種に関するデータをPHRデータ連携サーバーに集約し，市民が持つ母子手帳アプリに連携する仕組みを実現しています。それに加えて，産科医院の妊婦健診に関するデータ，お薬手帳のデータ等も

PHR として入力が可能になり，これらデータを関係者で共有・活用することで，母子への効果的な健康支援や救急時に活用する仕組みを推進しています。

　神戸市は疾病・介護予防 PHR モデルを実施し，個人・地域の状況に応じた適切な介護予防サービスの提供を目指しています。公民館などに設置した介護予防手帳アプリと活動量計を用いて，バイタルデータ（歩数，血圧など）や簡易問診結果を PHR データ連携サーバに集約し，サービス事業者や自治体は PHR データを活用して効果的な介護予防サービスや施策を提供しています。研究機関は，自治体が保有する介護保険に関するデータ（介護認定情報等）や，健診データ，レセプトデータ等と個人の簡易問診結果等の PHR データから，個人の要介護・認知症リスクを分析・評価して，その評価を個人やサービス事業者，および自治体の取り組みに反映することを行っています[17]。

　今後，自治体ごとに蓄積されている健診・レセプトデータ，事例データおよびエビデンスデータ等が全国的に集約され，人工知能（AI）による解析などが進むことで，良質な医療・介護・健康サービス提供の支援が期待されます。

9-5

サービス現場の身近な DX

　COVID-19 感染拡大の影響で，医療機関では身近に普及した ICT を活用した，医療現場サービスの向上が進みました。これら事例では，大掛かりな設備投資をするのでなく，医療機関や患者が保有するモバイル機器やアプリを使用して，患者のサービス向上と医療機関側の工数削減の効果を上げています[18]。

9-5-1　オンライン問診

　来院を希望する患者が，事前にスマートフォンやパソコンのブラウザから

問診用の画面にアクセスして，問診をオンラインで行う仕組みです。来院前に時間をかけてゆっくりと記入ができるために，症状を正確に記入しなかったり，質問を読み飛ばしたりといったことが減少できます。また，症状に応じて質問の選択肢を追加するなど，入力内容に合わせた分岐や質問追加が可能になり，患者のより深い情報を得ることが可能になります。問診表で詳細な情報を事前把握できることで，医師による診察場面では，詳細に記入された問診票で気になる部分を指しながら詳細の聞き取りができ，医療の質向上に寄与します。

　患者に問診表の記入と同時に保険証情報も入力してもらうと，来院前に保険資格情報が確認できるため，病院での待ち時間短縮が可能となります。電子的な問診情報は，容易に電子カルテへのデータ移行が可能となり，医療事務の軽減にも繋がります。この仕組みは訪問診療時にも応用可能で，訪問先で得た患者の状態情報や機器の計測値などをモバイル端末にインプットすれば，電子カルテにデータ移行できるために，二度記入といった手間を削減して医師の負荷軽減に寄与します。

　COVID-19 の蔓延下の治療では，来院による院内感染防止が重要な課題です。COVID-19 の疑いのある患者を来院前に把握できることで，記入された内容に応じて，電話診療で公的機関での PCR 検査受診や発熱専用窓口への来院といった多様な指示が可能となり，感染拡大防止に役立ちます。

9-5-2　オンライン相談

　オンライン問診の延長で，何らかの症状で受診を迷っていたり，事前に質問をしたい患者に対して，SNS（Social Networking Service）を使用したチャット機能で，患者の要望に応える仕組みです。看護師などが質問に対応し，医療的な対応が必要な場合は医師が対応して，受診の要請，問診，受診後のフォローまでを支援します。手軽なチャットの良さを活かし，来院頻度の低くなった患者の相談を受け付け，患者との関係性を強めることができます。

　COVID-19 の感染拡大は，受診の必要な患者の来院を阻害しましたが，オンラインで気軽に相談を受け付けることで，かかりつけ医を持たない若い世代に対しての来院誘導や，来院の要否や緊急性の判断ができ，患者サービ

スの質向上と疾病の早期対応が可能になります。

9-5-3　オンライン診療

　COVID-19 の流行下における時限的・特例的対応で，オンライン診療の導入が進みました。電話による音声情報の交換から，スマートフォンの普及で利用が広がった SNS アプリを活用した，オンライン診断サービスの提供が開始されています。SNS アプリ上で，診察予約やビデオ通話，および電子決済が可能な仕組みで，患者の表情を見ながら話すことで音声だけでは困難な診察が可能となり，調剤した薬剤も病院や薬局から配送するサービスも行われ，患者の安心感と医療品質を高める取り組みが進んでいます。

　スマートフォンとアプリの活用で，疾病の回復期や維持期の治療や，ニコチン依存症やアルコール依存症などの患者の行動変容を促す治療に対して遠隔支援が行われています。ニコチン依存症の例では，携帯型呼気 CO 濃度測定器をスマートフォンに接続し，患者の体調や喫煙欲求の度合い，禁煙治療薬の服用状況と呼気計測データを送信すると，治療ガイダンスや医師によるオンライン診療が可能となります。生活習慣と行動変容が必要な治療には，患者の身近に寄り添える仕組みが患者自身のモチベーションを高め，より細かい指導により治療効果を高めます。

9-5-4　病院内の事務作業の軽減

　ICT の活用は医療以外の産業と同様に，様々な院内事務作業の効率化に寄与します。例えば，会議用アプリのビデオカンファレンスや院内会議，勉強会への適用などは，COVID-19 流行によるテレワークの普及と並行して進みました。高機能コピー機などの事務機器が院内ネットワークに接続されることで，署名が必要な紙資料をスキャンして電子データで管理して，電子カルテと連携させるなどのペーパレスが可能です。二次元バーコードを利用して，書類を高機能コピー機でスキャンさせると，適切な電子フォルダーに自動的に振り分けてくれる機能も普及しています。特に長期保管が必要な書類の電子化は，保管場所を削減し，電子カルテとの連携により情報検索作業を軽減してくれます。

　近年注目したいのが，RPA（Robotic Process Automation）と呼ばれるロボティックプロセスオートメーションによる事務作業の軽減です。RPA は

パソコン上で作業者が行うマウス操作やキーボード入力などの操作手順を記録し，高速で正確に反復的に実行できます。RPAの導入で，既存の事務的業務を効率化させ，生産性を向上させ，人的ミスの削減による質向上が可能になります。例えば，検査結果の電子カルテへの取り込み，電子カルテへの病名登録，保険関連データ作成業務（例：査定・返戻分析統計資料），レセプトチェックなどの導入事例があります。

　このように，院内の身近な事務作業に改善のメスを入れることで，医療従事者の負荷を低減しサービス品質向上が可能です。そのためにも，働く人一人ひとりが改善の意識をもって，ムダ・無理の発見と改善活動を継続的に実施する必要があります。

9-6

先端 ICT 技術を活用した新たな期待

　患者と医療との関わり方は，第4次産業革命に関係する技術が医療にも導入されることで，大きく変化することが予測されています。例えば，生産工場では，加工や組立用の設備に留まらず働く人までがインターネットに繋がり，すべての情報を統合管理することで生産を最適管理する，スマート工場の実現が進んでいます。すべてのモノは，24時間遠隔から監視することが可能となり，将来その指示はAIにより行われ人間に頼らない管理が実現できます。将棋やチェスといった特定の領域では，すでにAIが人間を超えたともいわれていますが，AIが活躍する領域は確実に広がり，学習を重ねることでその能力は日々アップデートされています。

　コンピュータが蓄積した専門知識を基に，アドバイスや診断を行うエキスパートシステムと呼ばれる仕組みが最初に生まれたのは，1970年代にスタンフォード大学のEdward A. Feigenbaumが研究を進めた，MYCINと名付けられた血液中のバクテリア診断の医療診断エキスパートシステムです[19]。1980年代にかけて，MYCINに触発されて多くの医療エキスパートシステ

ムの開発が行われましたが，医師の判断を代行するまでのシステムは登場しませんでした。医師は患者の表情や生活様式といった非記号的な要素を含めて統合的に判断しますが，当時の技術ではその点が解決困難な限界になっていたようです。

　近年の ICT の進化は，大量データ処理，画像処理，推論，機械学習といった領域の技術進化が著しいといえます。MYCIN の時代には困難であった，医療診断のコンピュータ活用の実用事例を紹介します。

　1つ目が，医師の問診を支援する AI（Artificial Intelligence）技術の活用です。問診における聞き取るべき項目や内容は多岐にわたり，状況に合わせて質問項目を変化させる必要があります。AI を活用した問診支援システムは，患者の症状によって質問項目が適切に変化して，推測病名リストの提示や質問に対する回答がテキストデータで成形されます。この技術を初診患者の問診に活用すると，看護師の支援で患者がタブレット端末を用いて問診を入力すると，状況に合わせた深く詳細な問診が可能になります。また，トリアージのレベルが自動計算され，緊急性によるトリアージに活用できます。来院前のオンライン問診に活用することで，発熱のない COVID-19 症例も考慮した判断が可能になり，感染対策の水準向上に寄与しています[20]。

　2つ目が，画像解析技術の活用です。画像解析技術とは画像から写っている対象の情報を抽出する技術で，自動車の自動運転や産業機器の品質管理など様々な分野で活用されています。この技術は3つに区分され，1つ目が画像中の対象から数値データを算出する「計測」で，工業製品の品質検査などで傷の数を数値化する等に使用されています。2つ目が，画像に写っている対象が何かを当てる「分類（認識）」で，撮影対象を「イヌ」，「ネコ」と見分けたり，「街」，「夜景」などの画像を全体としてその特徴を区分します。3つ目が，「何が」に加えて「どこに」写っているかを当てる「検出」があり，デジタルカメラの「顔検出」や医療画像の診断に利用されます[21]。

　医療領域では，CT や MRI 画像の読影に画像解析技術が活用され，「見落としの防止」，「読影時間の削減」，「新たな診断基準の創出」が期待されています[22]。見落とし防止は，AI が医師を完全に代替するのでなく，信頼できるセカンドオピニオンとして医療を補助する役割であり，医師の負担を軽減

して読影時間の短縮も期待できます。また，地域医療連携ネットワークの拡大で，日本中から集約される多くの症例データは画像読影の AI 研究を促進し，新たな診断基準の創出が期待できます。

精密機械技術，センサー技術，ソフトウェア技術の進化は，これまで人間の手に委ねていた手術を補助する，手術支援ロボットを実用化しています[23]。執刀医の頭にジャイロセンサーを装着し，頭の動きで内視鏡が操作でき執刀医が望む術野の画面に切り替えが可能で，手術の効率化を支援します。通常は執刀医が希望する部位にカメラを向ける医師（スコピスト）が補助しますが，その役割をロボットが代用できます[24]。

ICT 技術の進化は医療の情報領域の改善に留まらず，AI といった人間の知的推論を補助する技術や，画像認識や精密機械技術といった視覚や身体動作を補助する技術と組み合わさり，医療の質的向上が格段に進むことが期待されます。

9-7

サービス・マネジメント向上のための改善活動

本節では，サービス・マネジメント向上のために，ICT をどのように活用して仕事を改革するか，その視点について考えます。これまで例示した，様々な ICT を活用した改善事例を整理すると，次の 2 つに区分できます。

① 個々の仕事やサービスを改善する

アプリによる予約管理，画像診断の AI 活用，ビデオカンファレンス，手術支援ロボット，などの ICT 活用は，作業や医療行為に直接作用して医療品質の向上に寄与しています。個別タスクに焦点を当てた，効率性や品質を改善するための ICT 活用です。

② 情報の集約・共有で人と仕事を接続する

地域医療連携ネットワークの例では，中核病院と診療所で患者情報共有して患者の治療を分業して，サービス品質を高めました。オンライ

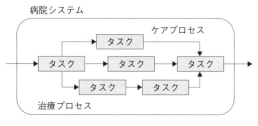

図9-6　改善の視点

出所：筆者作成

　ン問診の情報は電子カルテと連携し，診察や治療にシームレスに仕事が接続されました。PHR の例では，過去の健診結果や治療・投薬情報が統合管理され，新たな疾患治療時に普段と異なる医療機関であっても，情報を継続的に使用して医療品質を向上させました。

　第3章では，サービス・ブルー・プリンティングを活用したサービス・マネジメント向上を議論しました。レストランのサービスで例示されたように，良好なサービスに提供には，フロント・ステージおよびバック・ステージの両方の仕事を考察し，サービス提供を仕事の流れと考え，個々の仕事を明確に定義して，その流れをフローチャート化して再設計します。第11章のメイヨー・クリニックのデスティネーション医療は，図9-6のように病院をシステムとして把握し，個々の医療行為（タスク）の改善と，治療の流れ（プロセス）の2つの改善を融合させた結果といえます。すなわち病院業務を，「モノ（例：患者，薬剤）の流れ」と「情報（例：検査指示，診断結果）の流れ」，「タスクのつながりで構成されるプロセス」と把握して，ICT を活用した改善を進めたのが，メイヨー・クリニックのデスティネーション医療の提供です。

　モノの流れと情報の流れを可視化して管理する例として，トヨタ生産方式[25]で行われている「カンバン方式」を紹介します。図9-7には，前工程と後工程があり，後工程は前工程が製造した部品を受け取り，次の加工作業を行っています。後工程は，自分の作業が終わると「引き取りカンバン」を外して部品を次工程に流します。そして，「引き取りカンバン」を持って前工程に行き，完成している部品の「仕掛りカンバン」を外して「引き取りカン

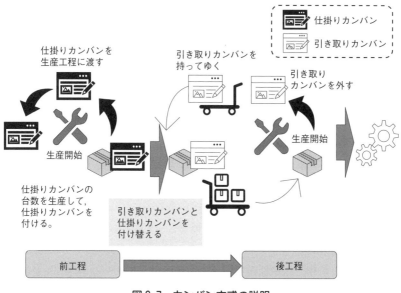

図 9-7　カンバン方式の説明

出所：筆者作成

バン」に付け替えて部品を持ち帰ります。外された「仕掛りカンバン」が来ると，前工程は部品生産を行い，完成した部品に「仕掛りカンバン」を取り付けて完成品置き場に運びます。このように，モノの動きと伝票（情報）の動きが同期して流れ，作りすぎ在庫を防止することができます。

　カンバン方式の例は，モノと情報の動きをカンバンと呼ばれる伝票を用いて同期的に管理するモデルですが，紙伝票では扱える情報量に限界があります。実際の生産現場では，ICT を活用して工程ごとで生成される，間接資材使用情報，工程内在庫量情報，品質検査情報，作業者勤怠情報，不良品数情報，といった多種の情報とモノの動きを統合的に管理します。大量の部品で構成される自動車や家電の生産プロセスは複雑で，多品種の部品を欠品無く正確に各工程に届け高い生産性を維持するには，ICT の活用と日々の改善活動が不可欠です。生産工場で行われているプロセス管理や改善手法は，複雑な病院のサービス・マネジメント向上に，有用な手法といえます。

　第 11 章で扱う，メイヨー・クリニックのデスティネーション医療の，成

功要因は，まず，顧客の医療サービスに対する評価は「個々の診断や作業」で決まるのでなく，トータルのサービス品質で決まるということです。すなわち，前節で議論したように，個別タスクの改善だけでなく顧客（患者）の来院からお帰りまでのトータルシステムの改善が必要で，メイヨー・クリニックの場合，患者の滞留が発生する MRI を効率的に運用する点が鍵であり，それを ICT による統合管理で解決しました。すなわち，MRI は病院システム中のボトルネックであったといえます。

　ボトルネックとは，高速道路の料金所やトンネルで渋滞が発生する例でわかるように，時間当たりの処理量（本例では車両の通過量）が他の部分より低い場合に滞留が生じる場所で，工場では多数の生産工程の中でスピードが遅い工程を指します。ボトルネックの概念は，工場だけでなく様々なビジネスシーンに適用できる考え方です。ボトルネックが引き起こす問題点として，システム全体の生産性が低下する問題です。システム全体の生産性は，多くの工程の処理能力が高くても，必ずボトルネックの処理量に支配されます。ボトルネックが生じるところには，工場では在庫，病院では診察待ちの患者があふれることになります。工場の在庫が増えると，在庫に資金が固定化され直ぐに使える資金が減少します。病院の場合では，患者の不満が高まり病院の評価を下げる要因となり，働く従業員側にも精神的ストレスを高める要因となります。

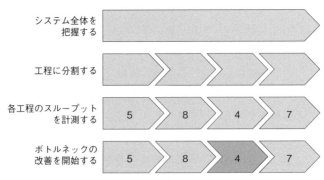

図 9-8　制約条件の発見

出所：筆者作成

システムの中でボトルネックを発見して改善する考えは，TOC（Theory of Constraints）「制約条件の理論」と呼ばれ，エリヤフ・ゴールドラット博士により提唱されました[26]。スループット（単位時間内に処理できる仕事量）という評価指標を用いてシステム改善を進める思考で，第4章で紹介したように，5つのステップで改善を行います。

1. システムの制約条件を見つける
2. 制約条件を徹底的に活用する
3. 制約条件以外のすべてを制約条件に従属させる
4. 制約条件の能力を高める
5. 制約条件が解消されたら，最初のステップに戻る

　メイヨー・クリニックの事例では，MRIがボトルネックに成ったために，患者の予約は「MRIの予約」を一番最初に行い，必ず予約がフルに入ることを中心命題に計画管理を実施しました。

　エリヤフ・ゴールドラット博士は，システムの中でボトルネックが生じて在庫や納期遅延が生じる状況を，ボーイスカウトの行進に譬えて説明します。少年たちの行進の中で「足が遅い」メンバーがいた場合，遅い少年と前の少年の間隔は徐々に広がり，隊列全体は長く伸び先頭がゴールしても，後方メンバーは足の遅い少年と一緒にゴールします。足が遅い少年が，ボトルネックです。行進の場合，足の遅い少年を先頭にして，全員は彼の歩みに同期して追随します。彼が立ち止まることなく一定速度で歩み続ける補助を行い，他のメンバーは彼の負荷が低減するサポートも加え，隊列全体の歩みを速めます。メイヨー・クリニックが，一番最初にMRIの予約を埋めていったのは，このボーイスカウトの行進の改善策と同じ思考です。

　サービス・マネジメントの改善は，システムを構成するタスクとプロセスを「鳥の目」[27]で観察して，ボトルネックを発見して改善するアプローチと，「虫の目」でタスク自身の効率を向上させる2つのアプローチを考慮しながら，サービス・ブループリンティングを継続的に書き換えることが大切です。

　業務改善の活動は，製造業を中心に働く労働者が自ら知恵を出して実践するQC活動と呼ばれる小集団改善活動が1960年代より導入され，生産効率

表 9-6　製造現場と医療現場の比較

項目	製　造	医　療
対象	ハードとしてのもの	感情をもった人
目的	不良品を作らない	異常を正常に回復
目標レベル	一定の水準	人によってマチマチ
提供のしかた	大量生産 （くり返しが多い）	個別サービス （くり返しがない）
確認時間	あり	非常に短い
知識	部分工程	広い範囲

出所：杉山（2008）

や製造品質の向上に大きく寄与しています。2000 年頃には医療領域においても QC 活動が定着し[28]，多く活動実績が報告されています。

　製造現場は対象がハードであり，バラツキを抑制して品質向上を目指しますが，医療の対象は人でありその病状も程度も固有で感情を持った患者です。医療サービスは患者ごとに個別でくり返しが無く，工業製品のように品質水準を測定することは困難なように，医療領域の方が複雑で個人の知識やスキルに頼る部分が多いといえます。しかし，患者重視の品質管理の視点は工場管理と同じで，改善手法は真似るべき要素が多くあります[29]。

　日本では QC 手法を用いた小集団を中心に医療品質の向上を進めてきましたが，メイヨー・クリニックの事例では日本とは異なり「シックス・シグマ手法」を用いて改善効果を上げてきました。シックス・シグマ手法は，1980年代米国の競争力委員会が日本企業の競争力を徹底的に調査し，生産技術水準と製品品質の高さが競争力の要因と結論付けたことをきっかけに，元モトローラ社のマイケル・ハリー博士が，日本の TQC 研究から開発した品質改善手法です。テキサスインスツルメント社，IBM 社，ABB 社，アライドシグナル社が 1992 年から 1994 年にかけて同手法を導入し，GE 社も 1995 年に導入しました。名称の由来のシックス・シグマは，品質バラツキの統計学上の概念である，「標準偏差 6 σ以内の高い管理レベル」に由来するもので，品質バラツキを 6 σ以内に抑えることではありません。この手法の特徴は，事業目標から展開された「数値化された活動目標値の設定」と，専任化され

表 9-7　QC 手法とシックス・シグマ手法の問題解決方法の比較

QC手法の 問題解決ステップ	シックス・シグマ手法の 問題解決ステップ	狙　い	使用する手法
①テーマ選定の理由	① Define	取り上げるべきテーマの決定 事実を定量的に評価する	グラフ，品質管理７つ道具
②現状把握	② Measure	結果の悪さを調べ，要因の絞込みを行う 目標との乖離や挙動を評価する	ヒストグラム，時系列グラフ，層別，測定システム分析
③解析	③ Analyze	絞り込んだ要因に応じて，特性と要因の関係を調べる	相関分析，回帰分析，多変量解析
④対策	④ Improve	仮説を実験を用いて検証する	実験計画法，タグチメソッド
		技術的側面から対策を検討する	FMEA, FTA
⑤効果の確認		効果を実験，試験的操業などで確認する	検定，推定，実験計画法
⑥標準化	⑤ Control	実際のプロセスで対策を導入する	標準化の教育
⑦今後の課題		次に検討すべき事項を明確にする	

出所：筆者作成

たブラックベルトやグリーンベルト[30]と呼ばれる改善メンバーの設置が挙げられます。

　シックス・シグマ手法は QC 手法から生まれた手法のため，類似する点が多く，表 9-7 の問題解決方法の比較では，解決ステップ数は少し異なりますが，各ステップで使用する分析改善手法は同じで，実務上の方法は同じといえます。

　しかし，決定的に違うのが双方の活動構造です。QC 活動は従業員の自発的な活動に委ねられますが，シックス・シグマ活動はトップダウンで，活動メンバーは業務命令で任命を受けます。選定される解決課題も，QC 活動は「現場の困り事の解決」が基本ですが，シックス・シグマは経営視点で課題設定され，組織横断のクロスファンクションチームが解決に当たります。こ

表 9-8　QC 手法とシックス・シグマ手法の活動構造の比較

項目	QC	シックス・シグマ
目的	質を上げれば利益が上がる	利益を上げるために質を上げる
方針決定	ボトムアップ	トップダウン
組織形態	企業に依存する	基本パターンが用意されている
推進力	方針管理，日常管理，機能別管理，QCサークル	ブラックベルト，グリーンベルトの専任者
改善の指針	問題解決型 QC ストーリー，課題達成型 QC ストーリー	DMAIC
考え方	トップの重要性，プロセス重視，顧客重視	
活動単位	職場の小集団	組織横断のクロスファンクショナルチーム

出所：筆者作成

の違いによって，シックス・シグマ活動は組織横断の仕事に対してダイナミックな解決，例えば「仕事のフローを一新する」などに適しています。固定されたプロセス上で改善活動を行う場合には QC 手法が適しますが，企業全体のプロセスにメスを入れるとなるとシックス・シグマ手法が適しており，「改善された新プロセス」を着実に適用維持するには，新プロセスをICT 化することが有効です。このように，シックス・シグマ推進と DX 推進は，相性が良い活動といえます。

　2000 年以前の日本は，現場主体の改善活動で労働生産性を高めてきましたが，近年の産業構造変化や ICT 進化の下では，QC 活動的視点だけに頼るのには限界があります。トップダウン視点で全組織挙げた業務改革と，DX 推進の両軸が必要といえます。

ICTを活用したサービス・マネジメント：製造企業の事例

　医療領域におけるICT活用を考えるため，早い時期からICTを使いこなしてきた製造企業の事例を参考に見てみます。生産活動でコンピュータが最初に使われたのが1950年代で，工作機械をプログラム制御して，例えばプロペラやスクリューといった複雑な形状の三次元加工が始まりました。その後，手書きで作成されていた設計図面が電子情報に置き換わることで，モノづくりの最上流で作成された情報が，部品や材料の調達や工程設計および生産活動にまで，一貫して利用される状況が1990年頃に完成され，現在のグローバル活動拡大に寄与しています。

　近年，製造企業では「モノづくり」だけでなく，モノとサービスを融合させる新しいビジネスモデルが多く生まれています。モノの価値にサービスを付与して高価値を生み出し競争力を高める戦略で，製造企業でもサービス・マネジメントが重要な要素になっています。いま，そのカギを握るのがICT活用で，次に示す彼らの新たな活動事例から，「遠隔」，「分析・予測」，「新たな価値」という3つのキーワードが見えてきました。

　1つ目が，三菱日立パワーシステムズ株式会社が実施する，発電所の遠隔監視サービスの事例です[31]。発電所にとって運転停止は非常に大きな社会的影響を与え，それを防止する運転状態監視と異常予兆検知は重要な課題であり，加えてCO_2排出抑制のための効率的運転制御の要望も強くなっています。1990年代より，運転状態を多種のセンサー情報で監視する技術開発が進められ，現在，日本・フィリピン・米国に設置された遠隔監視施設（RMC）で，各国発電所の運転情報をネットワークで集約し，状態分析および監視を行っています。

　集約されたデータは，AIアプリケーションを使って，運転の性能分析と寿命分析の2つの処理が行われます。その処理結果を用いて，発電所の高い

出力を得ながら熱効率や稼働率を高め，各要素の性能劣化を抑えつつ，予防保全の情報を提供して故障停止を防止しています。熟練技術者の知識に頼っていた運転管理を，彼らのノウハウをソフトウェアに移転し，日々生まれるビッグデータを AI 処理して蓄積活用することで，経験の浅い従業員では困難な高度な運転管理を，グローバル基盤でサービス提供を行っています。これは，発電所のハードウェア・ビジネスに加えて，ICT による運転管理サービスといった，顧客に新たな価値提供を実現する事例です。

　2つ目は，株式会社小松製作所のブルドーザなどの建設機械の ICT 活用事例です[32]。2001 年から建設機械に，運転情報や車両位置情報が収集できるシステムを標準装備し，遠隔で情報収集と共有ができるコムトラックスというサービス提供始めてきました。このサービスにより，①消耗品の交換時期が予測でき確実な保守が可能となる，②移動する車両の位置把握が可能でメンテナンスの容易化と盗難防止効果が高まる，③実際の運転データと理想の運転を比較し省エネ運転の提案を行う，といった3つの新たな価値を提供しています。

　さらに，施工現場をドローン等による現場地形測定を行い，三次元データによる設計図面を作成して，コムトラックスで作業させることで，半自動運転で施工状態が把握でき測量や修正施工作業が大幅に削減できるサービスもスタートしています。遠隔で作業管理が可能となり，危険な現場に立ち会う作業者を減らすことで，安全面にも大きく寄与しています。このように，建設機械販売にサービスを付与することで，オペレーションの改善（顧客），プロダクトサポートの効率化（代理店），生産・開発活動への活用（メーカ）といった，「三方よし」の新しい価値提供を実現しています。

　2つの事例は，製造企業が ICT を活用することで，自社に留まらず顧客や社会的な価値提供を行っています。そして ICT の情報伝達特性を活かし，グローバル規模の「遠隔」の効果を得ています。日々生まれるビッグデータをコンピュータの演算能力を使い「分析・予測」して，様々な管理行動の向上に役立てています。顧客には，顧客独自では得ることができなかった「新たな価値」を提供し，大きな社会貢献をなしえています。製造企業によるICT のサービス利用は，医療領域における改善活動に，様々なヒントを与

えてくれる事例といえます。

【注】
1. 日本医師会総合政策研究機構「ICT を利用した全国地域医療連携の概況（2017 年度版）」。
2. 厚生労働省 医療情報連携ネットワーク支援 Navi「医療情報連携ネットワークとは」(https://www.mhlw.go.jp/stf/seisakunitsuite/bunya/kenkou_iryou/iryou/johoka/renkei-support.html)。
3. 厚生労働省 医療情報連携ネットワーク支援 Navi「医療情報連携ネットワークとは」(https://www.mhlw.go.jp/content/10808000/000644575.pdf)。
4. 二次医療圏とは，一体の区域として病院等における入院に係る医療を提供することが相当である単位として設定。344 医療圏（2013 年 4 月現在）。
5. 日本医師会総合政策研究機構「ICT を利用した全国地域医療連携の概況（2015 年度版）」。
6. 日経メディカル Online（2008 年 5 月 1 日）(https://medical.nikkeibp.co.jp/leaf/all/special/it/casestudy/200805/506335.html)。
7. 厚生労働省 2006 年統計では，人口 10 万対医師数は 206.3 人。
8. 厚生労働省「医療分野の情報化の推進について」(https://www.mhlw.go.jp/stf/seisakunitsuite/bunya/kenkou_iryou/iryou/johoka/index.html)。
9. 倉敷中央病院「みんなのくらちゅう」（2020 年 8 月 1 日）。
10. 藤川敏行（2018）「地域共同利用型 PACS の紹介」『月刊インナービジョン』Vol. 33，pp. 91–92。
11. 経済産業省「デジタルトランスフォーメーションを推進するためのガイドライン」（2018 年 12 月）。
12. 厚生労働省保健局「オンライン資格確認導入の手引き」（2020 年 9 月）。
13. 厚生労働省「電子処方箋の運用ガイドライン第 2 版」（2020 年 4 月 30 日）。
14. 株式会社メドレー「電子処方箋の本格運用に向けた実証事業一式 最終成果報告」（2021 年 3 月）。
15. 厚生労働省「PHR（Personal Health Record）サービスの利活用に向けた国の検討経緯について」（2019 年 11 月 20）。
16. 自治体通信 ONLINE「妊娠・出産・子育て支援 PHR モデルについて（自治体事例の教科書）」(https://www.jt-tsushin.jp/article/casestudy_ninshin-syusan-kosodate_phr-model/)。
17. 総務省の PHR に関する取組（2019 年 9 月 11 日）。
18. 総務省『日経ヘルスケア』2021 年 1 月号。
19. 石塚満（2005）「Prominent Books and Articles in the 20th Century : Edward H. Shortliffe : Computer-Based Medical Consultations : MYCIN」『情報処理』第 46 巻第 5 号。
20. 片山覚（2021）「医師の業務を支援する AI 問診」『病院』第 80 巻第 5 号，pp. 419–422。
21. 玉井七奈（2019）「画像解析技術と解析事例」『JXTG technical review』第 61 巻第 3 号，pp. 106–109。
22. 韓昌熙・島原佑基（2021）「AI による画像診断支援の今日と明日」『病院』第 80 巻第 5 号，pp. 423–425，医学書院。
23. 加藤浩晃（2018）『医療 4.0』日経 BP。
24. 医療用ロボットに関しては，日本ロボット外科学会のホームページに歴史および最新技術が紹介されています (https://j-robo.or.jp/)。
25. トヨタ生産方式
「異常が出ると機械が停止して生産過程で不良品を作らない」「各工程で必要なものだけを作り在庫を最小化する」の 2 つの考えを柱に確立されました。顧客の注文に合わせて部品を準備し，最小の時間で組立顧客に届けることを目指した生産管理システムです。
26. エリヤフ・ゴールドラット（2001）『ザ・ゴール―企業の究極の目的とは何か』ダイヤモンド社。
27. 鳥の目，虫の目
高いところから全体を俯瞰（ふかん）して観察して考えることで，高いところから広く見わ

たすことです。虫の目とは，虫のように近いところから物事を注意深く見る視点です。ミクロの視点を持って事象を詳細に観察することです。

28. 2001 年に「医療の TQM 実証プロジェクト（略称 NDP）」がスタートした頃に，医療領域における QC 活動が定着化したといえます。

29. 杉山哲朗（2008）「製造現場から見た医療現場の品質管理への提言」『建設の施工企画』706，pp. 67-71。

30. シックス・シグマ手法の専門教育を受けたエキスパートであることを示すために，日本の柔道の階級にならって黒帯（ブラックベルト），緑帯（グリーンベルト）等の呼称を採用しています。

31. 藤岡昌則（2019）「IoT 戦略―発電所の遠隔監視サービス」天坂格郎編著『製造業経営の要諦 ものづくり新論 オペレーション・マネジメント戦略 21C』三恵社，pp. 122-135。

32. 土井下健治・村本英一・神田俊彦（2010）「建設機械への ICT 応用」『コマツ技法』56 (163)，pp. 2-6。

10

医療現場の業績管理・評価

　医療機関がサービスを継続的に提供し続けるためには，提供する
サービス全体をマネジメントサイクルの中で管理する必要がありま
す。本章では，PDCA のうち Check（確認）の部分に関する業績
管理手法としての「財務会計と管理会計」，「ABC（活動基準原価計
算）」，「バランスト・スコアカード（以下 BSC）」を紹介すること
で，医療現場における業績評価の具体的測定手法を財務面および非
財務面から解説します。

10-1

医療現場における業績とは

　日本の医療政策は，戦後長らく伝統的に国民の健康福祉向上と増進のため
の社会保障的な考え方が中心であり，産業政策的な観点はほとんど重視され
ていませんでした。そのために病院経営においてもマーケティング的な競争
戦略の観点を持たなくても良い時代が続いていました。しかし，近年の国家
財政の悪化，保険料収入の伸び悩み，急速な高齢化を背景に，病院にとって
の唯一の収入源である診療報酬の水準が厳しく抑えられている状況下で，公

共性が高い社会インフラとして医療サービスを安定的に維持・継続するためには，法人全体の中長期経営計画を策定し，管理者は業績指標を正確に理解し改善することが求められます。

　これからの病院経営の難しさは，マーケット・インの発想を持ち，多種多様の財務指標と非財務指標のバランスを保ちながら，継続的に適切な医療サービスを提供し続けることにあります。

10-2

経営分析における業績管理システムの姿

　はじめに，経営分析に関する概念図を通して，本章で紹介する「財務会計と管理会計」，管理会計の中での間接費配賦手法としての「ABC（活動基準原価計算）」，および非財務指標を加えた経営包括管理ツールとしての「バランスト・スコアカード（BSC）」の関連性を示します。

　経営分析を実施する前提として，まず自社の経営環境について，経営戦略のフレーム・ワーク[1]を用いて正確に把握し，自企業の経営理念との適合性を検証することが重要です。

　本章で取り上げるテーマとして，経営における包括的管理ツールのバランスト・スコアカード（BSC）の4つの切り口「財務の視点」，「顧客の視点」，「業務プロセスの視点」，「学習と成長の視点」の1つである財務の視点の中に財務会計と管理会計があり，さらに管理会計において間接費（overhead cost）を部門に配賦する手法として，「伝統的配賦手法」と「ABC（活動基準原価計算）手法」があるという位置づけになります（図10-1）。

　本章では間接費率が高いサービス業としての医療機関の特性を考慮して，間接費の配賦手法としてABC基準の解説に重点を置いています。

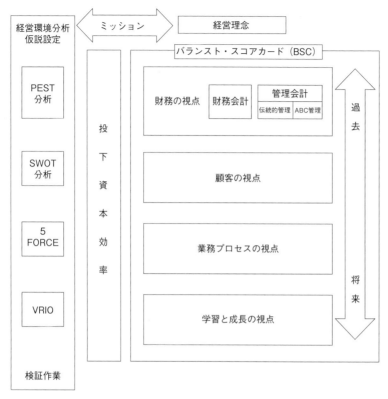

図 10-1　経営分析に関する概念図

出所：筆者作成

10-3

業績管理ツールとしての財務会計と管理会計

　会計（accounting）とは，特定の経済主体が営む経済活動を測定し，記録し，かつ伝達する行為です。これらの行為を通じて得られる各種の情報は，会計情報（accounting information）と称されます。また会計情報は，それ

表 10-1　財務会計と管理会計の比較

	財務会計	管理会計
目　的	企業外部のステークホルダーに対する投資，融資等の意思決定のための会計情報を提供する。	企業内部者，主に経営幹部に対して内部管理（業績評価，意思決定，予算管理，原価管理）情報を提供する。
準拠法等	会社法，企業会計原則，金融商品取引法，法人税法	なし
利用者	投資家，債権者（銀行），行政等	経営者，部門管理責任者
作成書類	財務諸表（貸借対照表，損益計算書，キャッシュフロー計算書）個別注記表	任意
会計期間	四半期（3ヶ月），半期（6ヶ月），通期（1年）	任意（例えば月次，経営計画の設定期間等）
対象組織	個別（単体企業）連結（グループ会社）	任意（全社，病棟別，診療科別等）
単　位	通貨（円単位まで）	任意（通貨，回数，投入時間，人数等）

出所：筆者作成

を提供する相手によって財務会計（financial accounting）と管理会計（management accounting）に分けることができます。

　財務会計が事業活動の内容および成果を，組織外のステークホルダー（利害関係者）に対する情報提供を目的としている会計情報であることに対し，管理会計は組織内の経営者または部門責任者等の経営意思決定者を対象とした会計情報で，経営資源を有効かつ効率的に配分し，その成果を測定・評価するなど経営上の意思決定に用いられる会計です。このような目的の違いがあるため，医療機関の場合の財務会計は，病院会計準則（昭和40年厚生省医局長通知として制定され平成15年9月に企業会計原則の大幅改正を受け，厚生労働省より改正版が公表された）によって厳正なルールに従った会計情報の提供を義務付けられ，客観性，確実性，検証可能性が求められています。一方の管理会計では，経営者が将来に向けての意思決定に役立つ情報の提供を目的としているための内部的な会計情報であるので，一定の蓋然性の下での組織の業績管理，予算管理を行い，無駄な経費削減や投資判断という経営判断の材料としての意義があります。

表 10-2　財務会計の分析指標

指標の種類	分析目的	計算式
「安全性」の指標		
流動比率	短期的な支払能力	流動資産/流動負債
固定比率	長期的な支払能力	固定資産/自己資本
固定長期適合率		固定資産/（自己資本＋固定負債）
自己資本比率		自己資本/総資本
「収益性」の指標		
自己資本利益率	資本と利益の関係	当期純利益/自己資本
売上高利益率	売上と利益の関係	利益/売上高
売上債権回転率	資産の効率（回転）	売上高/（受取手形＋医業未収金）
棚卸資産回転率		売上高/（医薬品などの棚卸資産）
固定資産回転率		売上高/固定資産
「生産性」の指標		
労働生産性	職員一人当たりの付加価値額	付加価値/職員数
「成長性」指標		
売上高増加率	過去の決算期との趨勢	当期売上高/売上高（比較対象決算期）
当期純利益増加率		当期純利益/純利益（比較対象決算期）

出所：筆者作成

10-3-1　財務会計における業績管理

　財務会計は公表される財務三表「BS（貸借対照表），PL（損益計算書），CS（キャッシュフロー計算書）」および付属明細表によって，期末時点における資産・負債と自己資本の状況，および収益期間の集計結果が把握され，さらには一定期間に属するすべての資金の収支内容を明らかにすることで，企業活動全体の財務情報を提供しています。その情報の企業外部利用者は，財務データを分析することにより投資，融資のための判断材料とするのですが，内部においては得られた財務データを基に，以下の指標を作成し自らの経営戦略や計画策定の判断材料としても活用されます。

10-3-2　管理会計における業績管理

　管理会計は経営者が実行計画を策定し，その計画の実現に向けて管理を行うためのツールとして用いられます。そのため，外部に公表される財務会計

と異なり一定のルールには縛られていません。また，より細分化された責任単位（病棟，診療科，部門等），商品（サービス）単位，顧客属性単位で戦略的な目的別に会計を行います。管理会計の分析結果は独自性が強く，データ収集，加工に時間とコストがかかるため，利用者である経営者自身が明確な目的と高い問題意識を持つ必要があります。

①利益計画への活用事例

　管理会計上の「利益」とは，売上高から費用を差し引いた額であり，さらに費用には「固定費」と「変動費」に分解されます。「固定費」とは，費用のうち売上の増減にかかわらず一定額が発生する費用のことで，代表的なものは人件費，減価償却費，家賃等が該当します。「変動費」とは，売上高に連動して発生する費用のことで，医薬品費や診療材料費などが該当します。損益分岐点（brake-even point）とは利益がゼロになる管理会計上の概念の売上高のことです。

　部門別のミッションが明確になると，各部門ごとの目標利益額を設定する

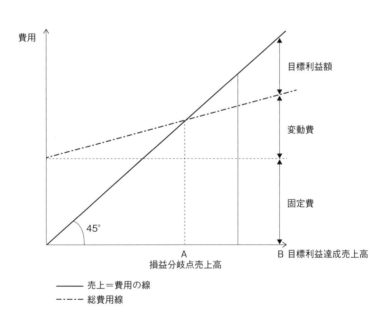

図 10-2　利益図表（損益分岐点図表）

出所：筆者作成

ことも可能になります。この場合に目標利益を達成する場合には売上がいくら必要になるのか，または費用をいくらに抑える必要があるのかを知る必要があり，「損益分岐点」はこのような場合に用いられ，次の式で求められます。

$$損益分岐点売上高 = \frac{固定費}{1 - （変動費／売上高）} \cdots\cdots\cdots\cdots A$$

損益分岐点売上高は利益がゼロになるときに必要な売上高なので，これを応用すると以下の式が成り立ちます。

$$目標利益達成売上高 = \frac{固定費 + 目標利益}{1 - （変動費／売上高）} \cdots\cdots\cdots B$$

医療現場においても，今後は部門別収益管理を進めていくうえで，この損益分岐点の考え方を共有していくことが重要になってきます。

②原価計算と管理会計

原価計算はもとは製造業における製品の製造コストの計算方法でしたが，現在はサービス産業にも広く用いられています。原価計算の目的には，財務諸表作成目的，価格計算目的，原価管理目的，予算管理目的，基本計画設定目的があり，財務諸表作成目的以外は管理会計に用いられています。

「原価」とは，経営目的のために資産や収益を獲得するために犠牲にした金額のことで，原価計算基準では表10-3のように分類されています。

③伝統的原価計算手法の課題

歴史的に見ると，管理会計の手法は1920年代に開発が進み，その後長年にわたり米国を中心に伝統的な企業経営管理ツールとして位置づけられてきました。伝統的原価計算手法では，各製品に直接的に配分できないコストを「直接作業時間」や「直接的機械作業時間」などで便宜的に割り振っていましたが，しかし企業環境の変化や製造工程の変化に伴い，正しい製品原価を把握しにくくなり，管理会計がマネジメントに有用な情報を提供できなくなってきました。間接費率が多いサービス産業においてもその傾向は顕著に見られました。

また，米国の企業経営者においては，外部ステークホルダーへの情報開示を目的とした財務会計による短期的な利益追求が過度に優先され，その結

表 10-3　原価の分類

原価の分類	解説	原価名
形態別分類	原価発生の形態による分類	材料費：素材費（又は原料費），買入部品費，燃料費，工場消耗品費，消耗工具器具備品費 労務費：賃金（基本給のほか割増賃金を含む），給料 　　　　雑給，従業員賞与手当，退職給与引当金繰入額，福利費（健康保険料負担金等） 経費：減価償却費，たな卸減耗費および福利施設負担額，賃借料，修繕料，電力料，旅費交通費等
機能別分類	経営上のいかなる機能のために発生したかによる分類	材料費：主要材料費，修繕材料費，試験研究材料費等の補助材料費，ならびに工場消耗品費等 賃金：作業種類別直接賃金，間接作業賃金，手待賃金等 経費：各部門の機能別経費
製品との関連における分類	製品に対する原価発生の態様による分類	直接費，間接費，加工費
操業度の関連における分類	操業度の増減に対する原価発生の態様による分類	変動費，固定費，準変動費，準固定費
管理可能性における分類	原価の発生が一定の管理者層によって管理しうるかどうかの分類	管理可能費，管理不可能費

出所：「原価計算基準」

果，伝統的な製品原価モデルを活用した管理会計ではもはや適合性を失ってしまいました（Relevance Lost[2]）。

④ ABC システム

　その後，ハーバード大学のキャプラン教授（R. S. Kaplan）は，管理会計の有用性を回復するために新しい管理会計手法を提示しました。

　1 つは，間接費の配賦にアクティビティというコスト・ドライバーを使って，より正確に間接費を配賦する ABC（Activity Based Costing：活動基準原価計算）という手法です。

　ABC は医療機関においても，診療行為ごとの原価計算を可能とする手法

として海外の医療機関において適用されてきました。特に標準化が可能な受付業務，診察料計算業務，レセプト作成業務などの事務系の活動，中央部門におけるレントゲン撮影や血液検査などの検査業務等はアクティビティに分解して，それぞれにスタッフがどれくらい時間を投入しているか，物品を消費しているかを測定し，それぞれの活動（アクティビティ）に原価を割り振る原価管理手法である ABC が有効になります。また，近年ではその個々の活動が価値創造プロセスの分析において，顧客価値を生むための必要なビジネスプロセスなのか，無駄なコストがかかっていないかを把握して，サービス品質の向上に役立てる ABM（Activity Based Management：活動基準原価管理）という視点が取り入れられています。

⑤ ABC システム導入プロセスと事例

　ABC は患者や治療種類ごとにかかっているコストをできるだけ正確に把握しようと，コストドライバー（配賦基準）に基づいて間接費の配賦を行うのですが，その導入プロセスは図 10-3 のようになっています。

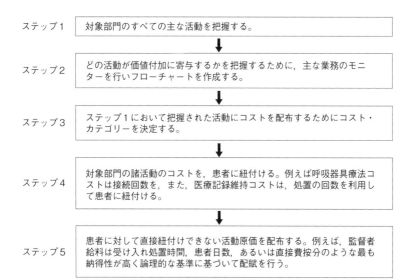

ステップ1　対象部門のすべての主な活動を把握する。

ステップ2　どの活動が価値付加に寄与するかを把握するために，主な業務のモニターを行いフローチャートを作成する。

ステップ3　ステップ1において把握された活動にコストを配布するためにコスト・カテゴリーを決定する。

ステップ4　対象部門の諸活動のコストを，患者に紐付ける。例えば呼吸器具療法コストは接続回数を，また，医療記録維持コストは，処置の回数を利用して患者に紐付ける。

ステップ5　患者に対して直接紐付できない活動原価を配布する。例えば，監督者給料は受け入れ処置時間，患者日数，あるいは直接費按分のような最も納得性が高く論理的な基準に基づいて配賦を行う。

図 10-3　ABC システム導入プロセス

出所：中田（2000）を参考に筆者作成

⑥ ABC システムの事例

　次に Helmi & Tanju（1991）で紹介されているナースステーションの事例
を使って，3つの活動がどのようなコストに結び付くのかを説明します。

　対象とするナースステーションでは合計で年間＄16万6000の人件費が発
生しており，またこのステーションでは1850患者日数に対して看護ケアを
提供しています。この場合，伝統的な原価計算システムでは患者1日当たり
のコストは＄89.73（＄166000 ÷ 1850 日 ＝ ＄89.73）とされますが，患者に対
するケアの頻度（要介護度）別，具体的ケアの活動別によるコストまでは判
明できません。これに対して ABC システムでは，まずナースステーション
の3種類の主な活動（監督，看護ケアの提供，シーツおよび衣服の取替）が
行われており，それぞれ次のようなコストが発生していることが把握できま
した。

　伝統的原価計算で算出した患者1日当たりの＄89.73はこのナースステー
ションの平均原価ですが，原価の発生額（活動原価）と発生原因（コスト・
ドライバー）を用いた詳細な原価は反映していません。そこで表10-5で縦

表10-4　原価と活動の結び付け

活　　　動	人数	総原価
監督	1	$50,000
看護ケアの提供	5	$80,000
シーツ及び衣服の取替	3	$36,000
合　　　計		$166,000

出所：Helmi & Tanju（1991），p. 91

表10-5　患者の分類

コスト・ドライバー／ケアの頻度	入院患者数	患者日数	ウェイト	ウェイト付けした患者日数
高い	100	500	3	1,500
平均以上	250	750	2	1,500
平均	300	600	1	600
合　　　計	650	1,850		3,600

出所：Helmi & Tanju（1991），p. 91

表10-6　活動ごとの総原価

ケアの頻度	監督原価	看護ケアの提供原価	シーツ及び衣服の取替原価	総原価
高い	$7,692	$33,333	$9,730	$50,755
平均以上	$19,231	$33,333	$14,595	$67,159
平均	$23,077	$13,334	$11,675	$48,086
合　計	$50,000	$80,000	$36,000	$166,000

出所：Helmi & Tanju（1991　p. 91）

軸に患者のケアの頻度（要介護度）別に区分し，横軸にコスト・ドライバー（入院患者数，患者日数，ウェイト付けした患者日数）を配分すると，表10-6で表されるように活動と看護の頻度（要介護度）を考慮した年間の総原価を計算することができます。

　さらに表10-6の総原価を表10-5の患者日数で割ることで，3段階の患者属性ごとの1日当たりのコストを計算することができます。それによるとケアの頻度が高い患者（$101.51），平均以上の患者（$89.55），平均的な患者（$80.14）となり，より詳細なデータを把握することで病院の計画設定，統制プロセスの改善に活用することが可能になります。

⑦医療サービス原価計算の可能性と課題

　日本においても病院原価計算の分析整理に基づいたABCの導入研究が行われ，例えば看護部門へ導入したケースも紹介されて一定のコンセンサスが報告されています。一方で診療報酬が実際に発生するコストの実態に応じたものになっておらず，「診療報酬の歪」がそのまま部門別原価計算結果に反映していることも，現場での原価計算の活用を難しくしている一因になっています。

　近年ICT技術の進展により必要なデータ収集・分析の煩雑さも解消されつつあります。さらに疾患別診療データ，患者別診療データ収集の仕組みも広がりつつあり，またそれらの原価計算から得られる情報は，医療サービス・マネジメントの改善においてきわめて重要です。しかし，それだけでは組織マネジメントはできません。また部門別原価管理だけでは現場改善には限界があります。得られた貴重なデータを活用するためには，それぞれの目

的に合った研究を深める必要があり，医療現場においても目的を明確に意識して，複数原価計算により得られた分析結果を適切に活用できる「職員のデータ活用に関する情報リテラシーの向上」が今後の課題です。

10-4

バランスト・スコアカード（BSC）とは

10-4-1　包括的業績評価システムとしての BSC

　伝統的管理会計の問題を解決するための2つ目の手法として提示されたものが，次に解説するバランスト・スコアカード（BSC）です。BSC は1990年代前半に前述のキャプラン教授（R. S. Kaplan）とコンサルタントのノートン氏（D. P. Norton）により提唱され，バランスの取れた包括的な業績評価手法として，産業界から評価が高い戦略的な経営システムのことです。BSC による業績評価は「財務の視点」，「顧客の視点」，「内部業務の視点（現在は業務プロセスの視点）」，「イノベーションとプロセスの視点（現在は学習と成長の視点）」の4つの視点から構成されるのが特徴です。

　ここでいうバランスとは，品質，効率性，収益性の各業績側面の間のバランス，財務指標と非財務指標間のバランス，長期と短期のバランス，先行指標と遅行指標のバランス，ステークホルダー（出資者・顧客・職員等）間のバランス等のことです。

　先にも述べた通り，当時の米国においては，前年度の事象を報告するための財務諸表を基にした短期的利益追求がもたらす弊害が問題となっていました。そのような問題に対処するため，将来的に業績を向上させる非財務的なデータを可視化しながら組み合わせることにより，多角的な側面からバランスを取りながら経営していくことが可能である「BSC の機能」は，総合的なマネジメントツールとして高く評価されました。

10-4-2　戦略的マネジメント・システムとしての BSC

　その後キャプランとノートンは BSC が単なる業績評価ツールにとどまる

ことなく，戦略マネジメント・システムとして活用できることに言及します。

　そこではBSCを利用して，戦略を管理・遂行するための4つのステップとして①組織のビジョンおよび戦略の明確化，②戦略目的と尺度の周知と報酬の連動，③計画，目標値の設定，および実施項目と戦略の整合性，④戦略のフィードバックおよび学習の強化を明示しています。すなわちBSCを活用することにより，経営ビジョンを各組織のレベルにブレーク・ダウンして，職員各自が努力すべき戦略的方向性を明確にします。また，諸指標の結果を通じて因果連鎖を再考することにより戦略を修正しブレーク・ダウン各視点領域における業績を現場にフィードバックして，戦略的観点から各部署の努力を正当に評価することができるとされています。また，これらのマネジメント・プロセスは上記の4つのステップを経たのちに，また第1のステップに戻りながら，スパイラルアップを繰り返し，継続的に経営のレベルアップを実現することが可能であると述べています。

10-4-3　財務指標と非財務指標

　財務指標が経営の結果を貨幣額によって総合的に示すものであることに対し，非財務指標では主に経営プロセスに着目して，貨幣以外の単位で示されて財務指標と補完関係にあります。具体的には，①物量指標（度量衡，操業時間，回数，投入人員等），②比率指標（物量/金額，物量/物量），③ランク（5段階アンケート結果，顧客ランク等）があります。これらの非財務指標はサービス品質の改善を促すプロセス指標の特色を持ち，総合的な経営指標として非常に有効である反面，定性的な要素が影響するために測定が難しい性質があります。

10-4-4　医療機関におけるBSC

　医療業界においてBSCは，米国で1990年代末以降に導入されたといわれています。我が国では，2002年（平成14年）に雑誌『病院』（医学書院）で医療BSCに関する論文が発表され，2003年に三重県立病院において実証研究が公表されています。その背景には医療業界においても経営戦略策定の必要性が高まり，アカウンタビリティ（説明責任）の高まり，診療と経営の融合領域における総合的経営管理の重要性の高まり等があるといわれていま

す。特に，非営利組織としての側面を持つ医療業界においては，利益以外の成果尺度含む多面的な業績評価軸を持ったBSCの考え方は，医療機関の経営に大きなメリットをもたらしました。

　一方で医療業界の課題としては，経営ビジョンや戦略，権限と責任，業績の不明確さ，経営者の関与と有能な経営管理員の不足，職員の経営管理意識の低さ，BSC活動を支える組織および情報システムの未整備を克服することが継続的な課題であるとされています。

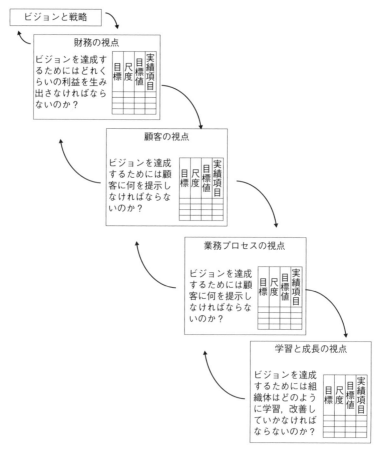

図 10-4　BSC の基本形と戦略の因果関係
出所：Kaplan & Norton（2000），邦訳 348 頁

10-4-5　BSC の構成（4 つの視点）

　前述の通り，キャプランとノートンが提唱する BSC の基本形は「財務の視点」，「顧客の視点」，「業務プロセスの視点」，「学習と成長の視点」の 4 つの枠組みから構成されています。

　次に，4 つの視点についての解説を行い，医療機関で設定されている具体的な KPI[3]（重要業績指標）の事例を挙げて説明を行います。

① 財務の視点

　財務の視点では「成功するためにはステークホルダーに何を提示するのか？」。換言すると，医療収益や総資本回転率，医療収益増加率などが典型的な指標になり，病院の経営者は，債権者（銀行等）や経済的なステークホルダーに対して何をなすべきかという視点です。「収益性」，「成長性」，「安

表 10-7　病院における「財務の視点」の KPI の例

医業収益	自己資本増加率
診療単価	総資本増加率
病床利用率	自己資本比率
平均在院日数	流動比率
病床回転率	医業収益対借入金比率
総収支（損益）比率	固定長期適合率
医業（損益）収支比率	キャッシュフロー・マージン
経常（損益）収支比率	経営安全率
職員 1 人一日当たり医業収益	予定医業収益達成率
医師 1 人一日当たり医業収益	医業収益対医業利益率
人件費率	返戻率
材料費率	減点率
薬品使用効率	科別・部門別原価率
総資本回転率	パス別原価率
医業収益対経常利益率	後発品使用率
医業利益対医業総利益率	デッド・ストック率
医業収益増加率	管理コスト率
経常利益増加率	平均在庫量

出所：日本医療バランスト・スコアカード研究学会(2007)，248 頁

全性」，「継続性」などを表す財務指標が目標指標となり，すなわち経営戦略を実行した結果として，病院の利益の向上や改善にどのように貢献したのかという経済効果を測定できることが求められます。

　病院における一般的な財務の視点のKPI指標例は表10-7の通りです。

② 顧客の視点

　顧客の視点では，まず自病院にとって顧客とは誰なのか？を明確に定義することが必要です。例えば，患者，ご家族，地域社会（住民），地域の連携病院，地域の開業医，福祉施設，ケアマネージャー等の他，病院内部の顧客として自病院の職員が考えられます。ここでは「ビジョンを達成するために

表10-8　病院における「顧客の視点」のKPIの例

職員満足度	新患者数
患者満足度	新患者数増加率
患者不満度	市場占有率
患者家族の満足度	救急搬送シェア率
地域開業医の満足度	救急患者受入率
医師の治療に関する満足度	自院の推薦比率
看護師のケアに関する満足度	診療開始時刻の遵守率
コメディカルに対する満足度	診療待ち時間
事務職員の対応に関する満足度	会計終了までの待ち時間
診療の結果に関する満足度	予約外来の導入割合
ジェネリック医薬品の採用件数	院外広報誌の発行件数
紹介率	地域診療所の満足度向上
逆紹介率	患者のQOL向上度
地域診療所への訪問回数	クレーム件数
研修医受入件数	剖検率
看護実習生受入件数	インフォームドコンセント実施率
コメディカル実習生受入件数	セカンドオピニオンの実施回数
ボランティア受入件数	専門外来の診療科数
就職希望者応募件数	MSWの相談件数
診療情報開示件数	PTSD相談件数
ADLの向上率	服薬指導件数

出所：日本医療バランスト・スコアカード研究学会(2007)，249頁

は顧客に何を提示しなければならないのか？」すなわち将来的に財務的な成果に寄与してくれるマーケット・インの戦略実行が重要になってきます。病院における一般的な顧客の視点のKPI指標例は表10-8の通りです。

③　業務プロセスの視点

業務プロセスの視点では「顧客を満足させるためにはどの業務プロセスを重視しなければならないのか？」。すなわち戦略を成功に導くためには業務プロセスのどこを改善し効率化するべきなのか，を明らかにすることです。BSCでは，伝統的な既存の業務品質の改善にとどまらず，競合他病院より

表 10-9　病院における「業務プロセスの視点」のKPIの例

職員時間外勤務比率	職員平均年齢
医師時間外勤務比率	職員平均勤続年数
看護師時間外勤務比率	医師平均年齢
職員稼働率	医師採用時平均年齢
医師稼働率	看護師平均年齢
インシデント報告数	看護師平均勤続年数
アクシデント報告数	離職率
ヒヤリハット件数	医業分業率
医療過誤件数	薬品の使用効率
院内感染症発生件数	付加価値率
合併症発生件数	労働分配率
死亡率	資本生産性
再手術率	部門別の収益状況（金額）
7日以内の再入院率	疾病別コスト（金額）
30日以内の再入院率	各種委員会の実施件数
予期せぬ再入院率	ケースカンファレンスの実施回数
術式別手術時間	業務改善実施件数
手術室の稼働時間	ケアプランの作成患者数
日帰り手術の実施件数	新機械の導入件数
退院時ADL	クリニカルパス数
褥瘡発生件数	クリニカルパスの使用率

出所：日本医療バランスト・スコアカード研究学会(2007)，250頁

も優れた新規のサービス開発や，新たなルートによる新規顧客獲得のプロセス等のイノベーションプロセスを管理することが含まれます。病院における一般的な業務プロセスの視点のKPI指標例は表10-9の通りです。

④ 学習と成長の視点

　学習と成長の視点では「ビジョンを達成するために組織体はどのように学習，改善していかなければならないのか？」。すなわち職員の人材育成や院内の学習インフラ整備を行い，職員の専門スキル向上，組織や個人の暗黙知を形式知に変換して共有することで，提供する医療サービスのレベルアップまたは標準化を実現します。具体的には，病院組織としての「学習の場」を

表10-10　病院における「学習と成長の視点」のKPIの例

教育研修費	職員の満足度
教育研修費の増加額	医師の満足度
院内研修実施回数	看護師の満足度
院内研修参加対象職員数	コメディカルの満足度
院内研修参加者数	代休の取得率
外部研修参加人数	有給休暇の取得率
外部研修参加回数	残業時間数
地域に対する勉強会の実施回数	残業時間の増加率
学会参加回数	離職者数
学会参加人数	離職率
学会発表件数	看護師の離職率
論文発表件数	目標達成率
論文掲載件数	経営理念の浸透率
診療情報管理士数	避難訓練の実施回数
専門医数	災害時訓練の実施回数
認定看護師数	接遇研修会実施回数
新規資格取得者数	院外ボランティア参加回数
新規資格取得者の増加率	院外ボランティア受入れ回数
各種専門知識を持つ職員数	上司と部下の対話回数
各種専門知識を持つ職員の増加率	トップと職員の意見交流の機会
医師の充足率	労使会議の実施回数

出所：日本医療バランスト・スコアカード研究学会(2007)，251頁

整備し「機会を与える」等が考えられます。また，病院組織としての労務管理やリスク対応に対する組織能力等がどの程度向上したが等も問われます。病院における一般的な学習と成長の視点の KPI 指標例は表 10-10 の通りです。

10-5

経営戦略と BSC

10-5-1　ミッション・ビジョンと BSC の関係

　ミッションとビジョンは，病院組織の戦略の方向性を決定するうえで非常に重要な役割を果たします。この組織の存在意義は何か，どこに向かっているのか，どのようにそこへ向かっていくのか，ということを組織の構成員である職員に理解してもらうことが重要です。ドラッカーも非営利組織のミッションが存在意義を示しつつ具体的な活動を導くことが重要であると示しています。

　ミッションが「長期的に組織が目指すべき信条，存在意義，価値観」であるものに対して，ビジョンはミッションを達成するためのマイルストーン（中間点）として「3 年後，5 年後の中期的に組織がこうなっていたい，という夢をかなえるためにより具体的な姿を描いたもの」です。

　ミッションやビジョンに向かって組織を導くために，具体的な組織目標と達成させる仕組みが必要であり，その道筋を示すものが戦略です。戦略を実行するためには，強力なリーダーと組織構造と経営システムが必要とされています。

　組織の構成員である個々の職員はミッションを理解することにより，達成するためにはどのような達成プロセスが必要であるか，日常の仕事を通じてどのような行動を計画的に実行し，達成する測定指標は何があるかを具体的に設定しなければなりません。その観点から BSC を考えると位置付けが見えてきます。

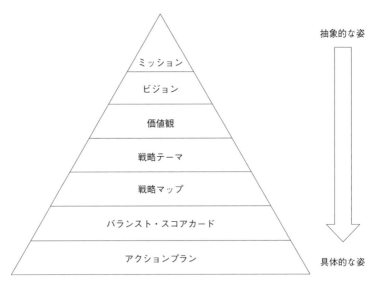

図 10-5　ミッション・ビジョンの体系上の位置付け
出所：日本医療バランスト・スコアカード学会（2007）

10-5-2　戦略マップの作成

　経営課題とミッション・ビジョンが設定されたら，戦略テーマごとにどのようなシナリオで戦略の最終目標へ到達するのかという戦略マップを作成して，各個別戦略間の因果連鎖の妥当性を検討して達成までの道筋を可視化します。

　まず自病院の独自経営資源を検討し，外部環境，内部環境を把握することにより，実行可能である戦略テーマと目標が検討されます。

　このようにそれぞれの戦略目標を BSC の 4 つの視点でつなぎ，「因果連鎖」の妥当性を検証する作業を何度も繰り返すことで，より具体的で実効可能である戦略マップができ上がります。

役割	高度医療を中心に北勢地区の外科治療を担う						
運営方針	癌医療に特化する						
区分	戦略マップ	戦略的目標	主な成果 (重要成功要因)	業績評価指標	前年度 実績値	本年度 目標値	翌年度 目標値
顧客の 視点	治療内容 の広報　疼痛緩和 の充実 紹介率UP	紹介率 治療成績の広報 疼痛緩和医療の充実	紹介率 UP 治療成績の公表 疼痛ケアの充実	紹介率 癌5年生存率 緩和講演会の実施回数	40% 2疾病	45% 乳癌・ 食道癌 1	55% 4疾病 1
財務の 視点	診療単価UP	診療単価 UP	診療単価 UP	入院単価	42,000	43,000	45,000
内部プ ロセス の視点	医療効率のUP 治療チー　疼痛緩和チー ムの編成　ムの編成	治療チームの編成 疼痛緩和チームの編成 医療効率の UP	乳癌チームの編成 クリパスの充実	クリパス数	9	12	15
学習と 成長の 視点	チーム医療の充実 専門性の追求	専門性の追求 学会活動 チーム医療充実 外傷外科の充実	専門医の増加 全国学会の参加・発表 院内勉強会の充実 緊急専門医の確保	専門医数 発表回数 勉強会実施回数 緊急専門医数	3 5 10 0	4 6 15 0	5 10 20 1

図 10-6　病院戦略マップの事例（三重県立医療センター　外科 BSC）

出所：日本医療バランスト・スコアカード研究学会（2006），85 頁

10-6

BSC の導入効果と課題

　最後に，BSC を導入した医療機関で，導入前後を比較してどのような効果が見られたか，また継続的な改善を行っていくための課題について紹介します。

　BSC は組織のミッション，ビジョンを実現するためのプロセスを示すものです。その意味で，上記の導入医療機関で見られる一番の導入効果としては，ミッション・ビジョンの再確認ができたことによる職員の経営参画意識

表 10-11　BSC の導入効果と今後の課題

BSC 導入機関	内　　　容	引用元
熊本済生会病院	熊本済生会病院において，BSC の導入が比較的スムーズに進んでいるのは平成 8 年度から始まったビジョンを持って病院を運営していくという活動があればこそである。	高橋(2004)，161 頁
	BSC は単なる考え方，枠組みに過ぎず，形だけ取り入れて戦略や目標を設定したところで，それを受け入れる内部環境がなければ十分な効果は期待できない。	
	戦略の立案から，マネジメントのための数字設定，アクションプランまでの設定を体系立てて，同じ言葉で，病院の管理運営部門から 1 スタッフが語り合うことができるような環境を提供してくれた。	
白水会　白川病院	目標管理のなかで，4 つの視点を意識しながら部署や個人の目標設定をしていること，SWOT 分析をしたことで自分たちの病院の強いところ弱いところといった内部環境や，チャンスや脅威といった外部環境を分析し，知りえたところで，自分たの置かれている状態がはっきりしたこと，直接収入に直結しない部署や業務であっても間接的に財務の安定に寄与していることがまだおぼろげではあるが，職員全体にわかりはじめてきたことなどがあげられた。	日本バランスト・スコアカード研究学会(2007)，153 頁
デューク大学小児科病院	BSC 適用前と後の財務成果を見ていると，1 件当たりのコストが 97 年の BSC 導入より次第に低下し，2000 年度には純利益が黒字へ好転した。また更には 2003 年度にはさらに純利益 400 万ドルの黒字に改善した。	日本バランスト・スコアカード研究学会(2007)，163 頁
アレキサンドラ病院	BSC を導入する床に費やした人的，時間的なものはコストではなく投資であり，組織について自らの意見をぶつけ合うといった「対話」は何ものにもかえがたい。しかし，BSC の完成はゴールではなく，スタートではあることをアレキサンドラ病院の事例は教えてくれる。	日本バランスト・スコアカード研究学会(2007)，174 頁
慶友会　吉田病院	これらの背景を考えると，逆風に耐えながら必死で努力している検査部門にとって BSC を活用したマネジメントは有効である。また，ISO15189 認定制度を活用することは，今後の検査部門にとって追い風になる可能性すらあると考える。	日本バランスト・スコアカード研究学会(2007)，193 頁

聖路加国際病院	SWOT分析により多面的な課題・現状を浮き彫りにし目標を身近なものとして捉え，そこから導き出されたBSCは病院・部署が同じ方向性を持った目標設定・行動につながることを意識化することに成功した。	日本バランスト・スコアカード研究学会(2007)，202頁
若弘会　老健施設　竜間の郷	BSCは作成する度に確実に良くなっており，今回の来年度へ向けての施設のBSC作成には，職員にもある程度の理解を得られるような手ごたえを感じている。しかし，この施設のBSCとして作成し機能するには，少なくともあと2~3年の月日は必要ではないかと考える。	日本バランスト・スコアカード研究学会(2007)，212頁
旭中央病院	BSCはビジョンと戦略を，学習・成長の視点，業務のプロセスの視点，財務の視点，顧客・社会の視点に落としこんで，戦略マップトバランス・スコアカードを使用して戦略を現場の言葉に置き換えながら実行していくツールであるが，様々なマネジメントの結果を戦略のコントロールができるようにフィードバックしうるシステムを構築しうるのが特徴でもある。	日本バランスト・スコアカード研究学会(2007)，176頁
福井県済生会病院	価値に関して目標中心のBSCと，プロセス中心のISOが上手く融合することにより，PDCAサイクルによる成長が可能になる，そしてBSCとISOには共通点としては，目標管理，定量化，ベクトルの統一，PDCAによるスパイラルアップが考えられ，BSCが業務レベルで活用されることでISOのプロセスチェックが比較的簡単に実施できることになる。	高橋(2004)，248頁

出所：日本バランスト・スコアカード研究学会（2007）「医療バランスト・スコアカード導入のすべて」および高橋（2004）より筆者作成

の醸成が実現したことです。特に間接部門の職員にとっては，自分たちの日常の仕事がどのように収入に寄与しているのかを理解するきっかけとなり，ワークモチベーションの向上が図れたことが挙げられています。また，組織における他のマネジメント・システムとの融合が図れて相乗効果が期待できること。特にISOとの相互連携マネジメント・システムであり，1つのマネジメント・システムとしてベクトル統一やPDCAのプロセスチェックの実施ツールとしての効果が期待されています。ただ，目標管理（MBO）との連携に関していえば，設定目標テーマの共通化を図る部分では，BSCのKPIを明確な目標として展開する意味でBSCと目標管理との連鎖が期待さ

れますが，目標管理を人事考課の査定ツールとして直接的に活用している場合には，BSC がより組織に定着したことが確認できたうえで実施する等の慎重さが必要であると思われます。

BSC の今後の課題として，部門的に導入したケースでは，導入範囲の拡大による全施設への展開が挙げられます。初回は形式的な部分からの導入であったとしても，設定された「対話の場」を活用してさらに議論を深め，組織や専門資格の垣根を越えた諸問題の解決を目指すことが重要になってきます。その意味でも，さらに明確なミッションとビジョンの存在が重要であることは明白です。

【注】
1. 経営戦略のフレーム・ワーク
   ① PEST 分析　自社を取り巻くマクロ環境（外部環境）分析ツール
   　Politics（政治），Economics（経済），Society（社会），Technology（技術）
   ② SWOT 分析　環境分析から自社の戦略目標を引き出すツール
   　Strength（強み），Weakness（弱み），Opportunity（機会），Threat（脅威）
   ③ 5FORCE 分析　業界内の競争の状況を分析するツール
   　売り手の交渉力，買い手の交渉力，競争企業間の敵対関係，新規参入者の脅威，代替品の脅威
   ④ VRIO 分析　自社の経営資源，組織能力に関する競争優位性の分析
   　Value（経済価値），Rarity（希少性），Inimitability（模倣困難性），Organaization（組織）
2. レレバンス・ロスト
   詳細は鳥居宏史訳『レレバンス・ロスト－管理会計の盛衰－』（白桃書房，1992 年）をご確認ください。
3. KPI
   KPI（Key Performannce Indocatort）は「重要業績指標」のことで，事業目標を達成するためにプロセスが適切に実行されているかを数値化して評価するものです。似た用語として KGI（Key Goal Indicator）がありますが，こちらは「重要目標達成指標」のことで最終的な経営目標が達成されたかどうか測定する指標のことです。

11

メイヨー・クリニックの事例

　本章では，Berry & Seltman（2008）のメイヨー・クリニックの事例の要点と考察を纏めています。取り上げた事例は，サービス・マネジメント理論を医療現場で実践し，世界的な成功例となっており広く知られているものです。特に，患者第一主義，チーム医療，デスティネーション医療などは，日本の医療現場においても参考になると考えられます。事例は，サービス・マメネジメントの視角を持って重要な内容を要約する形で記載しています。

11-1

メイヨー・クリニックの概要

　Berry & Seltman（2008）らの医療組織のサービス研究事例と，日本医科大学の森田明夫先生のコラム[1]を引用し，患者中心の医療・介護で成功を収めているメイヨー・クリニックの事例を考えていきます。以下，メイヨー・クリニックの概要を森田明夫先生のコラムから引用します。

　メイヨークリニックの歴史はイギリス出身の外科医である Dr. WW

Mayo が 1863 年，南北戦争で傷ついた兵士たちを治療する施設をミネソタ州のロチェスター市につくったことから始まる。1880 年代には彼の息子たちが外科医として加わり，また 1892 年にはアメリカで最初の Group practice として他科の医師たちを加え，総合医療を扱う施設となった。その成り立ちから多くの科の医師，医療技術者の総合した意見を患者の管理に活用することを最大の目標にしていた。1915 年にはアメリカで最初の Graduate Medeical School を創造し，Medical Specialist，レジデントを育成する機関となった。現在は Table 1 に見られるような天文学的な数の患者を扱う巨大な施設になっているが，メイヨー創立当時の "The needs of patient come first" という基本理念は今でも守られており，Parctice, Education および Research を 3 本の柱（ロゴマークにある 3 つの盾）として実践している。Parctice は医療を多科の Muti-disciplinary integrated team として扱うことによって最高のレベル，最善の治療方針をうちだし，地域，国，そして全世界の患者に平等な医療を行うことを目標にしている。Education は医師，科学者，医療従事者のみならず，患者，市民が，医療・健康管理のための教育をうけられる機関になることをめざしている。Mayo Health Book, Mayo Cardiac Book などのとても優れた詳しい家庭医学書を参照されるとその姿勢がうかがわれると思う。Research も NIH，自己 Grant をもとに，直接臨床に役立つ，公共のためとなる研究を押し進めている。

　下にメイヨークリニックの優れている点を幾つか挙げたがもっとも顕著なものはその 100 年間変わらない合理的なシステムであると思う。1900 年代から通し番号をつけた全科共通のカルテ，レントゲン写真の中央管理体制，病理標本の整理システム，患者の Follow-up システム，等々非常に便利にできている。ひとつの疾患の症例について調べようと思えば 1 日のうちに 100 例以上のカルテと写真が用意できる。また先にも述べたが診断，手術，術後管理における他科との連携の良さは非常に優れており，他の領域の Specialist の意見を簡単に聞くことができ，病気を一臓器の疾患としてでなく全身疾患として扱う治療ができる。これは患者のためのみならず医療教育を授ける機関として必須のものなので

あろう。分業という面でもメイヨーは他の追随を許してはいない。様々な Specialist を育成し，その活躍の場を与えている。個人にかかる負担を軽減するためにその Back-up 体制もしっかりとしている。また少し逆説的になるがあのロチェスターという辺鄙な土地に巨大な医療施設をつくった先見の明には驚かされる。いまやコンピューターでレントゲン，カルテを小さなスペースで保管することが可能になりつつあるが，今までの膨大なカルテ，写真，病理標本を保管するには大きなスペースを確保する必要があり，それにはロチェスターは最適であった。また患者の駐車場に困るようでは良い医療施設とは言い難い。広い空間，穏やかな風景は患者の回復にはなくてはならないものであろう。飛行機，ヘリコプターで患者を輸送する時代であるから大都市から遠いというのは余り問題にならないように思われる。かえって犯罪の少ない安全な場所にあるというのは病人またその家族にとっては欠くことのできない利点であるように思う。

　メイヨーも近年保険制度の変換の影響を強く受けている。患者がメイヨーに来たくても保険会社や Medicare や Medicaid を扱う福祉事務所が州の境を越えたり，契約している医療機関以外に受診することを禁止していたり，医療内容を指示してきたりする。それに対抗するためメイヨーはアリゾナ州や，フロリダ州に支部をだしたり，ロチェスター近郊の地域医療施設をメイヨーシステムに併合したりして大きな南ミネソタ，ウイスコンシン，アイオワの医療グループをつくろうとしている。また医療訴訟に対しては 10 人以上の弁護師団を抱えてそれに対応している。

　このようなシステムの維持，将来に対応する能力もやはりアメリカの豊かさに支えられていると思われるが，メイヨーの名声を落とさないように努める一人一人の従事者の誇りと努力に依るところが大きいと思う。

（『Neurosurgery 脳神経外科医森田明夫のページ』「コラム」より（http://plaza.umin.ac.jp/amor/USresidency3.html），森田氏より転載許諾済）

ここから，2つの重要な点が読み取れます。第1は，患者第一主義をメイヨー・クリニックの理念として掲げている事です。これは，第2章で紹介しましたNormann（1991）のサービス・マネジメント・システムのフレーム・ワークの文化・理念に相当します。第2は，合理的で便利なシステムです。全科共通のカルテ，レントゲン写真の中央管理や，病理標本の整理システム，患者のFollow-upシステムなどは，第3章で紹介したサービス・ブルー・プリンティング設計（SBP）におけるバック・ステージのシステム化を中心としたサービス・デリバリー・システムに相当します。このように，大きな成功を収めたメイヨー・クリニックでは，サービス・マネジメント・システムの中において，患者第一主義の理念と高度に洗練されたSBPのシステム化が重要な役割を果たしています。

11-2

患者第一主義：
The needs of the patient come first

　メイヨー・クリニックの患者第一主義という価値観は具体的にどのようなものでしょうか。図11-1に，メイヨー・クリニックの具体的な診療モデルを示します。診療モデルにおいて，3つの重要な点に着目したいと思います。第1は，最も進んだ革新的な診断・治療技術を使用できるようにしておくという点です。これは，あらゆるレベルにおいて学問的に秀でている，プロフェッショナリズムが徹底していることを示しています。第2は，チームメンバーが同等の権限を持って協力し合い，多数の専門分野を統合したチームによってスタッフは働き，必要な時にはいつでも専門家チームを呼んで，協力を要請できる点です。これは，それぞれの患者の治療をチームで行うことを意味しています。第3は，医療施設に適した服装，礼儀正しさ，および施設ですが，これは第4章でも説明しましたが，サービスが行為だけではなく様式にも影響を受けることを示したものであると評価できます。

メイヨー・クリニックの診療モデルは，多数の専門分野にまたがる統合的でアカデミックな医療施設における，高品質で思いやりに満ちた医療と定義される。一番の焦点となっている患者のニーズを満たすことは，診療が進歩しつづける中で，以下の基本的要素（特質）にしたがうことによって達成される。

患者のケア
◆チームメンバーが同等の権限をもって協力し合う，多数の専門分野を統合したチームによってスタッフは働く。必要なときには，いつでも専門家チームを呼んで，協力を要請できる。
◆患者の話を聞く時間を十分にとった診察を行う。
◆医師は責任をもって，地元の医師と協力し合って長期にわたり患者の治療を指示する。
◆思いやりと確信をもって，最高品質の医療を患者に提供する。
◆患者とその家族，そして患者の地元の主治医に対して敬意を払う。
◆効率的な評価と治療による総合的評価。
◆最も進んだ革新的な診断・治療技術やテクニックを使用できるようにしておく。

メイヨーの環境
◆メイヨーの文化をよく知り，仕事への貢献度で評価される最高のスタッフ。
◆高い評価を受けている専門家が，強固な職業倫理と特別な専門技術とメイヨーへの忠誠心をもつ医療スタッフとチームを組む。
◆研究と教育の学究的な環境。
◆医師のリーダーシップ。
◆すべての通院患者と入院患者のための共通の支援サービスのついた統合医療記録。
◆量ではなく質に重点を置くための固定給制。
◆医療施設に適した服装，礼儀正しさ，および施設。

図 11-1　メイヨー・クリニックの診療モデル

出典：Berry & Seltman（2008），邦訳 53 頁

　医療現場に持ち込み，組織的に取り組むための具体的な学びとはどのようなものでしょうか。これらは，メイヨー・クリニックの実用的な価値観の重要な部分ですが，Berry & Seltman（2008）では，このような価値観には大きく，以下の4つの学びがあると指摘しています（邦訳88-92頁）。内容を要約し，補足を加えながら見ていきましょう。

① 　組織の真の価値観は生きた価値観
　　いくら医療機関の理念として高尚な価値観を掲げても，組織の従業員と患者との人間的な交流によって作り上げられた生きた価値観でなければ意味がありません。メイヨー・クリニックの価値観は，臨床の現

場だけでなく組織全体に浸透しており，バック・ステージで働く臨床のアシスタントにもやる気を与えています。例えば，彼らはその価値観を持っているからこそ，遠くから来る患者が次の予約まで余分に何日も待たなくて済むようになんとか道を見つけようと努力します。主要な価値観があるからこそ，組織は自らの「存在の理由」に集中でき，第2章で触れた「タイレノール事件」の「Credo（我が心情）」と呼ばれる価値観と同様に，複雑な決定に直面しても正しい道を明確に示し，難しい時期にも展望を与えてくれます。価値観は，実際の行動によって支えられているものでなければ生きた価値観とはいえません。

②　人間味のある価値観は共感を与える

患者第一主義とは換言すると，患者のニーズを最優先することと理解できますが，この価値観は組織の内外を問わず共感を与えることができます。医療現場におけるサービス・マネジメントが取り扱う価値は，患者，医療・介護従事者，病院，介護施設などが対象となります。対象とする関係者全員が共感できるものでなければ，組織に利用されていると感じ建前だけの価値観では崩壊の危機に瀕します。第5章でもサービスにおける人の役割として真実の瞬間の例を示しましたが，メイヨー・クリニックの価値観は，思いやりや人間味が感じられ，価値観の言葉を支えている道徳的な土台が，対象の信念や伝統との間に個人的な繋がりを作り上げることができる要因となっています。

③　実質はうわべだけの美辞麗句を凌駕する

メイヨー・クリニックの患者第一主義という言葉は，英語で"The needs of the patient come first."と表現されていますが，価値観の焦点が個人としての患者に現されています。本書では，被介護者であるcare recipient も対象としています。患者や被介護者のニーズは，常に全医療・介護関係者の目の前にありますので，このメイヨー・クリニックの価値観から病院・診療所・介護施設で働くすべての人は絶えずニーズという新鮮なイメージとともに生活することになります。患者や被介護者のケアに直接かかわらない職種のスタッフもホール，ロビーや駐車場で患者や被介護者を見かけます。秘書や管理者，検査室

の技師らは，職場に向かう途中で見かけた患者や被介護者のイメージを胸に仕事を始めます。帽子やスカーフを頭にかぶったがん患者，ロビーの人ごみを縫って一生懸命に車いすを操っている 10 歳に満たない小児患者，あるいは方向がわからなくなった母親を子供の手を引くようにして連れて行く中年の女性など，メイヨー・クリニックの従業員が，この価値観をすぐに覚えることができるのは，この価値観が自分の目でじかに見る生身の人間のニーズに語りかけるからです。

④ 基本的価値観はめったに変化しないが，効果的に実践するには変化が必要

メイヨー・クリニックの主要な価値観は 1 世紀経った今も変わっていません。しかし，患者ニーズの解釈は進化してきました。メイヨー兄弟がメイヨー・クリニックを設立した時代には，どの患者も最高の医療が受けられることを求められ現在もなお継続していますが，今日では患者サービスの多様なニーズに答えるために，インターネットで効率的に情報が入手できるようにすることや，キャンパス内で患者の便宜を図ったり，予約の待ち時間を減らしたり，行先が良くわかる行先表示を付けたりするサポートが必要になってきています。このことは，第 2 章で説明しましたサービス価値の中で，医療技術に係る結果品質のみならず，過程品質としての患者サービスにも気を配りこの点も充実する必要があります。

以上のように，メイヨー・クリニックの実用的な価値観は，地に足がついた具体的な行動指針となってクリニックで働く人々の心に刻まれているのです。

11-3

チーム医療

患者のニーズを最優先することは，メイヨー・クリニックの主要な価値観が何なのかを示していますが，チーム医療と呼ばれる共同で行う医療は主要

な価値観をどのように実践するのかを示しています。Berry & Seltman（2008）らが示す共同で行う医療についてメイヨー・クリニック・アリゾナの移植手術部長で肝臓外科専門医のドクター・デイビィッド・マリガン氏が語るチーム・ワークに関するインタビューを紹介しましょう（邦訳94頁）。「その金曜日の夜，会議を終えた私は，寝る前に妻と娘に会いたかったので，予定より早いフライトで帰りました。ところが，家についてわずか45分後に，手術室から緊急呼び出しの電話が掛かってきたのです。外科チームのひとりが，ある種の膠原病の患者の治療にてこずっていました。この病気に罹患した人は血管壁が弱くなり，動脈瘤ができやすくそれが破裂する危険もあります。この若い男性患者は，翌日の結婚式用に借りたタキシードを持って車で帰宅する途中だったのですが，急に腹痛が起きて動けなくなってしまったのです。彼は，フラッグスタッフの近くの病院に連れて行かれましたが，そこで心臓発作を起こしました。蘇生術が施され，メイヨーに転送されてきたのですが，外科に運び込まれる前に再び心臓発作を起こしてしまったのです。23単位の輸血をしても，まだ左肝動脈瘤の破壊による出血を抑えることができませんでした。電話を受けてすぐに私は病院に向かい，肝臓の右葉を犠牲にせずに，なんとか動脈からの出血を止めることができました。翌日患者さんは人工呼吸器を外され，何事も無かった様に集中治療室で看護師と話をしていました。さらにその翌日，クリニックの牧師が患者とその婚約者の為に集中治療室で結婚式を執り行ったのです。患者は翌週問題なく退院しました。その患者を助けられた事はこの上ない喜びでした。難しい症例で協力が必要になった時，助っ人を買って出ることに何のためらいもありません。」

メイヨーは，非常に有能な医師や医療専門家を雇っていますが，他のヘルスケア組織でもそれは同じです。メイヨーと他の組織との違いは，有能な医療スタッフがチーム・ワークを組める体制にあります。メイヨーは，患者の利益のために才能を集結させうるという点で優れています。

このように，メイヨー・クリニックで統合多専門診療と呼ばれるチーム医療が行われうる要因は，複雑で重症度が高い病気の患者が多いという点もありますが，経営の視点から見ると，医師の給料が歩合制ではなく固定制であ

るといった点もあります。メイヨーの給与は，一般的な給与調査を基に決められています。新規採用された医師は，毎年給与が増えていきますが5年目に限度に達します。従って，5年目の38歳の内分泌科医と勤続32年の62歳の内分泌科医の給与は同じですが，有給休暇が増え，専任講師，准教授，正教授と徐々にランクが上がり名声が上がっていく仕組みになっています。このように，診察した患者の数や，処置の数による出来高給のような制度ではないので，同僚を助けて時間を費やしたとしても給料が減る心配がないのが特徴となっています。日本では，チーム医療で成功を収めた事例がありますが，人事評価の仕組みとして360度評価を取り入れています。この点について，第6章の働く人の動機で詳細に説明しました。

　チーム医療の実践における具体的な学びとはどのようなものでしょうか。チーム医療を実践するためには，組織の壁を無くすことが最も重要となりますが，Berry & Seltman（2008）では，大きく3つの要因があると指摘されています（117-122頁）。内容を要約し，補足を加えながら見ていきましょう。

① 大きくても小さく行動せよ

　　メイヨー・クリニックは巨大組織であるにもかかわらず，小組織のように振舞うことで最善の結果を出しています。組織としての大きさには，競争面での長所があります。例えば，より充実したサービス・ライン，より広い範囲をカバーできること，運用支援インフラストラクチャーを拡張できることなどの面においてです。しかし，大きくなれば官僚主義，内部コミュニケーションと協力の不足，非個人的サービスなど，当然良くない副作用も現れてきます。大きい組織にとっての成功の鍵は，大きいことの最大の利点を活かしつつ，その欠点をなるべく小さくすることです。メイヨー・クリニックの場合，クリニックの経営の多数の側面（臨床業務，教育，研究，人事，財政など）を処理するために，1923年から1924年にかけて委員会を立ち上げました。この委員会は，理事あるいは臨床各部門のリーダーのレベルで将来のリーダーを訓練する場として役立ちました。また，この経営参加システムは，医療スタッフが医療の経営や事業的要素について理解を

深める早道としても機能しています。

② 境界のない組織の奨励

緊密な結束に基づく仕事では，作業を組織化するための厳密な役割の定義，権限の序列，そして異なる機能の物理的分離が重要ですが，バウンダリレス（boundaryless）と呼ばれる境界のない組織では，人為的に作られた隔壁を壊して協力し合うこと，多数の意見について先見性を持って求めること，分散型情報技術の使用，チームや特別委員会や研究グループと言った，ある１つの目的のためのグループ形成が重要となります。医療業界に限らず，様々な産業界の多くの大組織も，職場全体に専門的技術が分散しているという点でデパートのようです。このような状態では，様々な作業グループの専門技術は必ずしも有効に利用されているとは限りません。メイヨー・クリニックでは，助けを求めることは，容認されているだけではなくむしろ奨励されています。

③ 何をするかではなく，どのようにするかを評価する

メイヨー・クリニックの２つの重要な基本的価値観は，「患者のニーズを最優先する」と「医療は協力の科学として行われるべきである」として知られています。前者は，クリニックがどうなりたいか，つまり，目標設定を表しています。後者は，どのように達成したいか，つまり，やり方を表している点です。ビジネスにおいて戦略や戦術は時代と共に変わりますが，会社の基本的価値観は変わらないというのがビジネスにおける一般通念であり，メイヨー・クリニックの基本的価値観も同様となっています。

11-4

デスティネーション医療

「デスティネーション（最終目的地）医療」とは，患者の医学的問題を効

率的かつ短時間のうちに処理する包括的医療の総合システムを指します。メイヨー・クリニックのシステム・エンジニアたちは，数十年がかりで患者が効率的なサービスを経験できるように，診療の定員（収容能力）がまんべんなく満たされるように研究を行っています。コンピュータが登場する前は，作業の多くは単純な集計作業でした。例えば，一般的な検査である，X線検査，血液検査，尿検査，などを組織がそれぞれ何件ずつ必要とするかを予測し，その比率を算出しました。今日では，計算はコンピュータが行いますが，現在の予約システムは予約を最適化するだけではなく，これまでで最高の予約分析方法を管理側に提供しています。以前は，予約利用報告は30〜60日前の予約状況を示すヒストリカル・データに基づいていたので，あまり役立つとは言えませんでしたが，現在の分析方法はシステム内の数年分のデータから将来の要求を予測することができます，としています。このように，Big Dataと呼ばれる過去の時系列大量データである数年分のデータを使ってAIによる将来の需要予測を行う手法は，今日ではDX（デジタルトランスフォーメーション）と呼ばれて，サービスの生産性を改善する切り札として注目を集めています。Berry & Seltman（2008）によると，当時のメイヨー・クリニックのシステム・エンジニアであるジョン・オズボーン氏は次のように回顧しています（152頁）。「医師のカレンダーは，12週間前に私達のシステムに入っていることになっています。ですから私達は，一般内科やほかの臨床分野など，通常診察要求を出してくる科の予約予定を確認できます。ある週の，上流の診療科の患者予約が判っているので，私たちは例えば神経科に，その週にはどの様な依頼が予想されるかを知らせることができます。そうすれば神経科は，その週に予想される内部診察要求が入れられる様に医師の予定を組むことができます。しかし，それだけではありません。システムは神経科に，非常に特殊な神経学的所見が必要な外部の患者の為に，いくつかの予約スロットを開けておく必要があることも知らせることができるのです。」このような予約管理システムは，投資に多くの費用がかかりますが，患者はシステムによって提供される継ぎ目のないサービスという恩恵を受けることができます。また，組織全体も，医師，検査室，処置室などの生産性が向上することによる利益を得ています。

また 1990 年代の半ば，画像診断能力が増したためほかの診療科からの要求が増大し，メイヨー・クリニックの放射線部門は，患者当たりの撮影数が増えるという問題に直面しました。従来の放射線部門の規模では内部と外部からの需要が満たせなくなっていて，深刻なボトルネックに直面していました。通常の MRI の予約が数週間待ち，時には数か月待ちということもありました。Berry & Seltman（2008）によると，「放射線部門のドクター・スティーブン・スエンセン部長は，より効率的かつ有効に既存のスキャナーを利用することを目的に，技術者，看護師，事務スタッフ，管理者，及び放射線科医などの混成チームを作りました。チームは，ツールとしてトヨタが開発した『リーン生産方式』と，プロセスの欠陥を見つけ出して排除する為のデータ駆動型アプローチとして，モトローラ社が開発し GE が採用し結果を残した『シックス・シグマ』などを使いました。」（154 頁）としている。それによって，以下のような成果を上げることができたとしています（154-155 頁）。

- 営業純利益は 3 年間におよそ 40% 増加した。
- それまでは放射線科医ごとに撮像プロトコル選択や造影剤の使用量のばらつきがあったが，それらが顕著に減少した。
- シックス・シグマによって MRI 患者 1 人当たりにかかる撮像時間が 6 分短縮され，スキャナー 1 台当たりの 1 日の予約人数を 1 人ずつ増やすことができ，その為年間 400 万ドル以上の利益が出た。
- 病院では，週に 7 日，1 日 24 時間，診断解析結果にいつでもアクセスできるため，診断が下されるのが早くなり，入院期間も短縮された。
- 胸の撮影をする男性患者 1 人当たりにつき，胸部放射線画像技術者の歩行量を 90% 減らしたところ，放射線科に患者がいる時間が 5 分の 1 に減った。
- 胸の X 線写真撮影サービスに関する患者満足度は大きく改善した。

　バック・ステージの効率化には様々な手法がありますが，トヨタが開発したリーン生産方式では同期化と呼ばれるプロセス全体が同じスピードで流れるように下流側が上流側を制約する点に特徴があります。そのため，ボトル

ネックを回避して上流から下流へとスムースにプロセスが進行します。また
モトローラ社が開発し GE が採用したシックス・シグマでは，20 世紀初頭
にテイラー（Fredric Winslow Taylor）が主張した科学的管理法を基礎とし
て，動作自体を秒単位で分析し標準動作を決めることで作業効率化を図ろう
とする点に特徴があります。元鐘淵紡績会社の経営者である武藤山治氏がテ
イラーの科学的管理法を援用し紡績職工の技術教育を図ったことは広く知ら
れています。しかし，ジョージ・メイヨー（George Elton Mayo）やフリッ
ツ・レスリスバーガー（Fritz Jules Roethlisberger）らは，ホーソン実験の
結果から，テイラーの科学的管理法を批判し人間関係論の議論を展開して
行った経緯があります。今日では，当時と異なり情報処理技術が進歩してお
り，生産性の改善と人間性の維持の両立は可能であると考えらえます。

　さらに，メイヨー・クリニックの電子カルテ・システムも当時では先進的
な取り組みが進められていました。例えば，心エコー検査室では患者が検査
を終了する前に，超音波技師が行った検査を心臓内科医が検討することに
なっています。検査結果が心臓内科医によって合格と見なされると報告書が
作成されます。報告書の文面部分は，主に電子レポート・ツールのプルダウ
ンボックスから標準的な言葉を選択し，患者が検査室を出てから約 5 分以内
に結果は電子カルテで利用することが可能となります。また，臨床検査室で
は採血してから平均 96 分で結果を電子カルテで知ることができました。さ
らに，病理医が手術室の近くに待機して，手術中に採取した組織を「凍結切
片」にして迅速に所見を出し，組織が検査室に到着してから約 10 分で，凍
結切片の病理学所見報告が外科医の元に届けられます。そのあとで，組織の
永久切片が作られ確認報告が翌日完了します。このような電子カルテ・シス
テムは，当時は先進的なものでしたが，今日では，画像データと電子カル
テ・システムを統合しさらに進化していますので，第 8 章，第 9 章でさらに
詳細を紹介しました。

　以上から，メイヨーのデスティネーション医療における学びとは何でしょ
うか。Berry & Seltman（2008）では大きく以下の 3 点が指摘されていま
す。内容を要約し，補足を加えながら見ていきましょう（邦訳 161-164 頁）。

　①　顧客の問題全体を解決せよ

メイヨー・クリニックは，関連しあうコーディネートされたサービスというプロセスを売っています。この，プロセスは顧客の抱える問題空間全体をとらえたソリューションでなければならず，単に部分的なソリューションではなく，全体ソリューションを提供することを意味します。患者は，良い診療だけではなく，良くコーディネートされた効率的なケアも必要としており，メイヨーはその両者において秀でています。このことは，サービス価値が結果品質と過程品質の和として表現されていることから，メイヨーの提供する医療そのものがその両者を包含した質の高いものであるといえます。

② 価値観と戦略を支援するために技術を使う

技術の目的は，使用者の役に立つことであり，使用者を成功させ生活をより良いものにしなければなりません。技術は，組織がそうありたいと願う姿の実現を助けてくれるツールということになります。メイヨー・クリニックでは，多額の技術投資によって多大な恩恵を受けてきました。例えば，患者ごとの統合医療記録，エレベーター，そしてシュート（カプセルに入れたカルテを空気圧で移送する設備），中央予約デスク，などが挙げられますが，これらの技術はチーム医療とデスティネーション医療を伸ばすために活用されてきました。

③ 技術革新は進行中

メイヨー・クリニックでは，3年から5年先の計画を立てますが，永続的に活用することを前提としています。電子カルテと呼ばれる統合医療記録システムは，紙のカルテから電子カルテへの移行に10年をかけ少しずつ導入していった経緯があります。最終的には，2005年3月に医療記録はすべて電子カルテになりました。また，中央予約デスクは，コンピュータ技術が成熟するにつれて，数十年かけて徐々に改良されていき，新しいスケジューリング・ソフトウエアが登場し，わずかなコストでより良いサービスが提供されるようになると最終的に廃止されました。メイヨーでの技術革新は，組織や市場要求に応じて漸進的で一貫した改善が行われています。

医師・管理者のリーダーシップ

　メイヨー・クリニックでのリーダーシップにはどのような特徴があるのでしょうか。Berry & Seltman（2008）によると，1993 年から 2001 年まで最高総務責任者を務めたジョン・ヘレル氏は，医師・経営者のパートナーシップを次のように回顧しています（182 頁）。「医師のリーダーシップは，必ずしも医師がなにもかも管理することを意味していません。しかし，医師のリーダーシップはすべてのものの方向性を決める重要な要素です。メイヨー・クリニックをほかと区別しているものは，医師がクリニックで起こっていることに責任を持つという構造です。もしもクリニックが行き詰まるなら，それは医師たち自身の責任です。この事実はメイヨー・クリニックにおける医師の振る舞いに良い影響を与えています。彼らはクリニックの利益を常に考えていなければなりません。クリニックの利益は自分たちの利益に結びついているからです。」。メイヨー・クリニックにおいて医師・経営者モデルが成功している要因は，質の高い経営上の決定は，医師のリーダーシップによる患者第一主義の主張と，経営者による財政責任を果たすための主張との間の健全な緊張から生じています。経営者は，業務を支えるために毎年の収入の帳尻が合うことを期待します。長期的に使命遂行を続けていくためには，すべての医師と経営者とがパートナーとして，サービス提供と財政問題に注意を払い，しっかりと協力することが必要となります。

　それでは，メイヨー・クリニックにおける医師・経営者モデルの具体例を挙げて見ましょう。心臓病科のリーダーである心臓内科医は業務管理者とペアで仕事をしています。最も重要なことは，リーダーは診療のビジョンと戦略方向性に責任を持つだけではなく，通院患者の診察，心エコーや心臓カテーテル検査などの心臓検査室業務，および入院患者の治療といった心臓内科医による臨床業務にも責任を持ちます。リーダーはまた，個々の心臓内科

医に対しても，キャリア開発や研究，診療内容，業務評価などに関する責任を持ちます。一方で，業務管理者は心臓病科診療の日々の業務管理に責任を持ちます。これには，クリニックと臨床検査室の運営に必要とされる医師以外の医療従事者すべての監督が含まれます。管理者には，直属の部下としてマネジャーか監督者がいます。マネジャーや監督者は，事務や心臓カテーテル検査室などを監督しますが，彼らは通常，自分が監督する臨床あるいは技術面のエキスパートです。また，業務管理者は直接医師と共に働き，その部門の医師が出した新しい臨床イニシアチブのための提案を協力して作成したりし，提案書やプレゼンテーション資料の作成や，部内検討および決定過程の準備を助けます。

　このように，医師は個々の患者に対するサービスに焦点を合わせて独創的かつ独立して行動する教育を受けています。一方で管理者は，経営理論および組織論の概念を適用して，グループの性能を伸ばし，患者満足度，品質，および財務上の成功を可能にするプロセスと方法を提供するように訓練されています。それでは，メイヨー・クリニックにおいて医師・管理者のリーダーシップがどのように構築されていくのかについて，Berry & Seltman（2008）における指摘について，内容を要約し，補足を加えながら見ていきましょう（邦訳190-195頁）。

　①　医師のリーダーシップ：患者ケアに基礎を置く

　　　医師のリーダーの主要な役割は，今日の患者ニーズと未来の医療システムのための先見性のある意見を述べることにあります。さらに，医師のリーダーは，医療スタッフにとって信用できる耳と声になり，組織にインスピレーションとモチベーションを与える役割を果たす必要があります。メイヨー・クリニックでは，リーダーシップ開発プログラムでビジネスに関してある程度の基礎訓練は行いますが，医師のリーダーはまず医師でなければならず，最初から管理者であってはならないという点は，医師としての専門性を尊重していることがわかります。医師のリーダーシップへの野心が強すぎると組織の支配力を強めすぎる危険が有ります。したがってメイヨー・クリニックでは，リーダーシップのどのような地位でも永久にその地位が維持されるこ

とはなく，ある一定の期間リーダーとして働くだけで，その後は臨床か研究，管理の仕事に戻るように配慮されています。

② 管理者のリーダーシップ：業務に基礎を置く

　メイヨー・クリニックでは，医師と管理者がパートナーシップを組んで働きますので，管理者は自分と共に働く医師のスタイル，長所，そして興味を補足するように適合していく必要があります。重要な点は，チームのプレーヤーでなければならず，グループの業績を心から喜び，少なくとも個人の貢献が，認識される喜びと同じくらい意味があると思える人でなければならないという点です。このような現場関係者のリーダーシップの醸成には，Schein（1985）が主張する組織文化が密接に関係しており，メイヨー・クリニックが掲げるチーム医療についての組織文化が基盤となっています。管理者が着任すると，メイヨーの業務の仕組みを理解できるように，人事，経理，研究管理，などの部門で働きメイヨーの組織文化と機能を広く学びます。管理職への主なルートは，（ⅰ）経営学修士または病院経営学修士コースからの直接参入者，（ⅱ）ほかの病院または診療所における管理経験者，（ⅲ）メイヨーで，物理療法，臨床検査室，あるいは看護管理などにおいて，並外れた管理手腕を見せた者，などが挙げられています。これらの3つのルートで入って来た人の中には，実際に特定の臨床分野で働いた経験がある人もいますが，彼らの仕事がそれによって範囲を狭められてしまうわけではなく，臨床部門や様々な管理部門で働いたりすることもあります。

11-6

手がかり管理：患者のサービス体験

　サービスの質は，アンケートに答えてもらったり，患者に直接インタビューしたりすることで知ることができます。前者を定量的方法，後者を定

性的方法と呼んで方法論として区別しています。ここでは，手がかり管理という手法でサービスの質を知る方法を紹介します。Berry & Seltman (2008) によると，メイヨー・ロチェスターでボランティア・プログラムを管理しているメアリー・アン・モリスは，クリニックで働き始めたことを次のように回顧しています（256 頁）。

「彼女は検査室に勤めていて，そこでは白衣と白い靴を身に付ける決まりになっていました。朝，あたふたと 2 人の小さい子供を学校に送り，あわてて職場につくと，上司が自分の靴をじっと見ていました。上司は，靴紐が汚れているのに気付き，モリスにきれいにしなさいと命じました。モリスはむっとして，患者さんと顔を合わせることのない検査室で働いているのに，そんなことが何故重要なのですかと言い返しました。すると上司はこう答えました。あなたは，気付かないうちに患者さんと接しているのですよ。例えば，メイヨーの名札を付けて通りを歩いたり，廊下で患者さんとすれ違ったり。ですから，そんな汚れた紐の靴を履いてメイヨー・クリニックの名前をけがしてはなりません。『初めはむかっとしたのですが，時間がたつにつれて，靴紐のことも含めて私のやることなすことのすべてが，患者さんと訪問者への自分の意志の現れなのだと気付きました……私は，自分と同僚が求めるサービス・レベルの基準を設定するのに，今でもこの汚れた靴紐の話を持ち出しているのです』」

(Berry & Seltman（2008）より引用)

靴紐が多少汚れていたとしても，病人の治療という命にかかわる状況では，たいして重要なことには思えません。しかし靴紐は，患者や心配を抱える家族が目にする可能性があるのも事実です。靴紐など取るに足らないものと言えばそれまでですが，実は，その組織と，組織が提供する目に見えない技術的に複雑な医療サービスの質に関して，見える証拠を靴紐が提供していると考えられます。つまり，靴紐は代弁者として，このサービス組織がどのような組織なのかという手がかりを与えるもので，この手がかりに着目し管理することでメイヨー・クリニックは，自分たちのストーリーを説得力ある語り口で明確に語りかけています。この手がかり管理は，模範となるもので患者のために上質な経験を作り上げています。

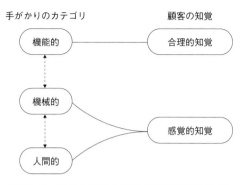

図 11-2　顧客の経験の知覚に及ぼす手がかり

出所：Berry & Seltman（2008），邦訳263頁

　サービス経験の手がかりは，大きく3つのカテゴリーに分かれます。すなわち，「機能的な手がかり」，「機械的な手がかり」，「人間的な手がかり」，です。図11-2にこの3つのカテゴリーを示し，顧客のどのような知覚に影響を与えているかを示します。まず，機能的な手がかりですが，そのサービスの技術的品質を語る手がかりで，その商品の信頼性や機能性を表します。それが備わっているか備わっていないかによって，技術的品質に関する顧客の印象に影響を及ぼすものが機能的な手がかりになります。この手がかりは，顧客の合理的知覚へと繋がります。次に，機械的手がかりですが，見た目，匂い，音，味，および手触り，といった非生物的要素で示される，これはサービス施設，設備，調度品，ディスプレイ，照明などで，顧客の感覚的知覚を反映します。最後に，人間的な手がかりですが，これはサービス提供者の行動や外見からくるもので，例えば，サービス提供者の言葉遣い，ボディランゲージ，声の調子，熱意，服装の適切さなどが該当します。これも，顧客の感覚的知覚を反映します。このように，機能的手がかりは主に「どんな」サービス経験をするかに関係し，ハーバードの公式では結果品質に該当します。一方で，機械的な手がかりと人間的な手がかりは，「どのように」サービスを経験するかに関係し，ハーバードの公式では過程品質に該当します。

　メイヨー・クリニックでは，3つの手がかりカテゴリーを強化するために

投資を行い，サービス経験の感覚的要素についても合理的要素と同じくらい厳しく管理を行っています。それでは，Berry & Seltman（2008）におけるメイヨー・クリニックの3つの手がかり管理についての指摘について，内容を要約し，補足を加えながら見ていきましょう（邦訳262-288頁）。

①　機能的な手がかり：能力を示して信用を勝ち取る

機能的な手がかりの主要な役割は，サービスの信頼性に対する患者（および患者になりそうな人）の信用を強化することにあります。この組織，あるいはこのサービス提供者には能力があるのか？サービスを実行するのに必要なナレッジとスキルはあるのか？機能的な手がかりは，こういった質問に答えなければなりません。メイヨー・クリニックの基本的価値観は，チーム医療とデスティネーション医療です。チーム医療は，患者にクリニックが経営資源を上手く調整して可能な限り良い治療を提供しようとしている印象を与えています。この力の結束は，機能的な手がかりとして強力に働いています。また，デスティネーション医療の実践として，効率的で時間節約型の統合医療を提供するために，バック・ステージのシステム，インフラや技術に投資をする必要がありますが，このような投資は，患者とその家族にクリニックの機能的な手がかりを与えています。Berry & Seltman（2008）によると，患者のコメントを次のように紹介しています（邦訳265頁）。

「最後に診察を受けた時，先生はコンピュータの画面に過去5年間の全ての検査値を出して，私にあなたの値はこういう傾向だと説明してくれました。それから私達は今後どのような治療をすれば良いのかについて話し合いました。電子カルテって素晴らしいと思いました。」

このように，最新の設備に積極的に投資していることは，機能的手がかりとして患者に合理的知覚を強く印象づける結果となっています。

②　機械的な手がかり：第一印象，期待，価値観に影響を与える製造業では5Sと呼ばれる整理・整頓・清掃・清潔・躾と呼ばれる機械的手が

```
┌─────────────────────────────────────────────────────────┐
│ メイヨー・クリニックの建物は,                             │
│ この建物を使用する人々のストレスを和らげるために          │
│                                                          │
│ ◆心の避難所を提供する          ◆能力を象徴する          │
│ ◆自然を取り入れる              ◆混雑感を最小限にする      │
│ ◆自然光を使うようにする        ◆行き先をわかりやすくする  │
│ ◆騒音を減らす                  ◆家族にも配慮する          │
│ ◆明るい気晴らしを提供する      ◆従業員はにこやかに応対する │
│ ◆思いやりと尊敬の気持ちを伝える ◆診療の統合を高める        │
└─────────────────────────────────────────────────────────┘
```

図 11-3　メイヨー・クリニック施設設計哲学

出所：Berry & Seltman（2008），邦訳 271 頁

かりが，品質管理という側面から重要となりますが，ヘルスケアで
は，ヘルスケアサービスの消費者である患者が，痛みを伴う病気や怪
我，運動の制限，検査や予定されている処置，に関する心配などのス
トレスを経験します。さらに患者たちは，医療施設からもかなりのス
トレスを受けています。したがって，医療施設を利用する患者，家
族，訪問者，スタッフ，などのストレスを和らげるために，メイ
ヨー・クリニックでは図 11-3 に示す施設設計哲学を機械的手がかり
として取り入れています。メイヨーの設計哲学を反映した建物とし
て，2001 年にロチェスター・キャンパンスの新しい正面玄関として
オープンした，20 階建てのゴンダ・ビルディングがあります。ゴン
ダ・ビルディングには，2 階分の高さがある広々としたロビーがあ
り，混雑を感じさせない設計となっています。

③　人間的な手がかり：患者の期待を超える

サービス経験における人と人との交流は，敬意と尊重を顧客に示す機
会になります。そうすることによって，期待以上の経験を患者に与え
ることができます。Berry & Seltman（2008）によると，メイヨー・
ロチェスター救急部門の医師，ドクター・ルイス・ハロー氏と彼が治
療したクリニック従業員の年配の母親にまつわる，子供からの手紙に
ついて次のように紹介しています（邦訳 281 頁）。

「私〔子供・クリニック勤務〕は，91歳になるかなり認知症が進んだ母と同居しています。約3か月前，帰宅すると母が芝生の上に倒れていました。転んで起き上がる事もできず，肘にひどい青あざと擦り傷を作っていました。母は小柄だったので，私はなんとか母を起こして救急外来に向かいました。到着するとすぐに，てきぱきと処置が行われ，皆さんは非常に熱心に母の面倒を見てくれました。母はほとんど耳が聞こえないので時には厄介な事もあります。ドクター・ハローは自己紹介して，非常に我慢強く親切に，そして母によく聞こえる様に大きな声で話をしてくれました。診察の途中で，先生は母に『立って何歩か歩いて下さい』と言いました。母は，言われた通り歩き出しましたが，よろけて先生にぶつかってしまったのです。若いころの母はかなり機知に富んだ人で，いまでもそれが少しだけ残っていました。母は，先生にぶつかったあと先生を見上げて『あら，私達ワルツを踊れますね』と言ったのです。すると先生は『ええ，それはいいですね』と答え，母を腕に抱え診察室の中でワルツのステップを踏んでくれたのです。母はダンスが大好きだったのですっかり魅了されていましたし，私の眼には涙が浮かんできました。弱々しい小柄な老女が，このとてもハンサムな若い男性とワルツを踊りながら部屋の中を回っているのです。その光景に，ただ胸がいっぱいになりました。私は，その晩ほどメイヨーの従業員であったことを誇りに思ったことはありません。」

（Berry & Seltman（2008）より引用）

　このような手紙は，人間的な手がかりを与えることに繋がります。医師が医学のエキスパートであることは当然であるにしても，思いやりや親切心，つまり人間らしさで患者に接することで患者の期待を超えることができる事例であるといえます。

11-7

ブランドの構築

　メイヨー・クリニック・ブランドは，医師，管理者，そして臨床サービス

を人間味あふれるやり方で届けることに力を尽くしている，何百人もの補助職員によって作り上げられています。サービスが医療のように重要かつ複雑で，提供者によってばらつきがあり，個人的なものであればあるほど患者はブランドによる安心を求めるようになります。サービス・ブランドは，基本的には将来の満足を約束してくれるものとなります。サービス・ブランドは，その組織が自社ブランドについてどのように語るのか，そして第三者がそれに関して何というか，そして組織が実際にそのサービスをどの位上手く実行するかが合わさってできるものです。ブランドは，顧客がそれをどのように見るかで決まりますので，まさに知覚品質と同じ特性を持っていると考えられます。

　図11-4 は，サービス・ブランドの主な要素の関係を図に表したものです。実線は1次的影響，点線は2次的影響を表しています。Berry & Seltman（2008）によると，ブランドの提示は，ブランド名，ロゴ，広告，ウエブサイト，制服，設備設計，などの手段を駆使して自社のアイデンティティとブランド・イメージを顧客に伝えようとしています。そして，顧客がブランドを識別しそのブランドを思い出すことのできるブランドの認知に直接影響を与えています。また，組織に関する顧客の経験は，顧客がどのようにブランドを理解しているかを示すブランドの意味に影響を与えます。ブランドの外部コミュニケーションは，独立のソースによってもたらされる組織に関する

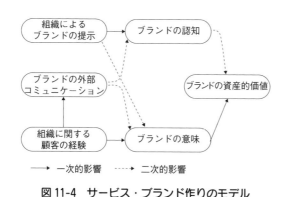

図11-4　サービス・ブランド作りのモデル

出所：Berry & Seltman（2008），邦訳303頁

情報ですが，独立のソースも組織による影響を受けています。外部コミュニケーションは，主にソーシャル・メディアを介した口コミとニュース・メディアなどを介した評判となっています。

　そして，最終的にブランドの認知とブランドの意味の両方がブランド・エクイティ（ブランドの資産的価値）に影響を与えます。図11-4の組織に関する顧客の経験からブランドの外部コミュニケーションに向かう垂直の矢印は，メイヨーのマーケティング理念の本質をとらえています。この理念は，非常に良く実行されているので患者や家族は感動して，他人にそれを話さずにはいられないため，患者や家族自体が最大のマーケターとなっています。

12

地域医療

　本章では，医療をより広い視点，すなわち我が国の地域医療が抱
える問題の全体像を理解するために，その背景にある社会的問題
（人口問題，地域格差，医師不足）を理解するともに，国の政策の
方向性と課題を押さえたうえで，これまでに各地域で問題解決のた
めに実施された取り組み事例を取り上げて，サービス・マネジメン
トの観点からの考察を加えていきます。

12-1

地域医療問題とは

　地域医療とは「地域住民が抱えるさまざまな健康上の不安や悩みをしっか
り受け止め，適切に対応するとともに，広く住民の生活にも心を配り，安心
して暮らすことができるよう，見守り，支える医療活動である。（『日本老齢
医療学会雑誌』第 54 巻第 4 号）」と定義されています。しかしながら現状で
は様々な問題により「地域の住民が安心して暮らすことができる」医療提供
体制を維持することが難しくなっています。まずその背景にある人口問題お
よび国の財源の状況，地域特有の課題の存在，さらには医師の偏在による地

方の医療機関の医師不足の問題を解説していきます。

12-1-1　人口問題

　初めに，急激に減少する我が国の人口と，深刻な少子高齢化が地域医療に及ぼす影響を説明します。

　国立社会保障・人口問題研究所の人口予測データによると，歴史的に 100 年単位でとらえた場合，明治時代以降爆発的に増加した日本の人口は，2010 年の 1.2 億人をピークに今後加速度的に減少して，2048 年には 1 億人を割り込み，2060 年には 8600 万人まで減少すると推計され，我が国はこれまでの歴史を振り返っても類を見ない人口減少を経験することになります（図 12-1）

　このような急激な人口減少の原因としては，合計特殊出生率[1]の減少があります。第 2 次世界大戦終戦後の第 1 次ベビーブームの頃（1947 年）に 4.54 だったものが 2005 年には過去最低水準の 1.26 となりました。2010 年から 2040 年にかけての人口の変化率は都市圏よりも地方圏においての人口減少が急速に進行しています（厚生労働省「人口動態統計」）。

　一方で平均寿命は 2019 年では男性 81.41 歳，女性 87.45 歳であったもの

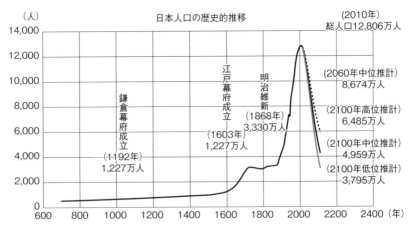

図 12-1　我が国人口の長期的な推移

出所：2010 年以前は総務省「国勢調査」，同「平成 22 年国勢調査人口等基本集計」，国土庁「日本列島における人口分布の長期時系列分析」(1974 年)，2015 年以降は国立社会保障・人口問題研究所「日本の将来推計人口（平成 24 年 1 月推計）」

が 2040 年は男性 83.27 歳，女性 89.63 歳と世界一の長寿国になると推計されています（国立社会保障・人口問題研究所「日本の将来推計人口，平成29 年調査中位値」）。表 12-1 を見ると，年齢層別の人口構成と高齢化率（65 歳以上の人口割合）と労働力人口（15 歳から 64 歳まで）で 65 歳以上を支える割合は，2000 年には 3.9 人で 1 人の高齢者を支えていればよかったと

表 12-1　年齢層別の人口構成と高齢化率

西暦	総数 （万人）	14 歳以下 人口比率	15〜64 歳 人口 比率	高齢化率 （65 歳以 上）
1950	8,411	35.4%	59.6%	4.9%
1955	9,007	33.4%	61.3%	5.3%
1960	9,430	30.1%	64.1%	5.7%
1965	9,921	25.7%	68.0%	6.3%
1970	10,466	24.0%	68.9%	7.1%
1975	11,189	24.3%	67.8%	7.9%
1980	11,699	23.5%	67.4%	9.1%
1985	12,101	21.5%	68.2%	10.3%
1990	12,328	18.2%	69.7%	12.1%
1995	12,544	16.0%	69.5%	14.6%
2000	12,670	14.6%	68.1%	17.4%
2005	12,729	13.8%	66.1%	20.2%
2010	12,708	13.2%	63.8%	23.0%
2015	12,520	12.7%	60.6%	26.7%
2020	12,410	11.7%	59.2%	29.1%
2025	12,066	11.0%	58.7%	30.3%
2030	11,662	10.3%	58.1%	31.6%
2035	11,212	10.1%	56.6%	33.4%
2040	10,728	10.0%	53.9%	36.1%
2045	10,221	9.9%	52.4%	37.7%
2050	9,708	9.7%	51.5%	38.8%
2055	9,193	9.4%	51.2%	39.4%
2060	8,674	9.1%	50.9%	39.9%

出所：『内閣府：高齢化白書令和 2 年版』

ころ（おみこし型），2020 年には 2.0 人，2040 年では 1.5 人と推計されています（肩車型）。

このことは，年金支給のために必要な財源を，その時々の現役世代の保険料収入から用意する「賦課方式」を基本としている我が国の公的年金制度を，安定的に維持し続けるためには非常に危惧するべき問題です。

12-1-2 国の財政と社会保障費に関する問題

次に増え続ける社会保障費とその財源の問題に関して，必ずしも効率的ではない現在の地域の医療提供体制を，早期に抜本的に見直す必要性があることについて解説を行います。

GDP に占める社会保障給付費の推移は，平成 27（2015）年では 21.6％であったものが，令和 7（2025）年では 24.4％と右肩上がりです（図 12-2）。前述のような労働力人口の減少局面を迎え，加えて我が国の企業収益における労働分配率が抑えられている現状では労働者の総報酬の増加が見込まれず，税収及び医療・介護を支える保険財源の増加も見込まれません。現在は賃金に比例した社会保険料が低迷しているため，給付費との差額は一般財源

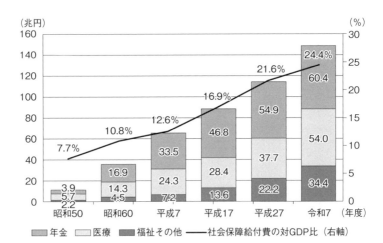

注：平成27年度まで…「社会保障費用統計（平成27年度）」
　　令和7年度…「社会保障に係る費用の将来推計について《改定後（平成24年3月）》
　　（給付費の見直し）」

図 12-2　社会保障費の推移と GDP 比較

出所：国税庁 HP（国の財政「歳出」社会保障費推移）

で補填されており，それは過去の国債発行額とほぼ比例しています。このバケツの穴を塞がなくては日本の財政赤字は解消せず，今後も国債への財源依存は避けられません。一方で，社会保障給付費は過去10年間で年平均2.6兆円増えています。これは消費税の約1％に相当する規模で，今後後期高齢者の増加で一層増えると予想され，社会保険の基盤が崩壊しかねません。その財源として，過去に消費税の引き上げが実施され（2014年5％から8％，2019年8％から10％）「子育て」，「医療・介護」，「年金」に振り分けられることにしていますが，今後も消費税を主財源として対応するならば，税率20％から30％へとさらなる増税が避けられません。

　この財政赤字が国の利益分配システムの「結果」とすると，財政再建を行うためにはこのシステム改革が必要ということになります。徹底的な現行制度における給付ルールの見直しや抜本的な制度改革を検討するとともに，医療サービスの提供現場においても，無駄を省き提供体制を抜本的に改革し効率化しなければ，日本の医療制度の維持はますます困難になるといわざるをえません。

12-1-3　様々な地域医療の実情と課題

　医療提供体制の実情は地域によっても大きく異なり，国が定めた一律のルールによってのすべての地域に当てはまる問題解決は不可能です。①地域により人口減少と高齢化の推移のスピードの違い，②地域によって医療サービスを提供する体制や1人当たりにかかる医療費の違い。この2つを説明することによって，基本的な方針は国で定めることはできても，その地域ごとに適した具体的な解決策は，地域の行政（2次医療圏単位，または生活圏単位）で立案し，地域ごとに実行しなければなりません。

　まず，2018年時点で高齢化率が高い秋田県，高知県，島根県は，今後ますます過疎化が進み地域人口全体の減少と共に，今後高齢者の人口も減少します。このような地域においては，急性期病床の空床が顕著になり，早急に地域単位での適正な医療供給体制を再構築するために，地域単位で病床機能転換または減床を検討する必要があります。これらの問題を優先しなければ社会インフラとしての病院機能自体が失われてしまいます。

　これに対し，沖縄県と大都市圏では，今後高齢者の絶対数の増加に伴う高

表 12-2　都道府県別高齢化率の変化

	2018 年		2045 年（予想）	
	都道府県	高齢化率	都道府県	高齢化率
上位 5 県	秋田県	36.4	秋田県	50.1
	高知県	34.8	青森県	46.8
	島根県	34.0	福島県	44.2
	山口県	33.9	岩手県	43.2
	徳島県	33.1	山形県	43.0
下位 5 県	滋賀県	25.7	神奈川県	35.2
	神奈川県	25.1	滋賀県	34.3
	愛知県	24.9	愛知県	33.1
	東京都	23.1	沖縄県	31.4
	沖縄県	21.6	東京都	30.7
倍率（最高/最低）		1.69 倍		1.63 倍

出所：2018 年は総務省「人口統計」，2045 年は国立社会保障・人口問題研究所「日本の地域別将来推計人口（平成 30 年推計）」

表 12-3　都道府県別患者 1 人当たりの国民医療費

	1998 年		2014 年	
	都道府県	医療費 （全国＝ 1）	都道府県	医療費 （全国＝ 1）
上位 5 県	山口県	1.349	高知県	1.327
	北海道	1.332	長崎県	1.235
	高知県	1.316	鹿児島県	1.226
	広島県	1.299	徳島県	1.206
	徳島県	1.286	山口県	1.191
下位 5 県	栃木県	0.837	愛知県	0.902
	茨城県	0.803	滋賀県	0.902
	埼玉県	0.776	神奈川県	0.892
	沖縄県	0.755	埼玉県	0.882
	千葉県	0.754	千葉県	0.876
倍率（最高/最低）		1.79 倍		1.51 倍

出所：厚生労働省「国民健康保険医療マップ」

齢者医療提供体制または在宅介護の可能性のあり方に，大きな変化が求められる等，地域の事情により解決するべき課題が異なります。

次に，患者1人当たりにかかる医療費に関しても都道府県別に見ると大きな開きがあります。

国民医療費[2]は，当該年度内の医療機関等における保険診療の対象となり得る傷病の治療に要した費用を推計したものです。都道府県によってこの格差が発生する原因は，高齢化率，人口1000人当たりの医療従事者（主に医師）数，また地域特有の疾病構造などの複数の要因が複合して発生するものと考えられますが，ここで重要なことは，高知県は千葉県の1.51倍の国民医療費がかかっている現状があることです。このことからも地域医療は様々な地域特有の課題を抱えていることが推測できます。

12-1-4　医師不足問題

医師数（歯科医師を含む）自体は年間約4000人ずつ増えています。しかし問題は，都市部に医師が集中している一方で，地方では医師不足が深刻化していることです。特に産婦人科や小児科では長時間労働や夜間労働が続いたため，その過重労働で勤務医が疲弊して病院を辞めるケースが発生し，中には「医師数が足りない」ことが原因となり救急隊の要請に応えられないケースも発生したとの報告も少なくありません。さらに必要な医師数を確保できないとの理由で閉院に追い込まれたケースも発生しました。

この背景には2004年度に導入された新しい「臨床研修制度」があると指摘されています。医師法の改正により，2004年度から過去の研修制度の問題点を解消する趣旨で新たに医師臨床研修制度がスタートしました。その制度では研修医は全国の研修病院を自由に選択できるようになり，その結果待遇の良い都市部の民間病院に希望が殺到し，大学病院は研修医を確保しにくくなるという現象が起こりました。そこで大学病院は地方の関連病院に派遣していた医師を引き上げざるをえなくなり，こうして地方の病院は医師不足が顕在化し，一部の地方病院では診療科や病院自体の閉鎖が相次いだのです。

また，医学部における教育が，臓器別専門医の育成を目的としていた時代が長く続いたことにより，少子化の影響で需要が減少する中で総合的な知見

を要求される小児科，同じく人口減少による需要減少や医療過誤[3]による訴訟リスクの問題から産婦人科医も減少傾向にあります。地方都市などでは産婦人科や小児科の空白地域が発生するため，これらの影響を受けた地域では，安心して子供を産み育てる基盤が脅かされることになりかねません。

12-2

国の施策：「地域医療構想」と「地域包括ケアシステム」

　国は地域医療問題を解決する政策として，「地域医療構想」と「地域包括ケアシステム」という2つの大きな政策を制定しました。これは団塊の世代の700万人が一斉に75歳以上の後期高齢者になる2025年に向けて「目標とする姿」を示して改革を進めるものです。これらの政策は2012年8月に成立した「社会保障と税の一体化改革（以下「一体改革」）に関連する法案を基に，国会で可決され成立した2014年6月の「地域における医療介護の総合的な確保を推進するための関連法律の整備等に関する法律（以下「医療介護一括法」）」が源流になっています。

　地域医療の問題に対しては，高齢化の状況が異なっており，また地域の有する社会資源も異なることから，地域の実情に合わせて医療機能の分化・連携など医療・介護の提供体制を地域ごとに再構築に取り組んでいくことが必要となります。高齢化に伴い患者が急増するということは，医療需要が量的に増加するだけでなく，疾病構造も変化し，求められる医療もそれに合わせて変化する中で，より質の高い医療体制を実現するため，地域包括ケアシステムの構築が不可欠であるとされています。

　以下これらの2つの政策の概要を具体的に解説します。

12-2-1　地域医療構想

①地域医療構想の概要

　地域医療構想は2025年に向かっての2次医療圏[4]内の医療提供体制の見直

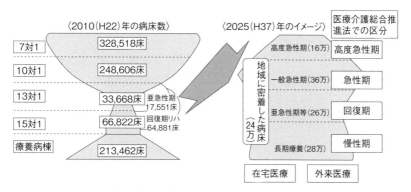

図 12-3　医療供給体制の現状と 2025 年のイメージ

出所：厚生労働省社会保険医療協議会資料（平成 23 年 11 月 25 日）8 頁

しであり，107 万病床の一般病床を 4 区分に機能分解して絞り込み，居住系施設や，外来や在宅医療へのシフトを促進する動きです。まず医療介護一括法に基づき 2014 年 10 月から全国で病床機能報告制度が実施され，それに基づき 2025 年に向けての医療提供体制を構築する地域医療構想（ビジョン）を各都道府県で策定することになりました。地域医療構想は，将来人口推計を基に 2025 年に必要となる病床数（病床の必要量）を 4 つの医療機能ごとに推計したうえで，地域の医療関係者の協議を通じて病床の機能分化と連携を進めることで効率的な医療提供体制[5]を実現する取り組みです。

　病院機能報告制度では，これまでの一般病床と療養病床に加えて，病期（ステージ）ごとに以下の 4 つの機能区分　①「高度急性期」高度な手術が必要な状態である，②「急性期」病状の早期安定化に向けて医療を提供する，③「回復期」急性期を経過した患者への在宅復帰に向けた医療やリハビリテーションを提供する，④「慢性期」長期にわたり療養が必要な患者を入院させ病床機能を設定し，これまでの病床機能区分をより精緻化しました。

②地域医療構想の推進体制

　都道府県は 2 次医療圏ごとに「地域医療構想調整会議」を設けて，各病院・有床診療所が担うべき病床機能及び病床数，病床報告制度による情報等の共有，都道府県計画（地域医療介護総合確保基金），その他の地域医療構想の達成の推進（地域包括ケア，人材の確保，診療科ごとの連携など）の議

題に関する「協議の場」を設定しました。

「地域医療構想」の推進においては，2次医療圏ごとに厚生労働省が平成27年3月に発出した「ガイドライン」に基づき推計した将来あるべき医療提供体制を実現するもので，都道府県がその具体的な対応方針を取りまとめる役割を適切に発揮することが求められています。

そのため，推進の旗振り役である都道府県知事には，地域医療構想の実現に向けて医療機関の設立，増床の認可の権限が与えられ，地域の病床再編（転換）の推進機能が期待されています。しかし，病床転換が進まない場合や，病床過剰地域において，医療機関等が正当な理由がなく病床を稼働していないときは，公的病院に対しては削減を「命令」することができますが，その他の病院に対しては「要請・勧告」のみで直接的な強制力は与えられておらず，目標達成に向けて強いリーダーシップを発揮するうえでは十分であるとはいえません。

③地域医療構想の課題

一方，地域医療構想を実現するうえでの課題としては，自治体と地元医療機関の意向調整の問題，医療機関の再編統合にかかる財務上の課題，病床規模が類似した病院同士や，設立母体が異なる病院同士の再編の場合については特に難航する等が挙げられており，現実的な推進の難しさを物語っています。

今後の検討事項として，2021年7月29日に開催された厚生労働省のワーキンググループでは，地域医療構想の各地域における検討・取組状況を把握し，都道府県による新型コロナ対応の経験も踏まえた取組状況の把握と，国の支援の在り方を検討するとともに，今後は医師の偏在対策（医師確保計画）を含めて一体的に取り組む必要性について検討していくことが承認され，コロナ禍の逆境の中においても2025年に向けて継続的に推進していくことが確認されています。

12-2-2　地域包括ケアシステム

①地域包括ケアシステムの概要

一方の地域包括ケアシステムは，要介護の状態となっても可能な限り，住み慣れた地域で自立した日常生活を営むことができるよう，「医療・介護・

図 12-4　地域包括ケアシステムの姿

出所：「平成 28 年地域包括ケアシステム研究会報告書」

予防・住まい・生活支援」が包括的に確保される体制構築を目指すもので，人口約 1 万人程度の中学校の学区くらいの，より細分化された地域を対象として，高齢者の在宅医療や訪問介護，重症化予防，日常的な生活支援を地域の医療・介護のネットワークを通じて支え合う仕組みを構築する取り組みです。

　団塊の世代が 75 歳以上となる 2025 年には，医療と介護のニーズを合わせ持つ高齢者が増大すると予想されます。政府統計でも病院の入院患者数に占める 65 歳以上の患者の数は 73.1％を占めており（厚生労働省「平成 29 年度患者調査の概況」），今後も高齢化率の増加によりこの傾向はますます増えると予測されます。これに対して地域の医療サービスを提供する側の体制も「高齢者に対するケア」，「認知症者に対するケア」，「地域の単独世帯高齢者に対するケア」というニーズの変化に対応していく必要があります。具体的には，介護保険サービス，医療保険サービスのみならず，見守りなどの様々な生活支援や成年後見等の権利擁護，住居の保障，低所得者への支援等様々な支援が切れ目なく提供される必要が生じてきます。しかしながら個々のサービス提供システムは分断されているために有機的な連携がみられず，利用者にとって満足がいくものになっていないのが現状です。

　このため，国の政策としては，前述の医療介護一括法により，医療と介護の一体的な提供を可能とする体制整備が進められており，医療と介護の包括

的で継続的な連携を推進しながら「住み慣れた地域で豊かに暮らし続ける」ことの実現を目指しています。

具体的内容は，1）24時間対応の訪問サービス，グループホームや小規模多機能型サービスによる充実，2）介護予防等により要介護状態になる高齢者が減少し，自立した高齢者の社会参加が活発化，3）介護職員の処遇を改善し，キャリアパスを確立することにより，介護に必要な労働力が安定的に確保され，介護職員が誇りをもって仕事に取り組むことができる，ことを目的としています。

②地域包括ケアシステムの歴史

地域包括ケアシステムの先駆けとなった源流は，1970年代に広島県公立みつぎ総合病院の在宅ケアによる「寝たきりゼロ作戦」にあるといわれています。同病院の山口昇医師は，「寝たきり」になる要因の第1は家庭内における介護力の不足，第2は不適切な介護，第3は不適切な住環境であると考えて，これらの「つくられた寝たきり」を在宅ケアによって予防しようとしたのが「寝たきりゼロ作戦」でした。

これに対し御調町は1975年から，看護や医療を在宅に「出前」するサービスを開始して，寝たきり防止に努めることにしました。その後，病院の医療と行政の保健福祉をドッキングさせた「保健福祉センター」を開設し，介護保険施設など保健福祉総合施設を整備し，最後に住民参画の体制をつくることによって，地域一体となって「地域包括ケアシステム」の先駆けとなるモデルを構築しました。

2000年に介護保険制度がスタートして間もなく厚生労働省老健局が組織した高齢者介護研究会がまとめた「2025年の高齢者介護」の中で，改めて地域包括ケアシステムを構築する重要性が提言され，慶應義塾大学大学院の田中滋教授を座長とした「地域包括ケアシステム研究会」の中で，その概念が整備されて全国的な政策として普遍化に至りました。その後平成24（2012）年度の地域包括ケア研究会において，以前は並列に考えられていた5つの要素の関係性を再整理して，「介護」，「医療」，「予防」という専門的なサービスの前提として「住まい」と「生活支援・福祉サービス」の整備があることと再定義されました。

また筒井（2014b）によると，地域における包括的ケア体制が整備されているという状態とは，「地域で暮らす高齢者に対して，安全・安心・健康を確保するサービスが状況に合わせて24時間365日連続して提供されている状態のこと。」とされています。このように多様な生活問題や介護に対応するサービスと医療との垣根を減らし，サービス提供の間の継続性や調整を高めて一体的に提供を行うという目的を持つ統合ケア（integrated care）が提供されるべきであるとしています。

12-3

地域医療問題への理論的アプローチ

12-3-1　地域の問題を解決するために必要なマネジメント

①まち・ひと・しごと創生法

　内閣府地方創生推進事務局は「少子高齢化の進展に的確に対応し，人口の減少に歯止めをかけるとともに，東京圏への人口の過度の集中を是正し，それぞれの地域で住みよい環境を確保して，将来にわたって活力ある日本社会を維持していくために，地方創生に関する施策を総合的かつ計画的に実施することを目的に，「まち・ひと・しごと創生法」を平成28（2018）年4月から施行しています。

　基本方針として，地方で安心して働けるようにする．地方への新しいひとの流れをつくる，若い世代の結婚・出産・子育ての希望をかなえる，時代に合った地域をつくり，安心なくらしを守るとともに，地域と地域を連携する。また，具体的な推進方向性を規定しており，その中で，5つの政策原則（自立性，将来性，地域性，直接性，結果重視）を定め，地域経営の視点で地域の経済社会構造全体を俯瞰して地域のマネジメントに取り組むことを求めています。

②地方の医療・介護に必要なマネジメント

　医療・介護領域においても従来の市町村，都道府県の枠組みを超えた圏域

ごとに適切なマネジメントを行う「圏域行政」をいかに進めるかが鍵になってきます。マネジメントを行うということは，「顧客が本当に欲しいコトやモノ」を「顧客とのコミュニケーションの中で一緒に作り出していく」（価値共創）というマーケティングの観点が重要で，そのためには「今だけ，こだけ，あなただけ」というポジショニング戦略を進めていく必要があります。ここで重要なことは顧客ニーズに対応するために顧客情報管理（CRM：Customer Relationship Management）を確立して，一人ひとりのニーズを充足する「One to One マーケティング」を展開して，顧客との長期的関係を構築することにより収益（顧客生涯価値[6] = CLTV）の向上を目指していく必要があります。

③地域包括ケアシステムの展開に必要なマネジメント

　我が国においては，地方の実情に合わせた地域包括システムのモデルを選択して自治体を中心に展開する必要があります。そのために，これからの日本において最も必要とされることは「自治体の機能強化」であるといえます。特に自治体に求められることとして「ガバナンスストラクチャー（governance structure）」と「ファイナンシャルマネジメント（financial management）」に関する知識と技能が求められると指摘されています（高橋・武藤，2013）。

　自治体が主導して地域住民や地域開業医も巻き込んだ地域の運営体制をいかに構築できるか，そして戦略策定と意思決定という難しい舵取り役として，自治体の運営能力と選挙で選ばれた自治体の首長がリーダーシップをとって，ダイナミックに予算をつけることができるかどうかが地域包括ケアシステム構築の成否の鍵を握っているといっても過言ではありません。

12-3-2　地域医療問題に関する理論

①統合ケア（integrated care）理論

　世界保健機関（WHO）が 2001 年に「医療費を抑制しながら，複雑な疾病と医療ニーズを抱えた患者に対するケアや生活の質，患者満足度，および制度の効率性を高めることを目的」として統合ケア（integrated care）の概念を提唱したことをきっかけに，世界中の多くの国々において医療と介護のサービス体制の改革を進めようとする活動が始まりました。

これに伴い世界中で integrated care の研究も進められていますが，研究者ごとの定義が異なり不明瞭なものになっているという状況です。そのような多種多様なモデルが存在していることは確かですが，これは WHO が統合ケア（integrated care）をケアの本質として示したことの影響が大きいとされています。筒井（2014a）では，「診断・治療・ケア・リハビリ・健康促進などに関するサービスの投入・提供・組織化をまとめて一括にするコンセプトを指しており，統合はサービスに関するアクセス・質・利用者満足度・効率性を向上させる手段である。」とされているので，そのコンセプトは，資金・運営・ケア提供者レベルにおいて治療（cure）部門とケア（care）部門の相互間で連携，提携，協力を作り出すためのモデルとしての，我が国の地域包括ケアシステムの目指す概念に通じるはずです。

②統合形態の理論

　まず統合概念の多様性を理解するために，「幅（範囲）」，「強さの段階」の2軸で整理をします。

　まず，統合の幅（範囲）には「垂直統合」と「水平統合」の2つがありそれぞれメリット，デメリットがあるとされています。組織間における統合，システム間における統合のフレームを明確にするためには，この2つの切り口での整理が合理的であるといえます。

　垂直統合とは，ある企業における製品やサービスを市場に提供するための，サプライチェーンにおける川上から川下までの特定事業を統合して競争力を高める手法です。また水平統合とは，同一製品やサービスを提供している複数の企業が一体化することにより規模の経済性[7]を実現しようとするものです。表12-4で，それぞれのメリット，デメリットをまとめてあります。

③統合強度の理論

　次に統合の強さの段階については Leutz（1999）が「linkage」，「coordination」，「full integration」の3つの段階で説明しており，緩やかなつながりである linkage（連携），それより構造化された coordination（調整），最も強い繋がりを目標とする full integration（完全な統合）の段階があるとしています。

　Leutz の定義を用いると，日本の地域保健の分野でいわれている「連携が

表 12-4　統合形態による比較

	定　義	メリット	デメリット
垂直統合 vertical integration	様々なサービスを1つの組織に内部化して提供を行うもの	・バリューチェーン全体でのコスト抑制が可能 ・競争力が強化される	・組織の拡大により意思決定が難しくなる ・専門性が希薄になる可能性がある
水平統合 horizontal integration	隣接する別組織が連携し，相互に機能補完しながら様々なサービスを提供するもの	・規模の経済によるメリットを享受できる ・効率的な運営ができる	・マーケットシェアが高まり市場占有率が上がる反面サービスの質が低下する可能性がある

出所：Porter（1980）を参考に筆者作成

表 12-5　統合（Integration）の 3 つの段階

	定　義	統合の強さ	情報共有のイメージ
linkage （連携）	個人，組織が同システムの中での必要な資源を共同利用する統合レベル	緩やか 弱い	情報は必要な時に尋ねれば与えられる
coordination （調整）	個人，組織が責任をもって調整を行いながら活動を行う統合レベル	より構造化 やや強い	情報は定期的な報告によって共有される
Full integration （完全な統合）	様々な資源が1つの場所に集まって新たなシステムを形成する統合レベル	一体化 強い	日常的に使われる情報システムがある

出所：Leutz（1999）を参考に筆者作成

大事」というような表現は「linkage（連携）」レベルを指していて，日常的に必要に応じて他の団体に照会をかけて回答を得られるという状態を指しており，次の「coordination（調整）」の段階の事例では，地域圏域内で医療や介護，保険分野の専門職や行政担当者が集まって，地域で発生している困難とされている事例や支援が必要な事例に関する問題解決をするために「責任者が集まる調整の場」を持つ段階です。

　最後の full integration（完全な統合）段階では，利用者に必要なサービスをオーダーメード的に創らなければならない状態で，例えば，往診をする医師らによって患者に最も適切なサービスが提供され，それに加えて，在宅介

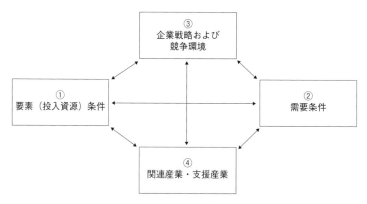

図 12-5　ダイヤモンド・モデル

出所：Porter（1998）

護や看護，福祉用具というような多様な提供主体の資源を一体として提供状態であるとされています（筒井，2014b）。

④産業クラスター理論

　今後さらに厳しさを増す 2025 年以降の社会環境の変化を迎え，医療・介護サービスを持続的に提供するためには，例えば M. E. Porter が提唱したクラスター理論[8]のような，さらに高度なレベルで地域産業クラスターを形成して地域でも医学の新たなイノベーションを誘発することが求められています（Porter, 1980）。

　医療分野における産業クラスターは「医療介護分野の企業やそれらに対する供給企業，関連する機関（研究機関，教育機関，産業振興を手掛ける自治体等）が地理的に集中し，競争しつつ協力している状態」を作ることによって，「生産性の向上」，「イノベーションの誘発」，「創業や新規事業展開の促進」を誘発するメリットがあります。

　それ以外にも，産業クラスターがもたらす経済効果は，集積全体（地域）を企業とみなすことにより「規模の経済」的現象が働き集積外の企業に比べてコスト面で有利になり存続しやすい，関連機関と共に明確な目的をもって具体的に連携を行うため新たな事業展開や創業の機会が増大する，また地元大学との産学連携による共同研究や自治体や経済団体との共同でインキュベーター[9]を設置し創業支援を行う等，かなり意欲的，戦略的な取り組みが

期待されます。

これは，産業クラスターの立地状況を俯瞰的に理解するスキームである「ダイヤモンド・モデル」です。クラスター立地の優位性の源泉を表したもので，①要素要件（原材料，人材，資本，インフラ）が有利な条件で確保できる地域ほどクラスターの優位性が高まる，②その地域の需要が他の地域に比べて高く，先鋭的なニーズが地元から出てくればその分有意性が高まる，③企業戦略および競争環境は地域にライバル企業の存在があれば企業間の競争が大きな活力となってその地域の優位性が高まる，④関連産業，支援産業が地元に存在すればその地域の競争優位性が高まる，とされています。

医療産業クラスターの実例としては，神戸医療産業都市があります。1995年に発生した阪神・淡路大地震から神戸経済の再生と復興を模索する過程で1998年「神戸市医療産業都市基本計画」が策定されスタートしました。それから20年以上が経過し，2020年現在で約380社の先端医療の研究機関，高度専門病院，企業や大学の集積が進み，日本最大のバイオメディカルクラスターに成長しています。先端医療振興財団（現 神戸医療産業都市推進機構）の井村元理事長は，高齢社会の中での役割として，要介護の原因となるアルツハイマーや骨粗鬆，糖尿病の発症前介入によって予防する「先制医療」の研究を神戸クラスター全体で推進し，そのためには市民参加による健康科学の推進も大切にしたいと考えている，と述べています。このように医療産業クラスターにおける最先端の研究をもって高齢者医療を牽引することも，地域が医療分野にかかわる重要な役割の1つであるといいます（木村，2011）。

12-4

地域医療問題の事例：
マネジメントの観点からの考察

次に取り上げる3つの事例は，市民団体，民間法人，公営事業法人と主体

は異なりますが，医療サービス供給体制の共創，統合・連携，再構築による「独自のマネジメント手法」によって地域医療の問題を解決に導いた事例です。

　今後のさらなる人口減少，高齢化によって深刻化し続ける地域医療の問題に対して，地域住民が「安心して暮らすことができる」持続可能な医療介護サービスの提供体制を構築するために，限りある地域の社会資源の効率的な活用を図るためには，それぞれの地域の状況に適合した実現性の高い「独自のマネジメント手法」が求められます。

12-4-1　兵庫県立柏原病院：地域住民が地域の小児科医療を守る為に立ち上がったケース[10]

　住民（患者）自らが，「当事者」として，地域の医療を守ろうという動きが，全国に広まりつつあります。その運動で最も有名なものとして，兵庫県丹波市の「県立柏原病院の小児科を守る会」があります。過酷な勤務に疲れ，地域から立ち去ることを決意した小児科医を引き留めるため，母親たちが市民に向けて適切な医療の受診を訴え，以下の3つのスローガンを定めて活動を行いました。

1. コンビニ診療を控えよう
2. かかりつけ医を持とう
3. お医者さんに感謝の気持ちを伝えよう

①丹波医療圏における小児科の危機

　2006年3月末，兵庫県丹波医療圏には7人の小児科の先生がいましたが（柏原病院に3人，500mくらい離れた赤十字病院に2人，さらに20分くらいいった所の篠山病院に2人），それが3人（それぞれ2人，0人，1人）にまで減ってしまいました。県立柏原病院でも人事異動と後任の医師不足から小児科閉鎖の危機となりました。

　丹波新聞の足立智和記者は取材を通じて，医師が過酷な勤務に苦しんでいること，そして自分たちの受診方法（コンビニ受診）が，医師を苦しめる一因になっていることを知ってもらうため，様々な広報活動をしていきました。さらに，医師が補充されなければ，柏原病院に残された1人の小児科の

医師が退職するといわれていたので，県知事に宛てた「医師の招聘を求める署名」を集めました。署名用紙は，「自分の都合ばかり優先して，コンビニ受診したりせず，医師を大切にする地域づくり，住民合意の形成に努めます」と，住民側の自らの責任についても明記して，2007年6月に5万5000通の署名を県庁に提出しました。しかし，当時の兵庫県幹部は丹波地域の実情を詳しく理解していなかったため，話が噛み合わず，「無い袖は振れない，他の地域でも困っている」という一般論の回答しか得られませんでした。

②県立柏原病院の小児科を守る会の発足

その後，足立智和記者たちの署名活動の中心となった，地元住民である7人のお母さんたちが「県立柏原病院の小児科を守る会（以下守る会）」を発足させました。当時，医師増を要望する運動は全国各地で見られたが，「守る会」の活動のように，医師のことを考え，受診行動に着眼したものは斬新でした。本当に必要な人が必要な時に病院受診できるよう，子育ての経験が浅いお母さんたちが見てわかるように，受診方法を説明するフロー・チャートを作成。軽症の場合は身近な開業医を利用することで，重症の子供に病院受診を譲ろうと呼びかけました。その結果，子供の具合が悪くなっても柏原病院に直行せず，いったん開業医で受診するような流れができました。一方で県立柏原病院には本当に受診が必要な重症の患者が回ってくるようになったので，病院側も本腰を入れて小児科医を5人に増員し，小児科医療の提供体制の強化を図ることになりました。

住民側も受診ルールを正確に理解できたことにより，柏原病院小児科のコンビニ受診は激減しました。かつては夜中でも関係なく多くの外来患者が来ていましたが，その後はほとんど無くなり，ゼロという日もあるくらいで，当直の小児科医も朝までぐっすり眠れるときもある等，かつての劣悪な労務環境も大幅に改善しました。

このように「守る会」の住民活動が功を奏し，外来の診察表にも医師の名前が増え始めたので，今週の休日当番の先生を通知するためのメールマガジンの配信を開始して，医師と住民のコミュニケーションの媒介を行いました。

また，小児科の先生方に対する感謝の気持ちを伝えるため，「ありがとう

ポスト」を設置して住民からのメッセージを集めたり寄せ書きを送ったりして感謝の意を伝えました。その結果，医師と住民との距離が縮まり，患者である住民側も非常に協力的ということで，柏原病院の小児科は日本一働き易いと言われるまでになり，この活動に感動した小児科医が岡山県の大学病院から自ら希望して着任するなどの成果が出てきました。

さらに「守る会」はこの活動を広めるためのステッカーを作成したり，地域の商店街からの協力を得て，活動を啓発するポスターの掲示を行ってもらったりするとともに，活動成果を報告するための「守る会」のホームページやメルマガに商店街協賛のクーポン券をつけるなど，地域全体で県立柏原病院の小児科を守る活動を盛り上げました。

医療者が集まる病院・地域にするためには，住民の協力が必要です。

「県立柏原病院の小児科を守る会」の運動に学び，地域の病院・医療者を支えようとする運動はさらに全国に広がっています。

この「守る会」の活動内容は，全国の医療者から大歓迎され，「活動を絶やしてはいけない，もっと大きくしたい」と日本中の人からの応援の声が集まりました。

「守る会」が病院と地元の開業医と共同して作成して完成させた小児科受診のフロー・チャートは「病院に行く，その前に……」というタイトルの小冊子にまとめられました。丹波市氷上保健センターでは新生児訪問を行う際に，このチャートを母親たちに配布しています。二児を持つ母親は，チャートについて「助かります。病院に頼る前に自分たちで何とかしようと考えるようになりました。」と語りました。

また，その貴重なノウハウは1部100円で売り出され，北海道から沖縄まで多くの自治体から約4万部の注文があり，全国の未就学児童のいる家庭などに配られて，全国の小児科の医師の労働環境の改善に貢献しました。

この「守る会」の活動は，当時の厚生労働省の舛添大臣の知るところとなり，大臣自らの県立柏原病院視察が実現した。その時の記者会見で「おかみの押し付けの運動ではなく，自発的なものであることが成功のカギだ。厚労省としてもできることはやる。国民も努力しなければならない。」と「守る会」をモデルにした意識改革の広がりに期待感を示されました。

③解説

　この県立柏原病院のケースを，第2章で解説したS-DLを使って説明すると，価値の売り手（病院）の生産プロセスの中に，価値の買い手である住民＝患者が参加して，顧客である住民が安定して良質の医療サービスを享受するという文脈価値[11]を生み出すプロセスがS-DLの積極的な参加である価値の共同創造（co-creation）[12]に当たります。

　「コンビニ受診」や「深夜に及ぶ過重労働」といった劣悪な県立病院の職場環境の中で，医師が医療サービスを提供する生産プロセスに，サービスを享受する買い手である「守る会」の住民が提供プロセスの改善の現場に参加し，双方が協力して医師の労働環境問題解決を図ったことで，病院側の提供する医療サービスのプロセスの効率化に大きく寄与したことになります。その結果，医師の負担は大幅に削減され，小児科医も病院に留まり柏原病院の小児科は無事存続できたのです。加えて，その活動の副産物として作成された「小冊子」は，同じような悩みを抱える他の地域病院へのノウハウ提供といった水平展開が行われ，これによって多くの病院の同種の問題解決にも寄与したことになります。この活動はテレビ東京やNHKの特集にも取り上げられて全国的に知れ渡り，さらに一般社団法人医療の質・安全学会から「第2回　新しい医療のかたち表彰（2008年）」で表彰された結果，第11章のサービス・ブランド作りモデルで解説した通り，病院自体のブランド価値が高まることになって，従来から苦労していた医師の採用面でもプラス効果が働いたとのことで，病院，医師，住民三方の目的が高い満足度で実現した成功事例であるといえます。

　その後，2019年に県立柏原病院は柏原赤十字病院との統合再編が行われ，現在は「県立丹波医療センター」として丹波地域の医療を守り続けています。

12-4-2　けいじゅヘルスケアシステム「特別医療法人董仙会　恵寿総合病院」[13]：地域の中小市中病院との診療連携によるエリア連携と医療CRM

　少子高齢化・過疎化の進展，公的機関病院の存在，病床過剰という過酷な

外部環境の中で，民間医療機関が中心となって，IT ネットワークや共同コールセンターを活用した情報化の推進を実施することにより，独自性の高いサービス提供体制（けいじゅヘルスケアシステム）を構築し，地域の患者・利用者や他の連携医療機関に対して，「恵寿式」地域包括ヘルスケアサービスを展開しています。

①けいじゅヘルスケアシステムの概要

　「けいじゅヘルスケアシステム」は能登半島の中ほどに位置する石川県七尾市（人口6万人強）にある，特別医療法人財団董仙会と社会福祉法人徳充会からなり，急性期医療を担う恵寿総合病院（職員600人）を中心に多数の施設・事業所と合わせて全体（職員1100人）で地域内の約15,000人の利用者に医療・介護サービスを提供しているグループの総称です。加えて地域で本システムに加入し連携している診療所も約100施設あり，地域の医療介護に関するサービスを包括的に展開しています。七尾市は公立の基幹病院が2つあり，人口の割には医療機関が多く競争の激しい地域である（注；データは参考資料が作成された2006年当時のもの）。

②IT化による差別化戦略

　「けいじゅヘルスケアシステム」が生み出された根底には，グループ内外のインフラ（ヒト，モノ）を有効活用して，数多くの患者・利用者に，いかに質の高い医療サービスを提供するか，というマーケティング的な考え方があります。このような顧客志向の取り組みは，入院患者に対する外部からのお見舞いメールの取次ぎサービス（1996年）に始まり，クレジットカードによる医療費支払い（1997年），地域医療機関への開放病棟の設置（1998年）等があります。特にコールセンターの実施は医療・介護・福祉に関する顧客情報の一元化，すなわち「一顧客一カルテ」の電子化を実現し，5名の専任スタッフによる情報管理面でのセキュリティ問題の解決や，顧客接点のワンストップ化によって，ネットワークを活用した適切なサービスを提供するアクセスポイントとして，その後のITを活用した戦略展開面での大きな契機となりました。

③患者・利用者との関係強化・維持

　けいじゅヘルスケアシステムにとって「コールセンター」は，顧客との関

係性強化を目的とした「一元化された顧客接点」として重要な役割を担っています。利用者はコールセンターに電話することにより，グループ内の医療・保健・福祉・介護のすべてのサービスの情報を知るとこができ，サービス利用の予約調整もできます。そのほか顧客対応窓口として各種要望やクレームを一元管理しており，施設や制度が異なっていてもグループとしての適切な対応が実現しました。具体的には，1つ目が利用者の「御用聞き」，2つ目は「グループ内事業の営業支援」，3つ目は「グループ内の業務改善」です。現在もコールセンターが担う役割はさらに多様化してその存在意義を高めるとともに，利用者や家族からの安心感とグループに対する信頼感が高まりました。来院時の顧客接点改善に目が行きがちな医療機関が多い中で，来院時以外の患者・利用者に対する相方向のコミュニケーションを高めることにより，サービスの提供を図った点は，患者・利用者個々との継続的な関係性を構築する斬新な取り組みであったといえます。

④地域の医療機関との連携強化の取り組み

　恵寿総合病院では，地域医療機関との連携を目的として開放病床 10 床の提供を地元医師会との協定により設置しました。利用する地元連携医にとっては，入院中の自分の患者の状態を適時把握する必要があります。そのため恵寿総合病院ではインターネット経由で電子カルテを閲覧できるシステムを地域医療機関に提供することで，入院中の患者の診療状態を即時に把握できることによって，病院主治医と連携医と双方の視点から適切な診療が実現できる体制構築を行いました。個人情報を共有する前提として，インターネット経由の電子カルテ閲覧は，患者本人，連携医，病院主治医の三者合意のうえで，対象患者のみの閲覧を，厳重なセキュリティに守られた情報管理の下で実現しています。さらにネットワーク内の連携医であれば，同一カルテを参照することができ，紹介時や逆紹介時のフォローの円滑化にも役立っています。また，近隣大学病院との間でもネットワークを構築して，同病院で実施した CT 検査や MRI 検査の画像診断および大学病院の所見も確認することができるようになり，立地的に専門医の確保が難しい状況を IT システムが解決し，利便性を高めることや地域全体としての医療費削減に寄与しています。

⑤その他の先駆的な取り組み

　けいじゅヘルスケアシステムでは，3つのⅠ（Integration, Innovation, Inspiration）を柱として，地域医療サービスの向上に取り組んでいます。

⑴ Integration（統合）

・医療介護統合型電子カルテによる医療・介護の情報共有（2006年〜）

・仮想化環境構築による電子カルテ上に他施設での記録を共有（2014年〜）

・PHR（Personal Health Record）によるスマホ，タブレットを活用した患者参加型医療情報共有（2017年〜）

・コールセンターによる医療介護窓口一本化（2000年〜）

・けいじゅデリカサプライセンターによる医療介護食の提供（2003年〜）

⑵ Innovation（変革）

・SPD（診療材料・薬）システムによる共同購入（1994年〜）

・ユニバーサル外来によるデジタルサイネージを活用した外来診察の効率化
（2013年〜）

・AI問診システムによる患者問診情報の最適化（2019年〜）

・健康経営による職員の職場環境改善活動（ホワイト500認定）（2018年〜）

⑶ Inspiration（創造）

・キャリアデザインプロジェクトによる職員の価値観共有とキャリア開発

・生活支援　患者利用者のご自宅から病院までの送迎サービス等

・地域貢献　地元の小学校や企業を対象とした医療，ハンディキャップ体験を通じた医療・介護に関する地元への啓蒙活動

⑤解説

　マーケティング用語でCRMとは「Customer Relationship Management」の略で，日本語では「顧客関係管理」と呼ばれます。従来の不特定多数の顧客に対して働きかけるマス・マーケティングと異なり，「個」としての顧客との関係性，コミュニケーションを管理し，自社の従業員と顧客との関係を一元的に把握できるようにします。

　人口が減少する現状においては，新規顧客を主なターゲットとしてビジネスを成立させるのが難しく，リピーターの獲得が不可欠といえます。このよ

うな状況下では，CRMによる顧客分析が有効になってきます。既存市場に浸透することで，顧客の新たなニーズを継続的に充足できると同時に，関係性強化を実現することを目指しています。

　手法としては，連絡先や購入履歴の確認，電子メールやSNSを通じたやりとり，業務管理，商談状況のチェックなどを1つの業務アプリケーションの中で行います。こうした情報の一元化により，顧客をより深く理解し，営業活動の向上のみならず，サービス，マーケティング，経営戦略などに活かしていくことができるのです。このようにCRMは，企業が顧客との繋がりを維持し，顧客生涯価値（CLTV）と現在の企業収益の両方を向上させるのに役立ちます。

　こうして蓄積された情報は，チーム内でリアルタイムに更新・共有でき，様々な切り口で抽出し，分析することが可能です。膨大な情報を基に，現在の顧客との関係性を踏まえ，最善のアクションを導き出すためのツール。それがCRMの本質です。

　「けいじゅシステム」は，民間医療機関である菫仙会　恵寿総合病院を中心とする「けいじゅグループ」によるfull integrationレベルの強固に統合された垂直統合組織を母体に，地域の連携医療機関とはlinkageレベルの緩やかな情報交換をベースとした水平統合によって「規模の経済」のメリットを享受しています。それにより顧客である患者・利用者（住民）および地域の連携医も顧客ととらえて，情報の一元化のみならずインフラや経営資源の共同利用によって共存共栄を目指した地域医療における成功事例であるといえます。

12-4-3　南和広域医療企業団[14]：県，自治体主導で地域医療の再生に向けた病院再編事業とその効果

　過疎化，高齢化，人口激減で，地域の3つの急性期対応の公立病院の経営状況はひっ迫し，このままでは住民が安心できる地域医療の機能低下が大きな課題でした。「南和地域の医療」を自らの力で守るために，行政（奈良県）と地区の市町村が協力して，公立病院の再編による「経営効率化」，「再編・ネットワーク化」，「経営形態の見直し」，「地域医療構想を踏まえた役割の明確化」の4つの視点から地域医療問題の解決に取り組んだケースです。

①南和医療地区の現状（「奈良県医療再生計画（平成23年版）」から要約引用）

　奈良県南部の南和医療圏は，面積2346平方キロメートルと，県全域の6割超の面積を占めるにもかかわらず，人口は8万1000人と県人口の6%にも満たない域圏であり，圏内には6つの病院（うち公立病院3）と72の診療所しか存在しないなど，県内でも医療機関の少ない地域で，1町（大淀町）を除いた全域（11市町村）が「へき地」に該当する地域です。域内における医師や看護師（准看護師を含む）の数は，人口10万人あたりでは医師数は全国212.9人に対して132人，看護師数は全国980.7人に対し657人となっており両方ともかなり低い水準となっています。一方で南和医療圏の人口は平成22年に8万2951人あったものが，令和2年には6万9853人と10年間で15.7%減少しており，併せて高齢化率は平成19年にすでに30%近くあり，さらに五條市，大淀町を除く2町8村では35%から45%と著しく高くなっています。この傾向は将来さらに進むことを想定し医療需要の変化に対応した医療供給体制を早急に構築する必要がありました（同報告書16頁）。現に，南和地区内での入院が必要な住民のうち約6割が県外や県内の他地区の病院に入院しており，南和医療地区内の3つの急性期病院の患者数が減少し医療収入が落ち込んだ結果，3病院とも経営状況が逼迫していました。

②南和の医療等に関する協議会による「新南和公立病院体制基本構想・計画」

　この状況を打開しようと，平成22（2010）年5月に開催された奈良県・市町村長サミットにおいて南和の医療等に関する協議会を設立して検討することが始まりました。基本理念を「南和の医療は南和で守る」として，南和地域の3つの救急病院を1つの救急病院（急性期）と2つの地域医療センター（療養期）に役割分担を行い，医療提供体制を再構築する事を計画しました。

　その後平成28（2016）年4月には，地方公営企業法[15]の全部適用に伴い，南和広域医療企業団に移行し，3つの急性期病院（県立五條病院，国保吉野病院，町立大淀病院）を1つの救急病院（南奈良総合医療センター；平成

再編前(平成27年)				連携再編後 (平成29年)						
病院名	急性期病床	医師数		病院名	高度急性期	急性期	回復期	慢性期	病床数計	医師数
町立大淀病院	275床 (運用150床)	13.0人		南奈良総合医療センター	8床	188床	36床		232床	58.2人
県立五條病院	199床 (運用160床)	25.7人		五條病院			45床	45床	90床	3.0人
国保吉野病院	99床	9.7人		吉野病院			50床	46床	96床	5.8人
稼働率 65.0%									稼働率 88.8%	

図 12-6　再編前後の公立3病院の病床数と医師数

出所：「中期計画」10頁より筆者作成

28年4月新設・開院）に急性期機能を集中させ，療養期の医療機能を2つの地域医療センター（現在の吉野病院，五條病院）に分担して医療提供体制を再構築しました。医師確保については県立医科大学との連携を密に行い，地域として必要な医師数の安定的な確保を図るとともに，総合医の養成・確保を目指します。また，看護師確保については，看護専門学校（平成28年4月開校）の運営により看護師の養成・確保に継続して努めています。

　その他，再編成前後の成績の改善としては，救急搬送件数が4000件前後（再編前は公立3病院で2200件前後），手術件数は1900件前後（再編前は公立3病院で1200件前後），断らない救急医療のチーム体制が整備された，ドクターヘリ運用と電子カルテ情報共有により，へき地医療における「距離と時間の短縮」を実現し，へき地診療所との信頼関係を構築した等の統合メリットが挙げられています。

③成功要因

　南奈良総合医療センター長の院長，松本昌美氏は，構想からセンター開院までに至る成功要因について，以下の4点を挙げています。

1）3病院が組織文化の違いを越えて，納得いくまでコミュニケーションをとれる場をつくったこと。 2）病院だけでなく，地域医療関係者や大学ともに「あるべき地域医療の姿」を共有したこと。 3）地域住民の十分な理解が得られるまで，繰り返し「統合再編」について説明したこと。 4）知事がリーダーシップを発揮し関係市町村長の首長や職員等の関係者を説得したこと。(『地域医療の先駆者・リーダーに聞く成功の軌跡』（トーマツ，2018）

より引用）

④解説

　けいじゅシステムが民間法人による強いコーポレートガバナンスをベースに実現された組織であることに対して，南和広域医療企業団は行政主導で公立病院が公営企業を母体とした垂直統合組織へと再構築された事例であるということができます。これにより統合の強度に関しても full integration レベルを実現したことが成功要因となったことが確認できます。

　一般的に各自治体では地域医療の諸問題の解決手法として，地域医療構想に基づく適正病床数への病床転換を進めていますが，そもそも事業主体が独立しており，企業形態も様々であることから医療圏における全体最適の状態の実現は，どの医療圏においてもかなりの問題を含んでおり難しいのが実情です。

　このケースは，過疎化と高齢化が進み，地域医療の崩壊危機に迫られた南和医療圏において，県知事の「トップダウン」による意思決定と地元自治体，住民からの「ボトムアップ」ニーズのバランスを取りながら病床数の市場への適合を目的として，病棟機能の再構築と急性期機能のセンター集中によって医療従事者（医師，看護師，コメディカル）という人的資源の配置の効率化を実現した事例です。

　今後の課題は，今回発展的に整備された南和地域の医療提供体制を効率的に運用しながら，さらに地域の他の民間医療機関や開業医，介護施設等との連携を強化することにより，地域住民へのきめ細かい医療サービスの提供を行う体制を整えること。役割分担を行った3病院の財務内容の稼働率アップと財務体質の改善を実現すること。さらには他の医療圏からの患者流入策を講じることにより，今後ますます加速する，南和地区の高齢化および人口減少による医療ニーズの減少を少しでも緩和して，持続的に地域医療サービスを提供し続ける体制を維持すること，が求められます。

【注】
1. 合計特殊出生率
　　人口統計上の指標で，15歳から49歳までの女性の年齢別出生率を合計したもので，1人の女性が一生の間に産む子供の人数に相当します。すなわち合計特殊出生率が2であれば人口は

横ばいとなります。

2. 国民医療費

当該年度内の医療機関等における保険診療の対象となりうる傷病の治療に要した費用の推計値で，医科診療，歯科診療にかかる診療費，薬局調剤医療費，入院時の食事・生活医療費，訪問看護医療費等が含まれます。

3. 医療過誤

医療行為の適否や，後遺障害などの結果と不適切な医療行為との因果関係，さらには発生した損害の有無および額が主要な争点となった民事訴訟のことです。

4. 2次医療圏

救急医療を含む一般的な入院治療が完結するように設定した区域のことで，医師数や病床数の計画は2次医療圏ベースにしており，地域医療の基本的な単位といえます。

5. 効率的な医療提供体制

増えすぎた急性期病床を再編，統合することにより，医療ニーズに合わせて医療提供体制を再構築することによって，適正化とともに効率化を図ることが狙いとされています。

6. 顧客生涯価値＝CLTV

マーケティング用語で，顧客ライフサイクル全期間でその顧客が企業にもたらす価値の総計で，顧客購買額と顧客維持コストの差額で計算されます。

7. 規模の経済性

事業規模が大きくなればなるほど，単位当たりのコストが小さくなり，競争優位性が獲得できることです。

8. クラスター理論

産業クラスターは，ある特定の分野における，相互に結び付いた企業群と諸機関からなる地理的に近接したグループであり，これらの企業群と諸機関は共通性と補完性によって結ばれています。近年のイノベーションのオープン化と産業構造の変化を背景に，分業に関する類似概念として「エコシステム」がある。こちらは単独の組織内部を越えた企業間のネットワークを活用して，非連続な技術革新を生み出す土壌として期待されています。

9. インキュベーター

新しいビジネスの起業家やベンチャー企業を支援する団体，組織。（元々は英語で新生児を育てる保育器の意味）

10. 参考資料：県立柏原病院の小児科を守る会HP（2021.11.3閲覧），丹波新聞記事：舛添大臣視察「自発的な成功」（2008.7.7），足立智和記者講演録　十日町第2回地域医療講演会（2019）

11. 文脈価値（value-in-context）

顧客によって定義され，経験を通じて得られる価値のこと。

12. 価値の共同創造（Co-Creation）

企業が様々なステークホルダーと協働して共に新たな価値を創造することです。

13. 参考資料：菫仙会　恵寿総合病院HP（2021.11.3閲覧），医療人材育成テキスト（経産省），日経メディカル記事（2006.12.22）事例研究

14. 参考資料：南和広域医療企業団HP（2021.11.11閲覧），南和広域医療企業団「中期計画」（2017），奈良県地域医療再生計画（2011），「地域医療の先駆者・リーダーに聞く成功の軌跡」トーマツ（2018）

15. 地方公営企業法

地方公営企業法は，地方公共団体が運営する公営企業の組織や財務，これに従事する職員の身分などの基準を定めた法律で，「全部適用」によって，権限が病院事業管理者に移行することで独立性が強化され，効率的な経営が可能になります。

おわりに

　従来から，製造業や医療の現場は，労働集約型のエキスパート集団と見られ，分業を加速し生産性を高めることで業務の効率化を図ることを加速させてきました。そのため，組織を束ねる管理者を頂点にすえたピラミッド型の組織で対応するマネジメントを実践することがなされています。確かに，生産性は飛躍的に向上し数ある組織は，DOR（Division of Responsibility）と呼ばれる責任所掌分担を厳格に定めて，その境界の壁を高く厚く設定してきました。その結果，モノの大量生産や多くの医療技術の提供が効率的に実現できました。しかし，今日の低経済成長，少子高齢化社会では，製造業や医療現場の見方もエキスパート集団ではなくサービス集団と見た方が，社会の求めるニーズに叶うように考えられます。本書は，医療現場をサービス集団と見た時に何が重要で，どのように振舞えば良いのか，その行動指針についてこれからサービス・マネジメントを学ぶ若い学生諸氏に伝え，考えていただくことを主題としています。

　大切な点を挙げるとすれば，第1は，顧客中心主義の考え方です。サービスにおいて顧客満足は，顧客の事前期待を基盤として形成されます。このような事前期待をどのようにコントロールすれば良いのか，唯一絶対の公式は有りませんが，様々な議論を通じてそれぞれの置かれた環境で考えていただきたいと思います。第2は，DX化の推進です。ICT，IoT・AI，ロボット技術など，デジタル化の推進は少子高齢化社会を迎える日本において避けては通れない道です。デジタル化を推進するためにはPythonなどの最新の人工言語をマスターすることも必要となります。第3は，医療現場のモチベーションを高める組織文化の醸成です。従来のピラミッド構造組織で醸成された組織文化は，チームを活動主体とした組織文化とはおのずと異なります。

　本書が，医療現場の課題をサービス視点で俯瞰し，どのように改善していけば良いのかを考えるきっかけとなれば，著者一同望外の喜びです。

2022年11月26日　藤岡昌則

参考文献

（英文）

Abbot, A. (1988). *The system of professions: An essay on the division of expert labor.* University of Chicago Press.

Abercrombie, N., Hill, S., & Turner, B. S. (2000). *The Penguin Dictionary of Sociology*（丸山哲央監訳・編集『新しい世紀の社会学中辞典』ミネルヴァ書房，2011 年，328-329 頁）.

Adams, J. S. (1965). Inequity in social exchange. In L. Berkowitz (Ed.), *Advances in experimental social psychology* vol. 2 (pp. 267-299). Academic Press.

Albrecht, K., & Zemke, R. (2002). *Service America in the new economy.* McGraw-Hill（和田正春訳『サービス・マネジメント』ダイヤモンド社，2003 年）.

Apker, J., & Fox, D. H. (2002). Communication. Improving RNs' organizational and professional identification in managed care hospitals. *Journal of Nursing Administration, 32*(2), pp. 106-114.

Argyris, C. (1977). Double loop leaning in organizations. *Harvard Business Review,* Sep-Oct 1977, 115-124（「『ダブル・ループ学習』とは何か」『DIAMOND ハーバード・ビジネス・レビュー』April, 2007 年，101-113 頁）.

Ashforth, B. E., & Johnson, S. A. (2001). Which hat to wear? : The relative salience of multiple identities in organizational contexts. In M. A. Hogg & D. J. Terry (Eds.), *Social identity processes in organizational contexts* (pp. 31-48). Psychology Press.

Ashforth, B. E., & Mael, F. (1989). Social identity theory and the organization. *Academy of Management Review, 14*(1), pp. 20-39.

Bannon, L. (1997). Plastic surgeons are told to pay more attention to appearances. *The Wall Street Journal*, March15, B1.

Barnard, C. I. (1938). *The functions of the executive.* Harvard University Press（山本安次郎・田杉競・飯野春樹訳『新訳 経営者の役割』ダイヤモンド社，1956 年）.

Berry, L. L., & Seltman, K. D. (2008). *Management lessons from Mayo Clinic: Inside one of the world's most admired service organizations.* McGraw-Hill（古川奈々子訳『メイヨー・クリニック─奇跡のサービスマネジメント』マグロウヒル・エデュケーション，2010 年）.

Carlzon, J. (1985). *Riv Pyramiderna.* Förlag AB（堤猶二訳『真実の瞬間─SAS のサービス戦略はなぜ成功したか』ダイヤモンド社，1990 年）.

Chemers, M. (1997). *An integrative theory of leadership.* Lawrence Erlbaum Associates（白樫三四郎訳編『リーダーシップの統合理論』北大路書房，1999 年）.

Csikszentmihalyi, M. (1975). *Beyond boredom and anxiety.* Jossey-Bass（今村浩明訳『楽しむということ』思索社，1996 年）.

Csikszentmihalyi, M. (1990). *Flow: The psychology of optimal experience.* Harper Perennial（今村浩明訳『フロー体験─喜びの現象学』世界思想社，1996 年）.

Deci, E. L. (1975). *Intrinsic motivation*. Plenum（安藤延男・石田梅男訳『内発的動機づけ─実験社会心理学的アプローチ』誠信書房，1980年）.

Dreyfus, S. E. (1983). How expert managers tend to let the gut lead the brain. *Management Review*, September, pp. 51-61.

Dreyfus, H. L., & Dreyfus, S. E. (1986). *Mind over machine: The power of human intuition and expertise in the era of the computer*. Basil Blackwell（椋田直子訳『純粋人工知能批判─コンピュータは思考を獲得できるか』アスキー出版局，1987年）.

Drucker, P. F. (1954). *The practice of management*. Routledge（上田惇生訳『現代の経営』ダイヤモンド社，2006年）.

Drucker, P. F. (2002). *Managing in the next society*. Griffin（上田惇生訳『ネクスト・ソサエティ─歴史が見たことのない未来がはじまる』ダイヤモンド社，2002年）.

Dutton, J. E., Dukerich, J. M., & Harquail, C. V. (1994). Organizational images and member identification. *Administrative Science Quartely, 39*(2), pp. 239-263.

Ericsson, K. A., & Pool, R. (2015). *Peak: Secrets from the new science of expertise*. Eamon Dolan/Houghton Mifflin Harcourt（土方奈美訳『超一流になるのは才能か努力か？』文藝春秋，2016年）.

Fisher, A. G. B. (1945). *Economic progress and social security*. London MacMillan.

Foreman, P., & Whetten, D. A. (2002). Members' identification with multi-identity organizations. *Organization Science, 13*(6), pp. 618-635.

Glynn, M. A. (2000). When cymbals become symbols: Conflict over organizational identity within a symphony orchestra. *Organization Science, 11*(3), pp. 285-298.

Goffman, E. (1966). Communication and enforcement systems. In K. Archibald (Ed). *Strategic interaction and conflict* (pp. 198-220). Institute of International Studies, University of California.

Goldratt, E. M. (1984). *The goal: A process of ongoing improvement*. North River Press（三本木亮訳『ザ・ゴール─企業の究極の目的とは何か』ダイヤモンド社，2001年）.

Gouldner, A. W. (1958). Cosmopolitans and locals: Toward an analysis of latent social roles Ⅱ. *Administrative Science Quarterly, 2*(3), pp. 444-480.

Greenleaf, R. K. (2002). *Servant leadership: A journey into the nature of legitimate power and greatness* (25th anniversary edition). Paulist Press（金井壽宏監訳，金井真弓訳『サーバントリーダーシップ』英治出版，2008年）.

Hackman, J. R., & Oldman, G. R. (1980). *Work redesign*. Addison-Wesley.

Hansen, D. E., & Danaher, P. J. (1999). Inconsistent performance during the service encounter: What's a good start worth? *Journal of Service Research, 1*, pp. 227-235.

Heifetz, R. A. (1994). *Leadership without easy answers*. Harvard University Press（幸田シャーミン訳『リーダーシップとは何か！』産能大学出版部，1996年）.

Helmi , M. A., & Tanju, M. N. (1991). Activity-based costing may reduce costs, aid planning. *Healthcare Financial Management*, November, p. 96.

Herzberg, F. (1966). *Work and the nature of man*. World Publishing（北野利信訳『仕事と人間性─動機づけ─衛生理論の新展開』東洋経済新報社，1978年）.

Heskett, J. L., Jones, T. O., Loveman, G. W., Sasser Jr., W. E., & Schlesinger, L. A. (1994). Putting the service profit chain to work. *Harvard Business Review*, March–April.

Hollander, E. P. (1978). *Leadership dynamics: A practical guide to effective relationships*. Free Press.

House, R. J. (1977). A 1976 theory charismatic leadership. In J. G. Hunt & L. L. Larson (Eds.), *Leadership: The cutting edge* (pp. 189–207). Southern Illinois University Press.

Jacobs, R., & Solomon, T. (1977). Strategies for enhancing the prediction of job performance from job satisfaction. *Journal of Applied psychology 62*(4), pp. 417–421.

Johnston, H. T., & Kaplan, R. S. (1987). *Relevance lost : The rise and fall of management accounting*. Harvard Business School Press（鳥居宏史訳『レレバンス・ロスト―管理会計の盛衰』白桃書房，1992 年）.

Jones, T. O., & Sasser, Jr. W. E. (1995). Why satisfied customers defect. *Harvard Business Review, 91* September–December.

Kaplan, R. S., & Norton, D. P. (1992). The balanced scorecard : Measures that drive performance, *Harvard Business Review, 70*(1), pp. 71–79.

Kaplan, R. S., & Norton, D. P. (2000). *The strategy focused organization*. Harvard Business School Press（櫻井通晴監訳『キャプランとノートンの戦略バランスト・スコアカード』東洋経済新報社，2001 年）.

Katzenbach, J. R., & Smith D. K. (1993). The discipline of teams. *Harvard Business Review*. March–April（編集部訳「チームとグループは異なる」『DIAMOND ハーバード・ビジネス・レビュー』2004 年 12 月号）.

Kingman-Brundage, J. (1989). The ABCs of service system blueprinting. In M. J. Bitner & L. A. Crosby (Eds), *Designing a winning service strategy*, American Marketing Association.

Kolb, D. A. (1984). *Experiential learning: Experience as the source of learning and development*. Prentice-Hall.

Kotler, P. (1991). *Marketing management: Analysis, planning, implementation, and control* (7th ed.). Prentice-Hall.

Kotler, P., Pfoertsch, W., & Sponholz, U. (2021). *H2H marketing: The genesis of human-to-human marketing*. Springer（鳥山正博監訳，石丸由紀・大坂裕子訳『コトラーの H2H マーケティング―「人間中心マーケティング」の理論と実践』KADOKAWA，2021 年）.

Kotter, J. P. (1985). *Power and influence*. Free Press（加護野忠男・谷光太郎訳『パワーと影響力―人的ネットワークとリーダーシップの研究』ダイヤモンド社，1990 年）.

Kotter, J. P. (1996). *Leading change*. Harvard Business School Press（梅津祐良訳『企業変革力』日経 BP 社，2002 年）.

Kotter, J. P. (1999). *John P. Kotter on what leaders really do*. Harvard Business School Press（DIAMOND ハーバード・ビジネス・レビュー編集部・黒田由貴子・有賀裕子訳『リーダーシップ論―人と組織を動かす能力（第 2 版）』ダイヤモンド社，2012 年）.

Laloux, F. (2014). *Reinventing organizations: A guide to creating organizations inspired by the next stage of human consciousness.* Nelson Parker（鈴木立哉訳『ティール組織―マネジメントの常識を覆す次世代型組織の出現』英治出版，2018 年）．

Larry C. S. (1998). Tracing the growing impact of servant-leadership. In L. C. Spears (Ed.), *Insights on leadership: Service, stewardship, spirit, and servant-leadership* (pp. 3-6). John Wiley & Sons.

Lave, J., & Wenger, E. (1991). *Situated learning: Legitimate peripheral participation.* Cambridge University Press（佐伯胖訳『状況に埋め込まれた学習―正統的周辺参加』産業図書，1993 年）．

Leutz. W. N. (1999). Five laws for integrating medical and social services: Lessons from the United States and United Kingdom. *Milbank Quarterly, 77*(1), pp. 77-110

Locke, E. A., & Latham, G. P. (1984). *Goal setting: A motivational technique that works!* Prentice-Hall（松井賚夫・角山剛訳『目標が人を動かす―効果的な意欲づけの技法』ダイヤモンド社，1984 年）．

Looy, B. V., Gemmel, P., & Dierdonck, R. V.(2003). *Services management: An integrated approach.* Pearson Education（白井義男監修，平林祥訳『サービス・マネジメント―統合的アプローチ（上）』ピアソン・エデュケーション，2004 年）．

Lovelock, C. H., & Wright, L. K. (1999). *Principles of service marketing and management.* Prentice-Hall（小宮路雅博監訳，高畑泰・藤井大拙訳『サービス・マーケティング原理』白桃書房，2002 年）．

Lovelock, C. H., & Wirtz, J. (2007). *Services marketing：People, technology, strategy* (6th ed.). Pearson Education（白井義男監修，武田玲子訳『ラブロック＆ウィルツのサービス・マーケティング』ピアソン・エデュケーション，2008 年）．

Maister, D. H. (1996). *What kind of provider are you?* Maister Assosiates.

March, J. G., & Olsen, J. P. (1976). *Ambiguity and choice in organizations.* Universitetsforlaget（遠田雄志・アリソン・ユング訳『組織におけるあいまいさと決定』有斐閣，1986 年）．

Marshall, A. (1890). *Principles of economics.* Cosimo（馬場啓之助訳『マーシャル経済学原理』東洋経済新報社，1967 年）．

Maslow, A. H. (1954). *Motivaon and personality.* Harper & Row（小口忠彦監訳『人間性の心理学』産業能率大学出版部，1971 年）．

Maslow, A. H. (1968). *Toward a psychology of being* (2nd ed.). Van Nostrand Reinhold.

Maslow, A. H. (1998). *Maslow on management.* John Wiley & Sons（金井壽宏監訳，大川修二訳『完全なる経営』日本経済新聞出版社，2001 年）．

McGregor, D. (1960). *The human side of enterprise.* McGraw-Hill（高橋達男訳『新版 企業の人間的側面―統合と自己統制による経営』産業能率短期大学出版部，1970 年）．

Millerson, G. (1964). *The qualifying associations: A study in professionalization.* Routledge Kegan Paul.

Mintzberg, H. (2007). *Henry Mintzberg on management. Harvard Business Review.* (DIAMOND ハーバード・ビジネス・レビュー編集部訳『H. ミンツバーグ経営論』，2007 年）．

Normann, R. (1991). *Service management: Strategy and leadership in service business* (2nd ed.). John Wiley & Sons（近藤隆雄訳『サービス・マネジメント』NTT 出版，1993 年）.

Normann, R. (2001). *Reframing business: When the map changes the landscape.* John Wiley & Sons.

Northouse, P. G. (2015). *Leadership: Theory and practic*e (7th ed.). SAGE Publication.

Parasuraman, A., Zeithaml, V., & Berry, L. L. (1985). A conceptual model of service quality and implications for further research. *Journal of Marketing, 49*, pp. 45-50.

Pentland, A. (2012). The new science of building great teams. *Harvard Business Review*, April 2012 pp. 32-47（有賀裕子訳「チームづくりの科学」『DIAMOND ハーバード・ビジネス・レビュー』2012 年 9 月号）.

Porter, L. W., & Lawler, E. E. (1968). *Managerial Attitudes and Performance*, Irwin, 165.

Porter, M. E. (1980). *Competitive strategy : Techniques for analyzing industries and competitors.* Free Press（土岐坤・中辻萬治・服部照夫訳『競争の戦略』ダイヤモンド社，1995 年）.

Porter, M. E. (1998). Clusters and the new economics of competition. *Harvard Business Review*, November-December（竹内弘高訳『競争戦略論 II』ダイヤモンド社，1999 年）.

Sarasvathy, S. D. (2008). *Effectuation: Elements of entrepreneurial expertise.* Edward Elgar Publishing（加護野忠男監訳，高瀬進・吉田満梨訳『エフェクチュエーション―市場創造の実効理論』碩学舎，2015 年）.

Schein, E. H. (1985). *Organizational culture and leadership.* Jossey-Bass（清水紀彦・浜田幸雄訳『組織文化とリーダーシップ』ダイヤモンド社，1989 年）.

Schön, D. A. (1983). *The reflective practitioner: How professionals think in action.* Basic Books（柳沢昌一・三輪健二監訳『省察的実践とは何か―プロフェッショナルの行為と思考』鳳書房，2007 年）.

Schragenheim, E. (1999). *Management dilemmas.* CRC Press（中井洋子・内山春幸・西村磨野訳『ケースで学ぶ TOC 思考プロセス』ダイヤモンド社，2004 年）.

Schwab, D. P., & Cummings, L. L. (1970). Theories of performance and satisfaction: A review. *Industrial Relations, 9*, pp 408-430.

Shostack, G. L. (1984). Designing services that deliver. *Journal of Marketing*, January-February, pp. 133-139.

Smith, A. (1789). *An inquiry into the nature and causes of the wealth of nation*s (5th ed.) Strahan（水田洋監訳，杉山忠平訳『国富論 2』岩波書店，2000 年）.

Spears, L. C. (1998). Tracing the growing impact of servant-leadership. In L. C. Spears (Ed.), *Insights on leadership: Service, stewardship, spirit, and servant-leadership* (pp. 3-6). John Wiley & Sons.

Stogdill, R. M. (1948). Personal factors associated with leadership: A survey of the literature. *The Journal of Psychology, 25*, pp. 35-71.

Turner, J. C., Hogg, M. A., Oakes, P. J., Reicher, S. D., & Wetherell, M. S. (1987).

Rediscovering the social group: A self-categorization theory. Basil Blackwell（蘭千壽・磯崎三喜年・内藤哲雄・遠藤由美訳『社会集団の再発見―自己カテゴリー化理論』誠信書房，1995年）.

Vargo, S. L., & Lusch, R. F. (2004).Evolving to a new dominant logic for marketing.*Journal of Marketing, 68,* January, pp. 1-17.

Vroom, V. H. (1964). *Work and motivation.* Wiley（坂下昭宣・榊原清則・小松陽一・城戸康彰訳『仕事とモティベーション』千倉書房，1982年）.

Ward, P., Brown, B. & Cipolla, L. (1995). A 360-degree turn for the better. *People Management, 1*(3), pp. 20-22.

Weber, M. (1921). *Wirtschaft und gesellschaft,* tüebingen. J. C. B. Moh（世良晃志郎訳『支配の諸類型』創文社，1970年；濱嶋朗訳『権力と支配』講談社，2012年）.

Weber, M. (1924, 1947). The theory of social and economic organization (A. M. Henderson and Talcott Parsons.). Free Press（世良晃志郎訳『経済と社会』創文社，1962年）.

Yukl, G. (2013). *Leadership in organization*s (8th ed.), Pearson Education.

Zaleznik, A. (1977). Managers and leaders: Are they different? *Harvard Business Review, 55*（May-Jun), pp. 67-78.

（和文）

新井耕・正木義博（2010）.『バランスト・スコアカード―その理論と実践』日本医療企画.

飯塚悦功・水流聡子（2010）.『医療品質経営―患者中心医療の意義と方法論』日本医療企画.

池田守男・金井壽宏（2007）.『サーバント・リーダーシップ入門―引っ張るリーダーから支えるリーダーへ』かんき出版.

石川淳（2016）.『シェアド・リーダーシップ―チーム全員の影響力が職場を強くする』中央経済社.

石川淳（2022）.『リーダーシップの理論―経験と勘を活かす武器を身につける』中央経済社.

伊藤武志（2002）.『バランスト・スコアカードによる戦略マネジメント』日本能率協会マネジメントセンター.

太田肇（1993）.『プロフェッショナルと組織―組織と個人の「間接的結合」』同文舘出版.

大夛賀政昭（2016）.「介護事業所における原価管理の活用可能性と課題」『商大ビジネスレビュー』*6*(1)，1-25頁.

小野善生（2016）.『フォロワーが語るリーダーシップ―認められるリーダーの研究』有斐閣.

小野善生（2018）.『リーダーシップ徹底講座―すぐれた管理者を目指す人のために』中央経済社.

加護野忠男（1988）.『組織認識論―企業における創造と革新の研究』千倉書房.

片山覚（2021）.「医師の業務を支援する AI 問診」『病院』第80巻第5号，419-422頁.

加藤浩晃（2018）.『医療4.0』日経BP.

金井壽宏（1982）.「職務再設計の動機的効果についての組織的考察」『神戸大学経営学部

研究年報』第 28 巻, 154 頁.

金井壽宏・髙橋潔 (2004).『組織行動の考え方―ひとを活かし組織力を高める 9 つのキーコンセプト』東洋経済新報社.

北城恪太郎 (監修), 諏訪良武 (著) (2009).『顧客はサービスを買っている―顧客満足向上の鍵を握る事前期待のマネジメント』ダイヤモンド社.

木村廣道 (監修) (2011).『検証 医療産業イノベーション―現場からの証言と提言』かんき出版.

黒田知宏 (監修), 電子情報通信学会 (編) (2012).『現代電子情報通信選書「知識の森」医療情報システム』オーム社.

小林潔司・原良憲・山内裕 (2014).『日本型クリエイティブ・サービスの時代―「おもてなし」への科学的接近』日本評論社.

近藤隆雄 (2007).『サービスマネジメント入門―ものづくりから価値づくりの視点へ』生産性出版.

近藤隆雄 (2012).『サービス・イノベーションの理論と方法』生産性出版.

酒井敏・小木曽哲・山内裕・那須耕介・川上浩司・神川龍馬 (2019).『京大変人講座』三笠書房.

櫻井通晴 (2003).『バランスト・スコアカード―理論とケース・スタディ』同文舘出版.

迫田勝明・眞木和俊・林美穂 (2006).『図解 シックス・シグマ流"強い現場"をつくる「問題解決型」病院経営―患者満足度を高める"やる気"と"感動"のサービス革命』日本医療企画.

笹野尚 (2014).『産業クラスターと活動体』エネルギーフォーラム.

佐藤郁哉・山田真茂留 (2004).『制度と文化―組織を動かす見えない力』日本経済新聞出版社, 51.

佐藤文彦 (2021).『コーチングで病院が変わった―目に見えない道具で医師の働き方改革は進化する』ディスカヴァー・トゥエンティワン.

四方啓暉 (2010).『リッツ・カールトンの究極のホスピタリティ』河出書房新社.

柴山政行 (2006).『原価計算の基本と仕組みがよ～くわかる本』秀和システム.

進藤雄三・黒田浩一郎 (編) (2003).『医療社会学を学ぶ人のために』世界思想社.

杉山哲朗 (2008).「製造現場から見た医療現場の品質管理への提言」『建設の施工企画』, 第 706 号, 67-71 頁.

鈴木竜太 (2013).『関わりあう職場のマネジメント』有斐閣.

鈴木竜太 (2018).『経営組織論』東洋経済新報社.

角田ますみ (2022).『ここからスタートアドバンス・ケア・プランニング』へるす出版.

髙尾義明・王英燕 (2012).『経営理念の浸透―アイデンティティ・プロセスからの実証分析』有斐閣.

髙瀬進 (2012).「大学発ベンチャー起業家の意思決定：瀧和男氏のプロトコル分析」『神戸大学経営学研究科ワーキング・ペーパー』201205a.

髙田彰・長瀬啓介・大野国弘・梅田政信・長澤勲 (2007).「医療情報システムにおける診療判断支援機能 (CDSS; Clinical Decision Support System) の構築について」『医療情報学』第 27 巻第 3 号, 315-320 頁.

高橋淑郎（2004）．『医療経営のバランスト・スコアカード―ヘルスケアの質向上と戦略的病院経営ツール』生産性出版．

高橋紘士（2011）．『地域包括ケアシステム』オーム社．

高橋紘士・武藤正樹（2013）．『地域連携論―医療・看護・介護・福祉の協働と包括的支援』オーム社．

竹井和昭（2019）．「みどりの窓口の予約システム『マルス』の開発史」『通信ソサイエティマガジン』第13巻第1号，58-67頁．

田中滋（2014）．『地域包括ケアサクセスガイド―地域力を高めて高齢者の在宅生活を支える』メディカ出版．

田中滋・古川俊治（2008）．『ＭＢＡの医療・介護経営』医学書院．

玉井七奈（2019）．「画像解析技術と解析事例」『JXTG Technical Review』第61巻第3号，106-109頁．

地域差研究会（編）（2001）．『医療費の地域差』東洋経済新報社．

筒井孝子（2014a）．『地域包括ケアシステムのサイエンス』社会保険研究所．

筒井孝子（2014b）．『地域包括ケアシステム構築のためのマネジメント戦略―integrated care の理論とその応用』中央法規出版．

筒井孝子（2019）．『地域包括ケアシステムの深化―integrated care の理論を用いたチェンジマネジメント』中央法規出版．

筒井孝子（2020）．『筒井孝子論考集―地域包括ケアシステムの理論と政策』カイ書林．

東北大学大学院医学系研究科（2007）．『医師不足と地域医療の崩壊 Vol. 1』日本医療企画．

東北大学大学院医学系研究科（2008）．『医師不足と地域医療の崩壊 Vol. 2』日本医療企画．

遠山曉・村田潔・岸眞理子（2015）．『経営情報論』有斐閣．

中沢康彦（2010）．『星野リゾートの教科書―サービスと利益両立の法則』日経 BP 社．

中島明彦（2007）．『ヘルスケア・マネジメント―医療福祉経営の基本的視座』同友館．

中田範夫（2000）「病院に対する ABC システムの適用」『山口経済学雑誌』第48巻第3号，477-507頁．

西尾久美子（2014）．『おもてなしの仕組み』中央公論社．

西山茂（監修）（1996）．『MBA アカウンティング』ダイヤモンド社．

日本医療バランスト・スコアカード研究学会（2006）．『医療バランスト・スコアカード研究 Vol. 2.1』日本医学出版．

日本医療バランスト・スコアカード研究学会（2007）．『医療バランスト・スコアカード導入のすべて―構築・展開・成果』生産性出版．

沼上幹（2004）．『組織デザイン』日本経済新聞出版社．

原拓志・宮尾学（2017）．『技術経営』中央経済社．

韓昌熙・島原佑基（2021）．「AI による画像診断支援の今日と明日」『病院』第80巻第5号，423-425頁．

藤井智比佐（2004）．『バランスト・スコアカードがよ～くわかる本』秀和システム．

藤岡昌則（2019）．『エフェクチュエーションと認知科学による製造業のサービス・イノ

ベーション』白桃書房.

藤川敏行（2018）「地域共同利用型 PACS の紹介」『月刊インナービジョン』，Vol. 33,
　91-92 頁.

舩田千秋（2019）「クリニカルパスと看護記録の効率化」『臨床看護記録』第 29 巻第 1 号,
　2-6 頁.

保健医療福祉情報システム工業会（2020）.『医療情報システム入門 2020』社会保険研究
　所.

松尾睦（2006）.『経験からの学習―プロフェショナルへの成長プロセス』同文舘出版.

松尾睦（2018）.『医療プロフェショナルの経験学習』同文舘出版.

武藤正樹（2019）.『団塊時代"大死亡時代"の航海図―2040 年―医療＆介護のデッドラ
　イン』医学通信社.

山﨑朗（2019）.『地域産業のイノベーションシステム―集積と連携が生む都市の経済』学
　芸出版社.

吉川武男（2003）.『バランス・スコアカード構築―基礎から運用までのパーフェクトガイ
　ド』生産性出版.

ラッシュ，R. F.・バーゴ，S. L.（著）井上嵩通（監訳）（2016）.『サービス・ドミナント・
　ロジックの発想と応用』同文舘出版.

事項索引

ア 行

医事会計システム ……… 152
異質性（heterogeneity）…· 4
医師不足 …………… 251
イメージ ……………… 23
医療・介護サービス（医療サー
ビス）……………… 3
医療事故情報 ………… 162
医療情報システム …… 151
医療情報連携ネットワーク
………………… 169
医療診断エキスパートシステム
………………… 183
エピローグ ………… 41
エフェクチュエーション
（effectuation）………… 59
遠隔医療 …………… 173
オーダエントリーシステム
………………… 153
オペラント資源 ……… 33
オペランド資源 ……… 33
おもてなし ………… 2
オンライン資格確認 … 177
オンライン診療 …… 148,182
オンライン相談 ……… 181
オンライン問診 ……… 180

カ 行

科学的管理法 ………… 93
過程説 ……………… 96
カリスマ的リーダーシップ
………………… 132
看護支援システム …… 157
患者第一主義 ………… 224
患者満足 …………… 26
カンバン方式 ………… 186
管理会計 …………… 200
機械的な手がかり …… 240
基幹系システム …… 158
期待理論 …………… 97
キット化 …………… 44
機能的な手がかり …… 240
基本的前提（FP）…… 32

キャパシティ・マネジメント
………………… 42
共同生産（co-production）·· 6
共同創造（co-creation）… 7
苦情処理 …………… 63
クリニカルパス …… 156
計画の質 …………… 49
経験学習サイクル …… 87
結果と過程 ………… 6
限界的練習 ………… 84
コア・サービス …… 40
交換価値 …………… 34
高コンテクスト・サービス
………………… 82
工程能力指数 ……… 53
行動アプローチ …… 128
公平理論 …………… 96
コーゼーション（causation）
………………… 58
コールセンター …… 267
顧客コンタクトの程度 …… 9
コスモポリタン …… 114
固定費 …………… 202
個別化 …………… 10
コンピテンス ……… 4

サ 行

サーバントリーダーシップ
………………… 129
サービス・エコシステム ·· 35
サービス価値 ……… 46
サービス基準 ……… 41
サービス・コンセプト … 22
サービス生産 ……… 3
サービス設計 ……… 82
サービス・デリバリー・システ
ム ……………… 22
サービス・ドミナント・ロジッ
ク ……………… 32
サービスの階層 …… 10
サービスの特徴 …… 4
サービス表現 ……… 82
サービス品質 ……… 28
サービス・ブランド …… 243

サービス・ブルー・プリンティ
ング（SBP）………… 36
サービス・プロセスの再設計
………………… 43
サービス・プロフィット・
チェーン ………… 24,91
サービス・マネジメント・シス
テム ……………… 21
サービス・リカバリー … 65
財務会計 …………… 200
財務三表 …………… 201
財務指標 …………… 209
産業クラスター理論 … 261
三点確認 …………… 161
シェアド・リーダーシップ
………………… 138
資質アプローチ …… 128
シックス・シグマ … 190
実施の質 …………… 49
支配型リーダーシップ … 138
社会保障費 ………… 248
熟達者 …………… 84
熟達の5段階モデル … 86
使用価値 …………… 34
情緒的労働 ………… 80
情報セキュリティ …… 163
消滅性（perishability）…· 4
職務特性モデル …… 105
シングル・ループ …… 144
人口減少 …………… 246
真実の瞬間（moments of
truth）…………… 63,72
心的イメージ（mental repre-
sentation）………… 85
スループット ……… 189
生態モニタシステム …… 159
正統的周辺参加 …… 88
制約条件の理論 …… 189
設計品質 …………… 48
セルフ・サービス … 44
専門職 …………… 107
戦略マップ ………… 216
相互作用アプローチ … 135
組織アイデンティティ … 139

組織学習 …………………… 143
組織同一化 ………………… 140
損益分岐点（brake-even point）
………………………………… 202

タ 行

ダイヤモンド・モデル …… 262
タテの管理 ………………… 54
ダブル・ループ …………… 144
地域医療 …………………… 245
地域医療構想 ……………… 252
地域医療連携ネットワーク
………………………………… 171
地域包括ケアシステム
………………………… 169,254
チーム医療 ………… 118,227
知覚品質 …………………… 47
ティール組織 ……………… 126
データウェアハウス ……… 158
データヘルス改革 ………… 148
データ利活用 ……………… 148
手がかり管理 ……………… 238
適応型リーダーシップ理論
………………………………… 129
適合品質 …………………… 48
デジタル・ガバメント …… 148
デジタルトランスフォーメー
ション …………………… 175
デスティネーション医療
………………………………… 230
電子カルテシステム ……… 155
電子処方箋 ………………… 177
統合ケア（integrated care）理
論 ………………………… 258
統合の強さの段階 ………… 259
統合の幅（範囲）………… 259
同時性（不可分性：insepa-
rability）………………… 4
徒弟制 ……………………… 88
トヨタ生産方式 ……… 66,186

ナ 行

ナースコールシステム …… 159
内容説 ……………………… 93
人間関係論 ………………… 105

人間的な手がかり ………… 241
ネットワーク化 …………… 35

ハ 行

パーソナルヘルスレコード
………………………………… 179
ハーバードの公式 ………… 18
バック・ステージ ………… 42
バランスト・スコアカード
（BSC）…………………… 208
非財務指標 ………………… 209
ヒヤリハット事例 ………… 162
病院物流管理システム …… 159
標準化 ……………………… 10
品質マネジメント・システム
………………………………… 48
品質ロス …………………… 47
部門システム ……………… 159
プライバシー情報 ………… 163
フロー ……………………… 95
プロセス管理 ……………… 53
プロセスのモデル化 ……… 36
プロローグ ………………… 39
フロント・ステージ ……… 42
文化と理念 ………………… 23
変革型リーダーシップ …… 132
変動費 ……………………… 202
方針管理 …………………… 55
星野リゾート ……………… 30
ホスピタリティ（hospitality）
………………………………… 2

マ 行

マーケット・セグメント … 22
ミクロの循環 ……………… 91
無形性（intangibility）…… 4
メジャメント ……………… 41
メディカル・スタッフ …… 111
目標管理シート …………… 100
目標設定理論 ……………… 99
モチベーション理論 ……… 93

ヤ 行

ユーロクラス ……………… 75
ヨコの管理 ………………… 54

欲求階層説 ………………… 93
四元論モデル ……………… 115

ラ 行

リーダーシップ …………… 127
リスク・マネジメント …… 160
ロイヤリティ ……………… 25
ローカル …………………… 114
ロボティックプロセスオート
メーション ……………… 182

英・数

5つのコンフィギュレーション
………………………………… 122
10年ルール（10-year rule）
………………………………… 85
360度評価 ………………… 102
ABC（Activity Based Costing
：活動基準会計）……… 204
ABM（Activity Based Mana-
gement：活動基準原価管理）
………………………………… 205
EBM …………………… 57
Hadassah病院の事例 …… 68
ICT活用の意義 ………… 166
ISO9000 ………………… 56
JIT ……………………… 66
KPI（重要業績指標）…… 213
MBO …………………… 99
MOTIA（Moment of Truth
Impact Assessment）…… 76
PCAPS ………………… 53
PDCAサイクル ………… 50
QC活動 ………………… 189
QMS …………………… 48
The Ritz Carlton Hotel … 31
Servqualモデル ………… 28
TOC …………………… 66
TQC研究 ……………… 190
X理論 ………………… 95
Y理論 ………………… 95

人名索引

ア 行

飯塚悦功 ·················· 47
石川淳 ···················· 136
太田肇 ···················· 111
小野善生 ················· 128

カ 行

金井壽宏 ············ 102, 130
北城恪太郎 ············· 36
黒田浩一郎 ············· 109
ゴールドラット, E. ······ 189
近藤隆雄 ··············· 3, 19

サ 行

四方啓暉 ··············· 31
進藤雄三 ··············· 109
鈴木竜太 ··············· 114
諏訪良武 ··············· 36

タ 行

高橋潔 ··················· 102
筒井孝子 ················· 259
水流聡子 ················· 47
テイラー, F. ············· 94

ナ 行

中沢康彦 ················· 30
中島明彦 ················· 109

マ 行

松尾睦 ··················· 86

A

Abbot, A. ··············· 112
Adams, J. S. ············ 96
Albrecht, K. ········· 23, 76
Apker, J. ··············· 140
Argyris, C. ············· 144
Ashforth, B. E. ········ 140

B

Bannon, L. ············· 42
Berry, L. L. ············· 221

C

Carlzon, J. ············· 73
Csikszentmihalyi, M. ····· 95

D

Danaher, P. J. ·········· 42
Deci, E. L. ············· 94
Dreyfus, S. E. ·········· 86
Drucker, P. E. ·········· 100

E

Ericsson, K. A. ·········· 84

F

Fisher, A. G. B. ·········· 2
Fox, D. H. ·············· 140

G

Goffman, E. ············· 82
Gouldner, A. W. ········· 114
Greenleaf, R. K. ········· 129

H

Hackman, J. R. ·········· 105
Hansen, D. E. ··········· 42
Heifetz, R. A. ··········· 129
Helmi, M. A. ············ 206
Herzberg, F. ············ 92
Heskett, J. L. ··········· 24
Hollander, E. P. ········· 136
House, R. J. ············· 132

J

Jacobs, R. ·············· 92
Johnson, S. A. ·········· 140
Jones, T. D. ············· 26

K

Kaplan, R. S. ··········· 204
Katzenbach, J. R. ········ 118
Kingman-Brundage, J. ···· 38
Kolb, D. A. ············· 87
Kotler, P. ··············· 33

Kotter, J. P. ············· 132

L

Laloux, F. ·············· 126
Latham, G. P. ··········· 99
Lave, J. ················· 88
Lawler, E. E. ··········· 98
Leutz, W. N. ············ 259
Locke, E. A. ············ 99
Looy, B. V. ············ 4, 43
Lovelock, C. H. ········· 9, 38
Lusch, R. F. ············· 4

M

Mael, F. ················ 139
Maister, D. H. ··········· 1
March, J. G. ············ 143
Maslow, A. H. ·········· 93
Mayo, E. ··············· 105
McGregor, D. ··········· 95
Millerson, G. ··········· 109
Mintzberg, H. ··········· 122

N

Normann, R. ············ 21
Northouse, P. G. ········ 128
Norton, D. P. ··········· 208

O

Oldham, G. R. ·········· 105
Olsen, J. P. ············· 143

P

Parasuraman, A. ········· 28
Pentland, A. ············ 120
Pool, R. ················ 84
Porter, L. W. ··········· 98
Porter, M. E. ··········· 261

S

Sarasvathy, S. D. ········ 59
Sasser, Jr, W. E. ········· 26
Schein, E. H. ··········· 237
Schön, D. A. ············ 111

Schragenheim, E. ·········· 66
Seltman, K. D. ············ 221
Shostack, G. L. ············· 38
Smith, A. ··················· 2
Smith, D. K. ··············· 118
Solomon, T. ················ 92
Spears, L. C. ·············· 130
Stogdill, R. M. ············· 128

T

Tanju, M. N. ··············· 206

V

Vargo, S. L. ················· 4
Vroom, V. H. ··············· 97

W

Weber, M. ················· 124
Wenger, E. ················· 88
Wirtz, J. ··················· 38
Wright, L. K. ·············· 9

Z

Zaleznik, A. ········· 132, 134
Zemke, R. ·············· 23, 76

執筆者紹介 （執筆順）

宮原　勅治（みやはら　ときはる）**監修者　[「はじめに」執筆]**
岡山県備北保健所　所長
1957 年岡山県生まれ，京都大学博士(医学)，神戸大学 MBA。
公益社団法人　日本医業経営コンサルタント協会　医業経営コンサルタント
同，情報活用専門分科会委員長，鈴鹿医療科学大学客員教授，川崎医療福祉
大学大学院非常勤講師。
専門：外科(食道がん)

藤岡　昌則（ふじおか　まさのり）**編著者　[第 1 章〜第 5 章，第 11 章「おわ
りに」執筆]**
三菱重工業(株)エナジートランジッション＆パワー事業本部
GTCC 事業部　高砂サービス技術部　シニア・エキスパート
1960 年兵庫県生まれ，京都大学博士(経済学)，神戸大学 MBA
同社，ガスタービン発電設備の基本計画，設計，サービス部門を経て現職。JOMSA 学
会理事。川崎医療福祉大学大学院非常勤講師。
専門：サービス・マネジメント

林　薫（はやし　かおる）**[第 6 章〜第 7 章 執筆]**
株式会社阪急阪神ビジネスアソシエイト　安全衛生・健康増進担当（阪神電気鉄道株式
会社から出向）
1961 年大阪府生まれ，神戸大学博士(経営学)，神戸大学 MBA
大学病院，一般総合病院，人間ドック・検診施設，企業内診療所など様々な医療機関を
経て現職。神戸大学経営学研究科研究員。
専門：組織論・組織行動論

門脇　一彦（かどわき　かずひこ）**[第 8 章〜第 9 章 執筆]**
岡山商科大学経営学部経営学科特任教授
1959 年大阪府生まれ，神戸大学博士(経営学)，神戸大学 MBA。
セイコーエプソン株式会社，ダイキン工業株式会社を経て現職。
國學院大學経済学部兼任講師。
専門：MOT

岩田　泰彦（いわた　やすひこ）**[第 10 章，第 12 章 執筆]**
銀行系シンクタンクの経営コンサルタント
1958 年東京都生まれ，神戸大学 MBA，兵庫県立大学専門職大学院　ヘルスケア・マネ
ジメント修士。
銀行勤務，医療法人の管理部長，経営企画室長を経て現職
専門：ヘルスケア・マネジメント

■医療組織のサービス・マネジメント

■発行日——2022年11月26日　初版発行　　　　　　　　　　〈検印省略〉

■監修者——宮原勅治

■編著者——藤岡昌則

■発行者——大矢栄一郎

■発行所——株式会社 白桃書房
　　　〒101-0021　東京都千代田区外神田5-1-15
　　　☎03-3836-4781　℻03-3836-9370　振替 00100-4-20192
　　　http://www.hakutou.co.jp/

■印刷／製本——亜細亜印刷株式会社

Ⓒ MIYAHARA, Tokiharu／FUJIOKA, Masanori／HAYASHI, Kaoru／
KADOWAKI, Kazuhiko／IWATA, Yasuhiko 2022

Printed in Japan　ISBN 978-4-561-25762-2 C3034